François BOURNAND

# La Sainte Vierge
## dans les Arts

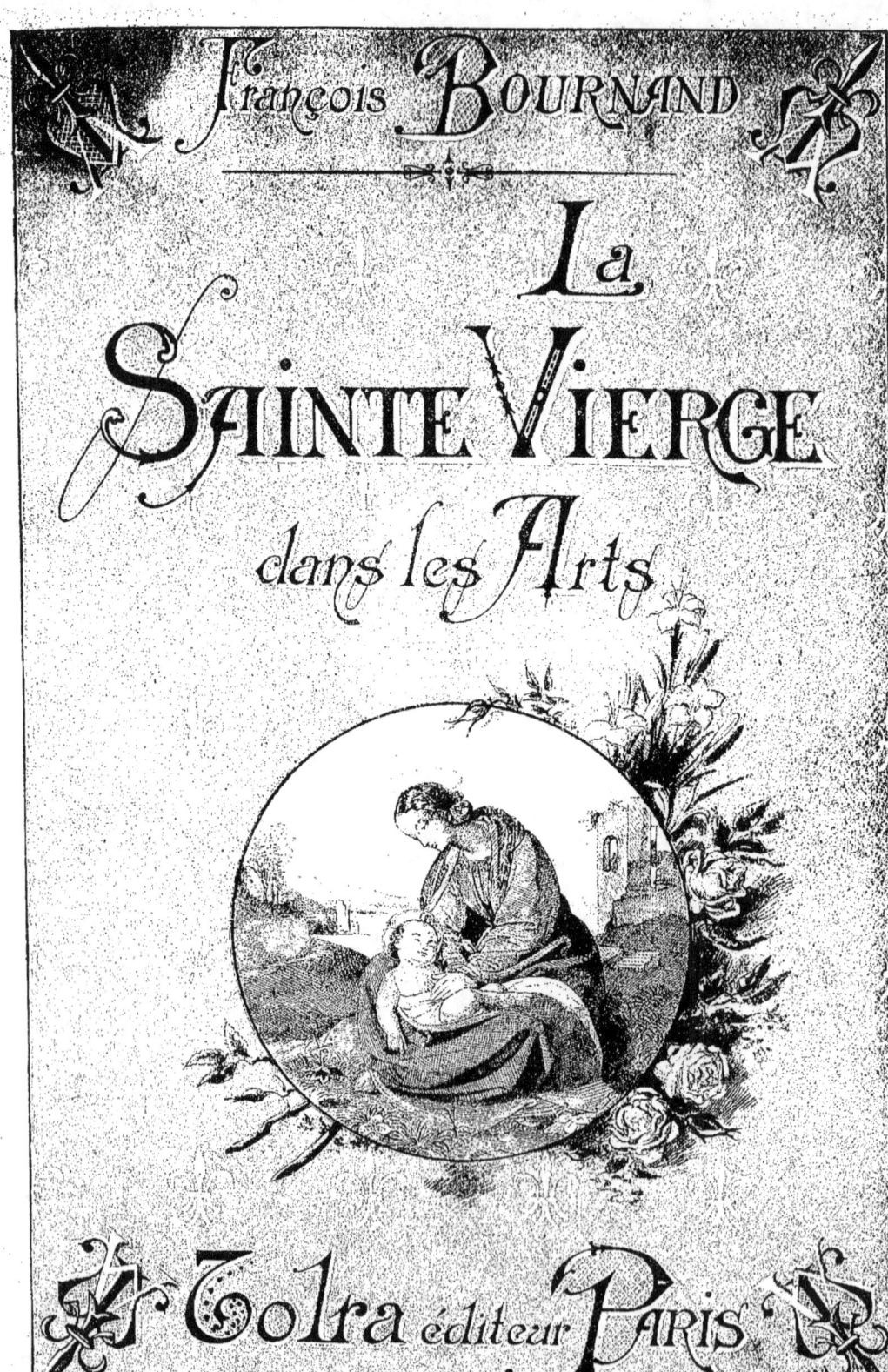

Tolra éditeur PARIS

MAITREJEAN del.

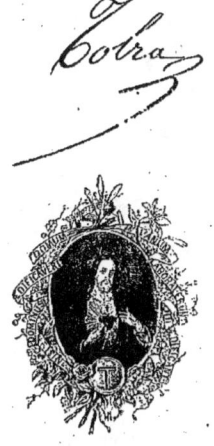
CET OUVRAGE A ÉTÉ TIRÉ

SUR PAPIER DE GRAND LUXE « IDÉAL » TEINTÉ

A CENT EXEMPLAIRES NUMÉROTÉS

ET .CONTRESIGNÉS PAR L'ÉDITEUR

A MONSIEUR

# L. ROSSI DE GASPERIS

COMMANDEUR AVEC PLAQUE DE SAINT-GRÉGOIRE LE GRAND

CAMÉRIER D'HONNEUR DE CAPE ET D'ÉPÉE

DE S. S. LÉON XIII

VICE-PRÉSIDENT DE L'ORDRE DES AVOCATS DE SAINT-PIERRE

CHEVALIER DE L'ORDRE DE PIE IX

*RESPECTUEUX HOMMAGE DE SON BIEN DÉVOUÉ EN N.-S*

## FRANÇOIS BOURNAND.

28 octobre 1895.

LA

# SAINTE VIERGE

## DANS LES ARTS

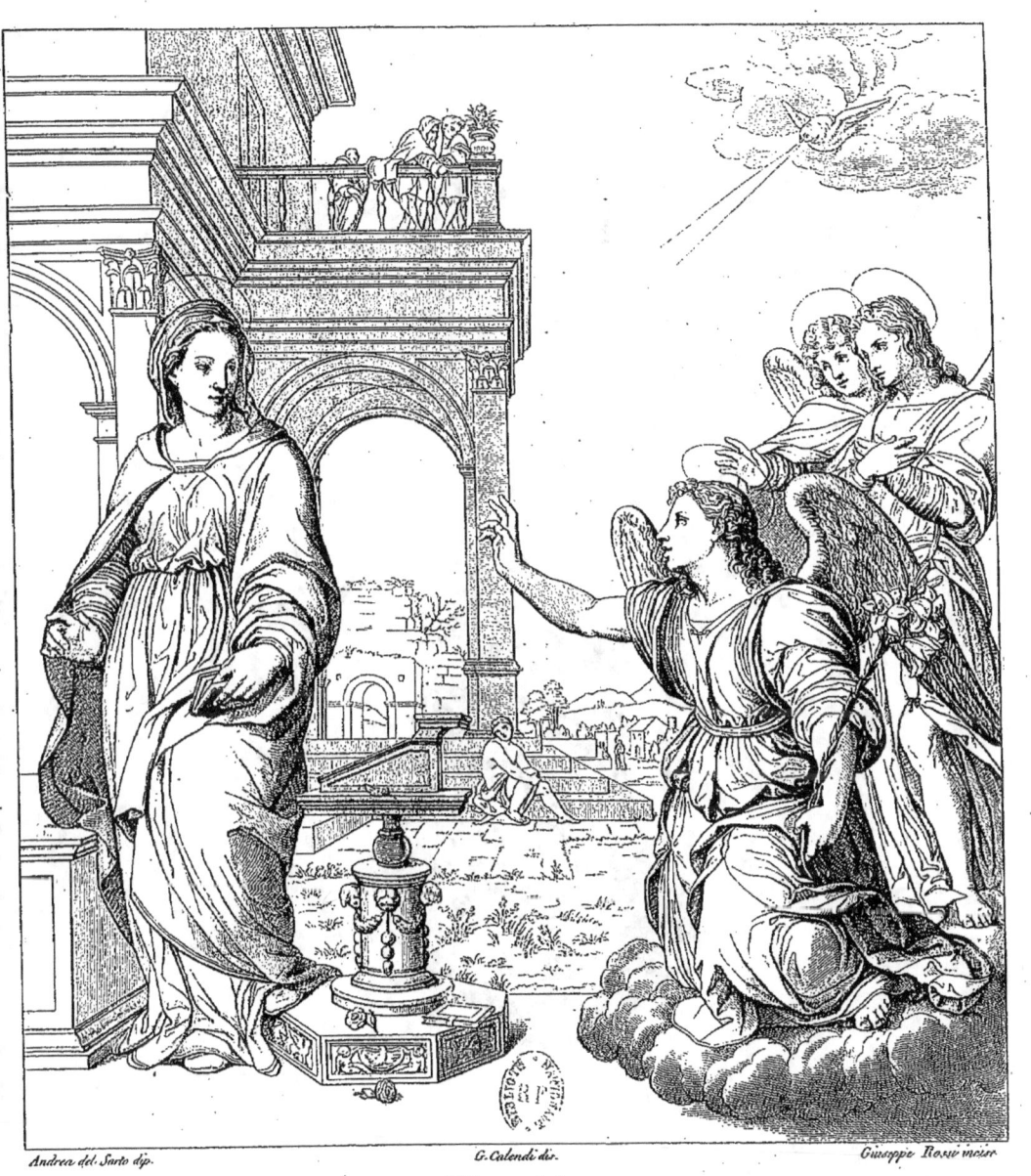

Andrea del Sarto dip.    G. Calendi dir.    Giuseppe Rossi incis.

L'Annonciation.

D'après Andrea del Sarto ( 1488-1530). — École florentine.

# FRANÇOIS BOURNAND

ANCIEN COMMISSAIRE GÉNÉRAL DES BEAUX-ARTS

LA

# SAINTE VIERGE

## DANS LES ARTS

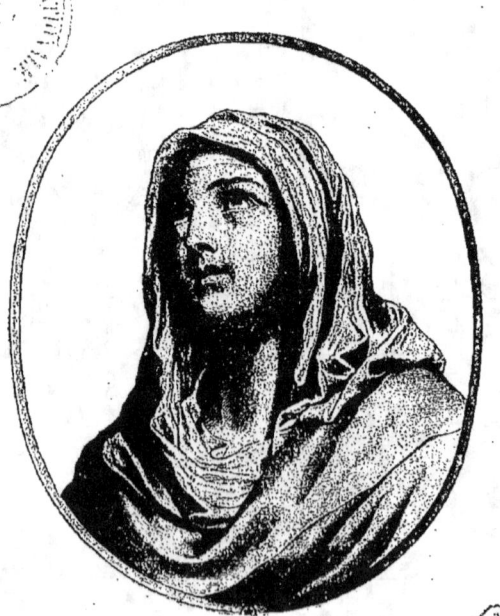

PARIS

LIBRAIRIE SAINT-JOSEPH

## LIBRAIRIE DE TOLRA, ÉDITEUR

112 *BIS*, RUE DE RENNES, 112 *BIS*.

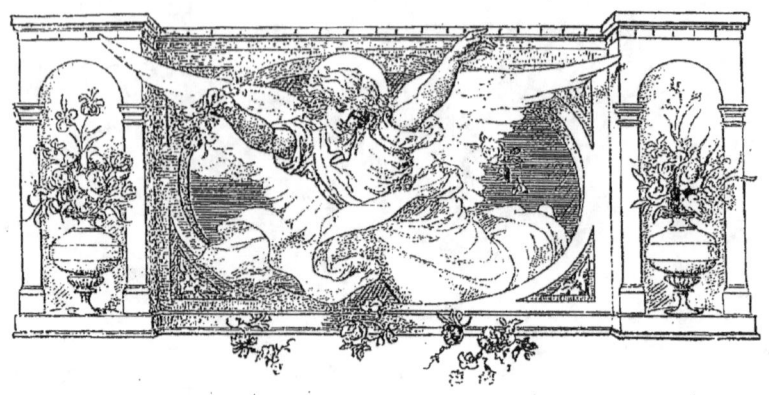

# AU LECTEUR

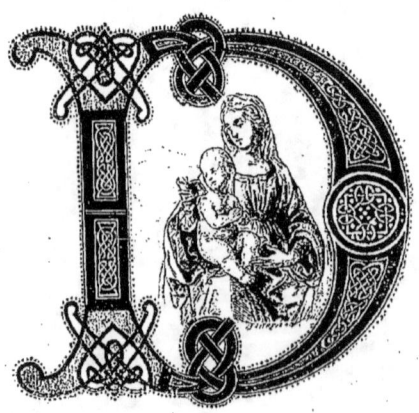

Lettre tirée du missel de Charles IX.
Seizième siècle.

IRE le bonheur que j'ai éprouvé à écrire les pages, malheureusement trop peu nombreuses, de ce livre consacré à la *gloire de la Vierge Marie* serait impossible.

En effet, le *culte de Marie* et le *culte des arts* ont toujours été, pour moi, deux passions qui datent de loin.

Au temps de mes jeunes années, combien de fois ne me suis-je pas arrêté ravi, ému, enthousiasmé devant les gracieuses images de la sainte Vierge que renferment nos musées, nos églises, ou qui sont sculptées sur nos cathédrales de France. Les belles *Vierges* du musée du Louvre, ces adorables *Madones* de Raphaël m'ont vu bien souvent en admiration devant elles et m'ont entendu murmurer tout bas plus d'une prière, témoignage d'adoration, d'admiration et de respect.

Combien j'aurais aimé savoir peindre pour faire revivre à mon tour

une de ces gracieuses créations. Plus d'une fois j'ai traduit par le crayon
ces belles visions de vierges.

Ce culte de Marie, la mère bien-aimée de notre divin Sauveur, est
d'ailleurs dans l'âme de tout fervent catholique.

Les esprits les plus élevés lui ont de tout temps rendu le plus beau

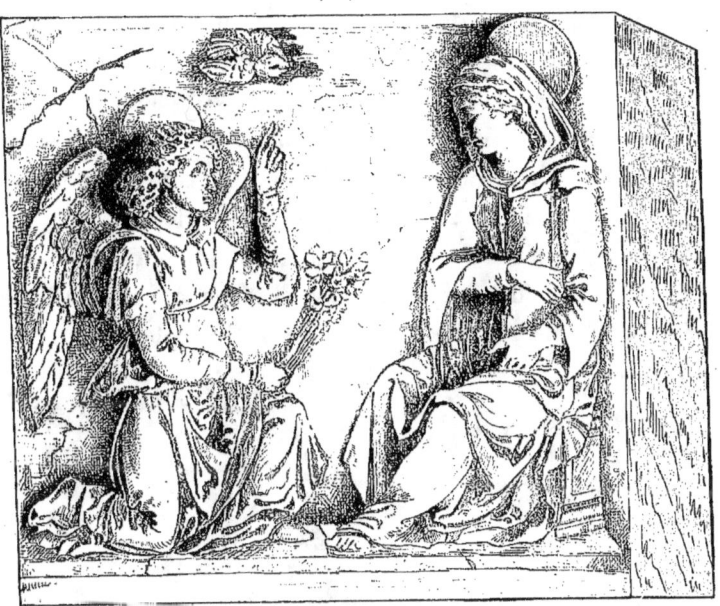

La Salutation angélique, d'après Luca della Robbia. — Seizième siècle.

des hommages ; les grands génies ont parlé d'elle avec enthousiasme ;
les grands artistes ont reproduit ses traits ; les humbles et les pauvres
lui ont adressé des prières d'adoration et de demandes [1].

1. « Partout où le soleil de l'Évangile a répandu sa chaleur et ses clartés, dit M. Th.
Ratisbonne, de l'un à l'autre pôle, et à travers tous les âges, le nom de Marie resplendit à
côté du nom de Jésus ; il n'en est point qui excite plus d'enthousiasme, plus de sympathie,
plus d'amour. D'innombrables monuments lui servent de couronne, et les solennités, les
panégyriques, les pompes religieuses lui rendent témoignage. Les arts ont épuisé leur
magnificence pour chanter Marie... »

La religion semble tout embaumée, tout embellie par ce culte à Marie.

Les premiers chrétiens emportaient précieusement dans leurs demeures secrètes des images de la Vierge que leur distribuaient les premiers pasteurs.

De nos jours, les *ex-voto* accrochés dans les églises témoignent de la même fidélité dans ce culte. Ce n'est pas sans une profonde émotion que j'admire souvent à Notre-Dame-des-Victoires ces touchantes inscriptions, ces hommages de reconnaissance ( il y a jusqu'à des croix de la Légion d'honneur ! ) donnés par ceux auxquels Marie a bien voulu accorder des grâces par sa bienheureuse intercession. Je veux aussi que ce livre soit comme un *ex-voto,* comme un témoignage, bien modeste il est vrai, comme un acte de foi, de recommandation et de reconnaissance envers la souveraine Reine des cieux.

Qu'elle daigne jeter un regard sur ceux qui ont publié ce travail destiné à la faire aimer de la jeunesse chrétienne, et appeler sur eux les bénédictions de son divin Fils. Ce sera la seule récompense qu'ils ambitionnent.

FRANÇOIS BOURNAND.

Paris, 8 décembre 1895.

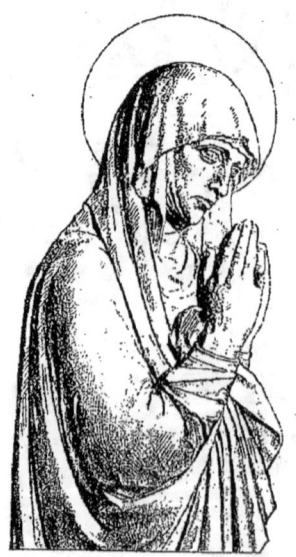

Santa Maria, par Luca della Robbia. — Seizième siècle.

# INTRODUCTION

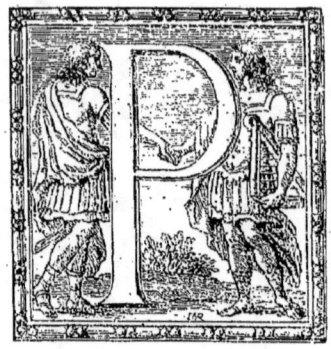

David, ancêtre de la sainte Vierge, et Jonathas. — Dix-septième siècle.

AR ces temps de haine farouche, de luttes intestines, de naturalisme écœurant, il est doux de laisser émouvoir son âme devant ces naïves figures de la tendre *Vierge Marie* sculptées sur nos vieilles cathédrales, ou devant ces peintures primitives, si charmantes dans leur simplicité, dues au pinceau des précurseurs ou des premiers maîtres de la Renaissance. Comme il semble qu'on vive d'un autre monde plus heureux que le nôtre, lorsque le regard ravi s'arrête devant une de ces jolies *Madones* du divin Raphaël, une de ces *Vierges* d'une si ineffable douceur du pieux moine de Fiesole, ou devant une de ces *Vierges* austères, si belles dans leur noble fierté, qu'a su sculpter le ciseau magistral du grand Michel-Ange.

Quelle a été l'influence de Marie sur les arts du Moyen-Age et de la Renaissance? a écrit l'abbé Orsini. Les peintres de l'antiquité avaient reproduit avec bonheur la beauté physique; ils avaient pour cela d'admirables modèles; mais *ce furent les peintres chrétiens qui joignirent à l'harmonie des traits le reflet de l'âme*. La figure de Marie fut le triomphe de l'esprit sur l'argile du corps; pour représenter cette femme céleste, il ne suffit pas d'étudier le monde moral, et de reproduire, dans toutes leurs nuances, les plus douces, les plus nobles vertus de l'âme; il fallut pénétrer le mystère de l'existence de ces êtres glorifiés, qui ne vivent point de notre vie, et qui ne se nourrissent que de sainteté, d'amour pur et de contemplations divines; il fallut que l'artiste, échauffé par le *fuoco animatue* de la religion, s'élevât, sur les ailes de la foi, jusqu'au trône de candeur où la Vierge est assise au milieu des saints et des anges, et qu'il invoquât pieusement son divin modèle, avant de saisir ses pinceaux [1].

Les artistes chrétiens, en peignant la Vierge, ont fait des chefs-d'œuvre parce qu'ils ont puisé leurs inspirations à la source sacrée qui leur a fait faire de nobles choses.

L'influence de la Vierge Marie s'est fait sentir dans les différentes sortes d'art : en peinture, en sculpture, en architecture, en mosaïque, en tapisserie, en orfèvrerie, en numismatique même. Nombreux sont les tableaux, les sculptures, les images, les objets différents représentant la sainte Vierge. Sur l'architecture l'influence de la Vierge a été considérable. Les nombreuses cathédrales, les églises, les abbayes qui ont été élevées en son honneur ont été délicatement ornées. On voit qu'une même pensée d'amour filial dominait, non seulement le fondateur et l'architecte, mais jusqu'aux simples maçons qui les construisaient.

Pendant de longs siècles, l'histoire de la sainte Vierge contribua pour une large part à produire une belle suite de chefs-d'œuvre. Il faut dire que les artistes qui les créaient avaient dans l'âme l'amour de Marie. Ils ne craignaient pas de se montrer fidèles serviteurs de la sainte Vierge; ils allumaient des cierges devant ses images, et leur plus grande ambition était de décorer une église chrétienne de quelque œuvre sacrée à laquelle ils se préparaient comme à une œuvre sainte. « Sonnez toutes les trompettes, mettez toutes les cloches en branle, écrivait Salvator Rosa au docteur Ricciardi; après trente ans de séjour à Rome, après six lustres entiers d'espérances déçues et d'une existence pleine de tribulations continuelles de la part du ciel et de la part des hommes, je suis enfin appelé une fois à peindre un tableau de maître-autel [2] » Comme on voit, c'était de l'extase. Il faut dire aussi que la religion et les papes, les évêques, les princes, animaient, encourageaient, protégeaient cet art qui dotait ses temples de tant de chefs-d'œuvre !

Ce ne fut pas seulement *l'image de la Vierge Marie* que les artistes reproduisirent, ils prirent divers sujets dans la vie de la Vierge : la nais-

---

1. « Votre beauté est parfaite, ô Marie, et il n'est pas de tache en vous. » (*Cant.*)
2. *Lettere di Salvator Rosa, al Dott. Gio. Batista Ricciardi,* Lettera 20.

sance de Marie, l'Annonciation, la Vierge et l'Enfant-Jésus, l'Assomption, et jusqu'aux apparitions.

Une des plus grandes faveurs que Dieu ait accordées à ses serviteurs, c'est assurément de leur permettre de contempler dès ce monde la sainte Vierge.

Or, ces apparitions ont été beaucoup plus fréquentes qu'on ne le croit généralement, surtout au Moyen-Age.

En voici deux dont furent favorisés les saints de l'ordre des Chartreux, apparitions que nous signalons aux peintres chrétiens, car il y a matière à jolis tableaux :

L'auteur anonyme de la chronique de Bellary raconte l'histoire d'un moine de ses amis, dont il ne nous a pas laissé le nom, qui florissait dans l'Ordre vers 1261. Dès avant son entrée dans la vie religieuse, ce pieux jeune homme avait contracté une dévotion singulière envers Marie, dévotion qui s'accrut après sa profession. Il en fut bien récompensé par cette tendre Mère. Un soir, après avoir prié plus que de coutume, il s'endormit. Soudain « celle qui peut se dire la Fille du Père céleste et la Mère du Verbe, la douce Vierge Marie, lui apparut portant son Fils sur son sein. Elle éleva le bras et étendit la main de telle sorte que notre saint moine comprit qu'elle l'appelait près d'elle. Il la regarde, la reconnaît pour la Mère de grâce et de miséricorde, rejette aussitôt le manteau qu'il portait par-dessus son surplis, et ainsi, tout revêtu de blanc, il court à elle, les mains élevées, comme s'il voulait l'embrasser. Et alors son âme fut remplie d'une telle joie, d'une telle suavité, d'un tel bonheur dans l'Esprit-Saint, de s'être ainsi élancé près de Marie, qu'il en était tout absorbé et paraissait ravi hors de son corps mortel ». Ce pieux moine, durant sa vie entière, ne voulut jamais raconter à qui que ce fût, excepté à son ami, la vision dont il avait été consolé ; mais plus « il cherchait à cacher aux hommes le privilège dont il avait été l'objet, plus lui-même brillait aux yeux de Dieu ».

J'ai lu, dans un historien digne de foi, raconte Dorlandus, qu'il se trouvait à la Chartreuse de Cologne un moine, nommé Henri Kalkar, doué d'une grande piété et qui recevait du ciel des grâces abondantes. Il se faisait remarquer par son amour ardent envers la Mère de Dieu

et, après elle, il vénérait particulièrement sainte Ursule et ses onze mille compagnes martyres. Une nuit qu'il était assoupi, l'une de ces vierges, éclatante de lumière, lui apparut et lui dit : « La glorieuse troupe des Saintes que tu honores m'a envoyée pour t'apprendre dans quels termes il faut louer et saluer Marie. Dis-lui :

> O Vierge, reine des Vierges,
> Sanctuaire de la Trinité,
> Miroir des Anges,
> Échelle de tous les Saints,
> Refuge assuré des pécheurs,
> Voyez, ô bonne Mère, le péril que nous courons;
> A l'heure de la mort, montrez-nous
> Votre Fils miséricordieux et apaisé,
> Et votre visage gracieux [1].

Si tu chantes assidûment ce cantique, tu obtiendras par l'intercession de Marie, et de nous toutes, de grandes grâces. La Vierge disparue, Henri s'éveille, mais n'ayant pu retenir entièrement la prière qu'elle lui avait enseignée, il prie avec larmes la sainte de lui apparaître de nouveau et de la réciter encore devant lui. Au bout de quelques jours, la bienheureuse accède à son désir et plusieurs fois lui répète le cantique. Dès lors le moine ne cessa de redire la formule de louanges envers Marie. Il en fut bien récompensé, car un jour la Mère de Dieu lui apparut, entourée d'un chœur nombreux de vierges et, dans un concert céleste, chanta elle-même l'ode bénie, au milieu des ravissements de bonheur du moine Henri.

Ces apparitions de la Vierge ont servi de thème à plusieurs chefs-d'œuvre des grands maîtres. Ainsi que l'a dit si bien M. Gruyer, de l'Institut : « La peinture, en présence de la Vierge, a des ressources infinies; elle peut toujours redire la même chose sans jamais se répéter.

---

1.
> Angelorum speculum;
> Scala sanctorum omnium,
> Tutum peccatorum refugium,
> Cerne, o pia, nostrum periculum,
> In morte tuum placatum
> Nobis ostende Filium,
> Et tuum vultum gratiosum.

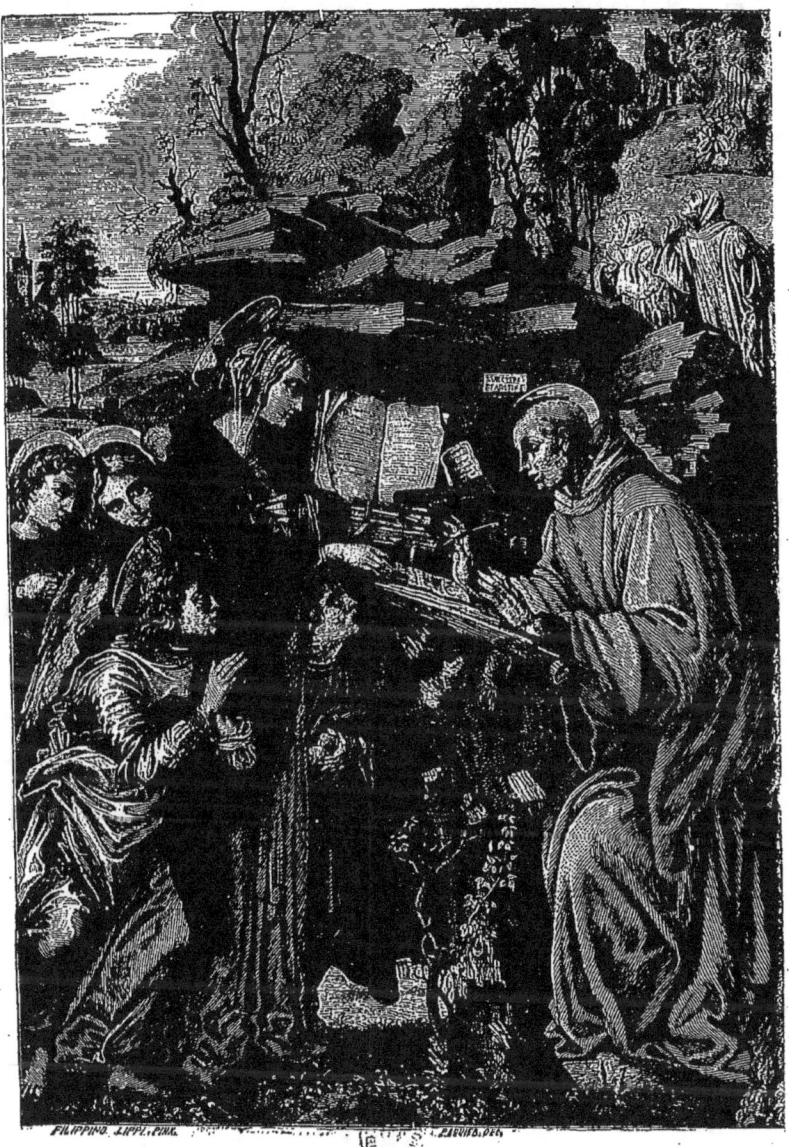

Apparition de la sainte Vierge à saint Bernard, d'après Filippino Lippi.
Quinzième siècle.

Des nuances, presque intraduisibles par la parole, suffisent pour diver-
sifier mille tableaux. *La Madone est le miroir où se reflète l'âme de
chaque époque, de chaque peuple, de chaque école, de chaque famille
et de chaque individu ;* le même peintre, à tous les âges de sa vie, y
met son intelligence et son cœur. Aucune de ces Vierges ne ressemble à l'autre... Chaque Madone porte avec elle, à côté de sa valeur
pittoresque, son enseignement moral ; elle est comme un psaume
vivant et palpable... La Vierge est le foyer des mystères chrétiens ; grâce à elle, le monde spirituel est devenu visible ; sans elle,
il n'y a pas de christianisme. Donc, rien d'étonnant que l'art ait été
attiré par une force irrésistible vers la Mère du Sauveur, et que le
plus grand des maîtres lui ait voué la meilleure partie de sa vie.
Devant les *Madones* du quatorzième et du quinzième siècle, et surtout
devant les *Vierges* de Raphaël, nous sommes subjugués. Notre orgueil
est vaincu. » La Vierge n'est pas seulement un type de candeur et de
grâce, elle est encore le type par excellence de la maternité, et, à ce
titre, elle devait inspirer non moins heureusement le génie des maîtres.
« Il n'y a rien, dit Th. Thoré, qui aille mieux aux branches du
pommier que les pommes. Les plus belles oranges n'y feraient pas si
bien. Il n'y a rien qui aille mieux à la femme que l'enfant. Son fruit
naturel la pare plus richement que les pierreries arrachées au sein de
la terre. Femme et enfant, mère et fils, Vierge et Jésus, la Charité,
la Fécondité, la Maternité, quels chefs-d'œuvre on a faits avec ce symbole
et cette image ! Tout le Moyen-Age s'en inspira. A la Renaissance,
c'est encore la femme mère et pure qu'aima le génie de Raphaël.
Chacun des nobles artistes du Moyen-Age et de la Renaissance a fait sa
Madone à l'Enfant, et ce fut toujours, jusqu'au dix-huitième siècle,
le sujet affectionné des maîtres de toutes les Écoles[1]. »

Il serait difficile de compter le nombre des artistes qui ont illustré
leur pinceau en retraçant des épisodes de la *Vie de la Vierge.* « Ce

---

1. « Pour la représentation de la Vierge, dit Rio, ce furent encore les chrétiens occiden-
taux qui furent le plus heureusement inspirés, peut-être parce qu'un de leurs grands docteurs, saint Ambroise, avait affirmé plus positivement qu'aucun autre Père de l'Église, que,
dans la Mère de Dieu, *la beauté du corps avait été comme le reflet de la beauté de son
âme.* »

culte de Marie par la peinture est partout, a dit M. Paul Sausseret,
dans les plus riches basiliques, comme dans les plus pauvres chapelles,
dans les palais des rois, comme sous le chaume du bûcheron, dans les
musées des nations, comme dans l'alphabet de l'enfant. Il n'y a pas une
ville, pas un hameau, pas une église, pas une maison catholique, pas
un livre de prières, si modeste qu'il soit, où nos yeux ne rencontrent,
avec un doux plaisir, une image de la Vierge-Mère. Entre les toiles
inappréciables du divin Raphaël, toiles que les peuples se disputent et
achètent au poids de l'or, et les humbles produits de la fabrique de
Pèlerin, à Épinal, quelle multitude incalculable de portraits plus ou
moins beaux de la Vierge! La toile, le bois, la pierre, le papier, le
parchemin, les étoffes, le verre, le cuivre, la fonte, la porcelaine, reçoi-
vent et reproduisent sans cesse la sainte effigie de Marie. »

Cinquante volumes ne seraient pas suffisants pour décrire toutes les
œuvres d'art qui ont eu pour sujet des scènes tirées de la Vie de la
Vierge.

Nous ne pouvons ici parler que des principales représentations, en
faisant un choix au milieu des différentes Écoles d'art.

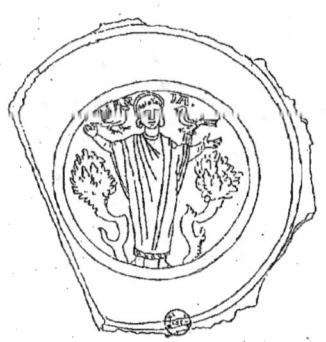

Deipara Virgo.
Verre trouvé dans les catacombes de Rome. — Premiers siècles.

# CHAPITRE PREMIER

## LA SAINTE VIERGE

# DANS L'ART CHRÉTIEN PRIMITIF

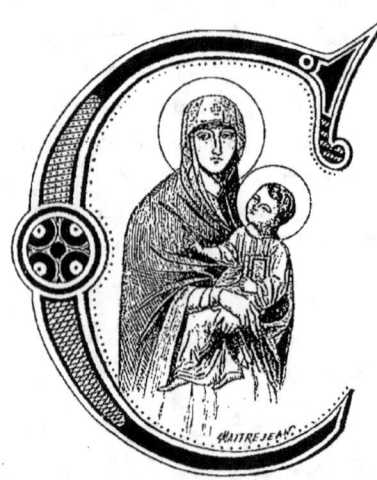

La Vierge de S. Luc, à Ste-Marie-Majeure.

'EST au catholicisme seul, a dit M. l'abbé Orsini, que la peinture est redevable d'un type qui a fait pâlir les plus beaux types de l'antiquité, type que les grands maîtres de l'École italienne ont entrevu, artistes croyants qu'ils étaient, dans des songes du ciel, beaux comme des extases; type qui porte l'artiste chrétien sur les hauteurs d'un monde idéal où nul ne saurait le suivre, Marie!

« La peinture est, par rapport à ses sœurs, la fille aînée du culte chrétien; c'est la première adoption artistique qui se soit faite dans l'Eglise, et cette adoption est d'autant plus glorieuse qu'elle fut commencée par Jésus, et continuée par sa Mère. D'après la tradition d'Orient, la première peinture chrétienne fut la Sainte-Face de Notre-Seigneur, miraculeusement imprimée sur le voile de la Véronique; la seconde, le *Portrait de la sainte Vierge*, peint par saint Luc. Ces deux images vénérées introduisirent glorieusement l'art de Zeuxis au milieu de la primitive Église; aussi trouvons-nous de saintes images de Marie en haute vénération dans tout le Levant dès l'aurore du christianisme.

« La peinture se bornait chez les Juifs à la reproduction des fleurs et des plantes ; toute représentation tirée du règne animal avait été défendue par Moïse, qui se méfiait de la pente extrême de ce peuple à l'idolâtrie, et qui venait l'établir au milieu d'une foule de nations païennes où le symbole avait fait oublier le type. Il suit de là qu'à la réserve du portrait que peignit saint Luc, il est à peu près démontré que les premières images de Marie ne furent point l'ouvrage des Hébreux ; tout porte à supposer au contraire que ce fut celui des Joniens qui possédèrent longtemps la sainte Mère du Sauveur à Éphèse, la ville des artistes, la patrie d'Apelle, et alors la lumière de l'Asie. Les Éphésiens, en effet, conservaient le souvenir de la Vierge sainte, avec la vénération la plus tendre, comme le témoignent les églises qu'ils lui dédièrent de fort bonne heure. Dès l'an 403, les Pères du concile général d'Éphèse déclaraient que cette grande ville tirait son principal lustre de saint Jean l'Évangéliste, et de la sainte Vierge. Là, disaient-ils, Jean le Théologien et la Vierge Marie, mère de Dieu, étaient honorés dans des églises pour lesquelles on avait une vénération spéciale. Cette vénération s'était, suivant toute apparence, traduite par des peintures sacrées ; car les Grecs n'aimaient point à plonger dans le vague, et leur imagination active éprouvait le besoin de voir les objets désignés à leur culte.

« Les premières images de la Vierge, qui décorèrent les églises des Syriens et des fidèles de l'Asie-Mineure, étaient peintes sur bois, avec des couleurs que rendait solides et brillantes un mélange de cire liquéfiée. Telles furent les fameuses images d'Édesse, en Mésopotamie, de Seydnai, dans le voisinage de Damas, de Didinie, en Cappadoce, de Sosopoli, en Pisidie, à Philenne, dans l'île de Chypre, et enfin d'Antioche. Devant ces images, brûlaient des lampes perpétuellement allumées, et c'était là que les grands évêques, les grands docteurs, et les grands saints des premiers siècles de l'Église, venaient demander secours et appui.

« Saint Alexis vivait au pied de Notre-Dame d'Édesse ; saint Basile implorait la protection divine contre les fureurs de Julien l'Apostat, devant Notre-Dame de Didinie, et saint Germain racontait aux Pères du second concile d'Éphèse les faveurs précieuses qu'il plaisait à Dieu d'accorder à l'Asie-Mineure, par l'entremise de Notre-Dame de Sosopoli. »

Les images de Marie se multiplièrent en fresques à fond d'or, sur le pourtour des basiliques de Constantinople, et les mosaïstes grecs luttèrent d'efforts et de talent avec les peintres pour la reproduire d'une manière plus durable et non moins belle dans ces tableaux si savamment et si patiemment nuancés, que Ghirlandajo appelait des *peintures pour l'éternité*.

Selon la tradition, saint Luc fut le premier qui traça le portrait de Marie. Depuis le sixième siècle on a cru constamment dans l'Église que saint Luc avait fait le véritable *Portrait de la Vierge*.

Voici la liste de quelques *Vierges* attribuées à saint Luc :

1° La *Madone* de Sainte-Marie in Via Lata ; on croit qu'elle fut peinte dans une maison habitée par saint Paul, qui y était gardé, conjointement avec saint Luc. La Vierge, couverte d'un riche manteau orné de perles, élève le bras droit à la hauteur de la figure.

2° A Rome, la *Madone des grâces*, donnée à l'impératrice Hélène par le patriarche de Constantinople.

3° La *Madone* de Sainte-Marie-la-Neuve. La Vierge, couverte d'un voile, tient de la main droite l'Enfant-Jésus, ceint d'un nimbe crucifère et qui bénit.

4° La *Madone* de l'église des Saints-Dominique-et-Sixte, qui a été apportée de Jérusalem.

5° La *Madone* de Sainte-Marie-Majeure [1].

6° Les Religieuses Dominicaines du couvent de Bologne possèdent aussi un *Portrait de la sainte Vierge* que la tradition attribue à saint Luc. Il est peint sur bois.

---

1. La *Madone* de Sainte-Marie-Majeure est réputée un ouvrage très authentique de saint Luc. Marie, debout, tient de ses deux bras croisés l'Enfant-Jésus, qui paraît âgé de quatre ans et qui bénit de la main droite ; de la gauche, il tient un livre. La tête a un nimbe uni. La Vierge est couverte d'un long voile sur le haut duquel est une croix grecque qui brille sur son front. C'est cette image de la Vierge que le pape saint Grégoire porta processionnellement dans la ville, lorsque la peste y faisait d'innombrables victimes. Le fléau, au rapport de Chrysostome Trombelli et autres écrivains, cessa aussitôt ses ravages.

« C'est une tradition si constante, dit le Père Labat, qu'il a été peint par saint Luc, qu'il faut être téméraire pour ne pas y ajouter foi... Je suis frappé à la vue de cette vénérable image ; elle imprime le respect, en même temps qu'elle attire le cœur. On a peine à soutenir je ne sais quoi d'extraordinaire, de céleste, j'oserai même dire de divin, qui est répandu sur cette peinture... Plus je m'efforçais de la regarder et plus je me sentais saisi de respect, de crainte et d'amour. Je voulais toujours la regarder, et j'étais forcé de baisser les yeux, comme si ses regards eussent été animés et que je n'eusse pu en soutenir l'éclat. »

On voit par ce *Portrait*, s'il est authentique, que la sainte Vierge avait une taille élevée. « Elle avait les cheveux et les sourcils noirs, continue le Père Labat, les yeux grands, bien fendus et pleins de feu, la bouche petite et vermeille, les joues assez remplies et modestement colorées, le menton bien formé... Ce tableau respire une majesté infinie unie à une douceur charmante. La Vierge a un air vif et animé, accompagné d'une modestie parfaite... d'une humilité profonde et d'un recueillement le plus intérieur et le plus accompli.

« Que ceux qui ont vu ce tableau en parlent comme ils voudront, dit en terminant le Père Labat ; je suis persuadé qu'il est inimitable, et qu'il y a quelque chose de surnaturel dans cette auguste peinture. »

Qu'il nous soit permis, ici, de raconter, avec le poète Schlegel, dont la piété égale la richesse de l'imagination, dans quelle circonstance saint Luc peignit Marie :

« Saint Luc a un songe : « — Va, lève-toi, lui dit-on, et hâte-toi de faire le plus beau des portraits. Peinte par ta main, la Mère de Dieu doit un jour rayonner d'un vif éclat, aux yeux de tout le monde chrétien. »

« Saint Luc s'arrache au sommeil matinal... il part, il court avec ses couleurs, son pinceau et sa palette.

« Il frappe à la chaumière de Marie, qui lui ouvre, le reçoit avec bonté et lui adresse des paroles amicales.

« — Vierge, dit-il, honore de ta faveur le faible talent que Dieu a daigné m'accorder. Oh ! que mon art serait béni, s'il m'était permis de peindre ta sainte figure ! »

« Marie, qui était tenue par la reconnaissance, lui répondit ainsi :

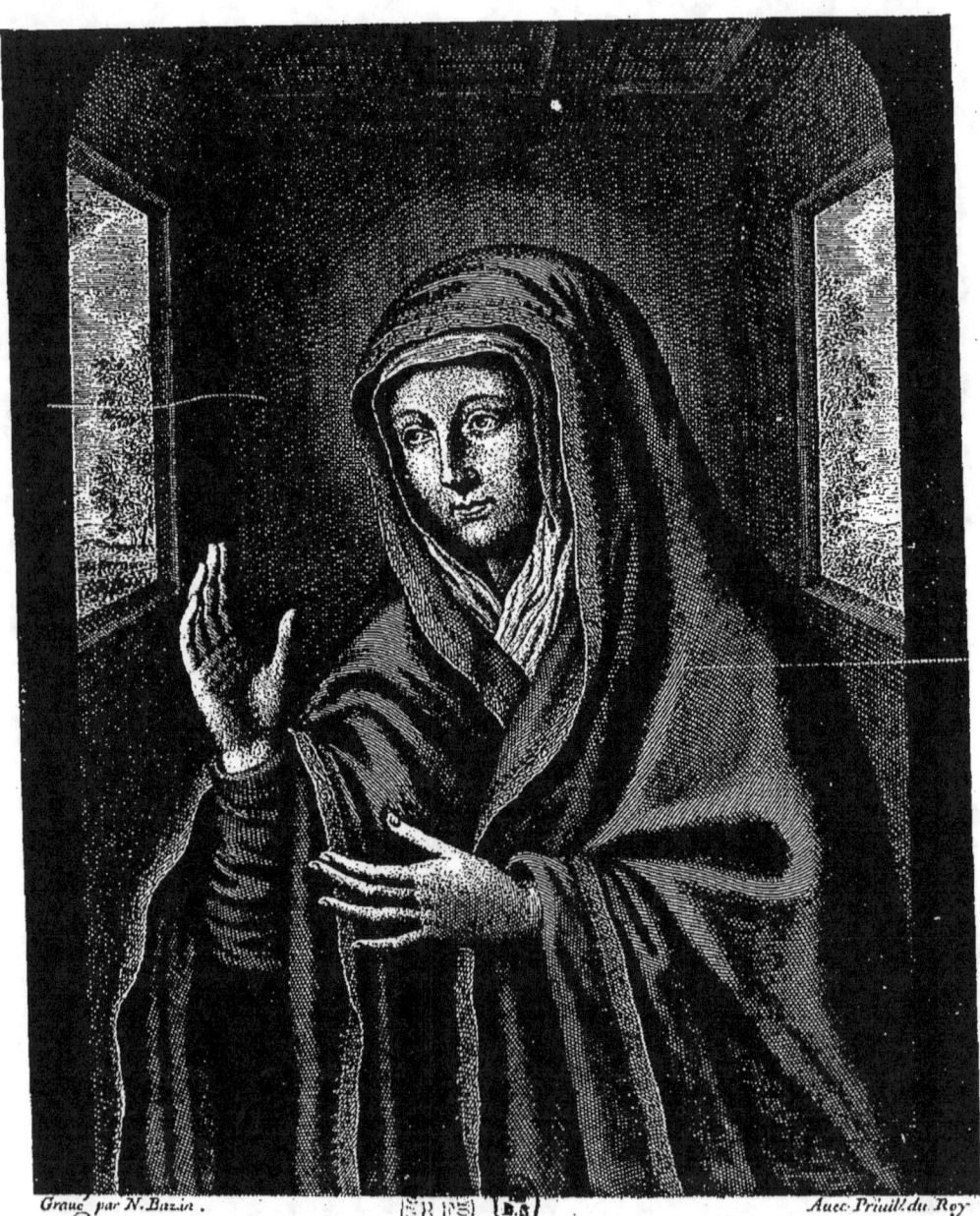

Le Vray Portrait de la S.te Vierge Peint par S.t Luc,
et dont le Tableau se voit a Rome dans l'Eglise de Sainte Marie la Neuue.

« — Oh! oui, ta main m'a comblée de joie, quand elle a retracé l'image de mon Fils. Chaque jour, je le vois qui me sourit, quoiqu'il jouisse du repos et de la félicité dans les régions célestes.

« Pour moi, j'ai encore le pauvre, l'humble extérieur de la femme; mais passe : bientôt tombera cette enveloppe terrestre, à laquelle je ne sus jamais m'attacher, même dans ma jeunesse. Dieu, qui sait tout, sait bien aussi que je ne me considérai jamais dans un miroir.

« — Ce qui plaît en toi au Seigneur, reprit saint Luc, ce n'est point cette fleur éphémère, jouet des années fugitives. (La beauté en Marie ne fut pas fugitive; elle ne fut pas le jouet des années, comme nous l'avons vu dans nos thèses précédentes; mais ici, l'apôtre parle en général.) O toi, la femme bénie entre toutes les femmes, tu es la seule à ignorer le pur éclat et la nature de la beauté qui brille sur ton visage; mais permets aux autres de l'admirer.

« Ah! tu es pleine d'amour pour les fidèles! Eh bien, songe combien il sera délectable pour eux, lorsque tu auras abandonné la terre, pour aller régner à la droite de ton Fils, de venir prier devant ton image! Quelque jour ta gloire sera célébrée par toute langue. Le petit et le grand, le riche et le pauvre, le roi et le sujet, le tout petit enfant presque encore à la mamelle, et le vieillard décrépit, ayant déjà un pied dans la tombe, te supplieront d'intercéder dans le ciel pour eux.

« — Hé quoi! Est-ce que je puis prétendre à une si grande gloire et attendre une récompense si inouïe? Ai-je pu sauver de la croix mon Fils chéri? Non. Il est mort entre deux voleurs. Et moi-même, nuit et jour, dans une prière fervente, je fléchis le genou devant le Père de toute grâce. »

Ce n'est évidemment ici qu'une fiction de poète, car Marie était dans tous les secrets de l'accomplissement du mystère de la Rédemption, et il y avait longtemps qu'elle avait prononcé son *Beatam me dicent omnes generationes.*

« — O Vierge, ne diffère pas davantage, reprit saint Luc. Dans un songe que j'ai eu, ton Fils m'a ordonné de te peindre : peinte par ces mains, la Mère de Dieu doit rayonner d'un vif éclat aux yeux de tout le monde chrétien.

« — Je suis donc prête, repartit Marie. Renouvelle cette joie, cette allégresse que je goûtai, lorsque, dans cet heureux temps, mon tendre enfant jouait sur le sein de sa mère en la caressant. »

« Saint Luc se met à l'œuvre. Il considère attentivement les traits de Marie, puis son esquisse, puis encore son esquisse, et les traits de Marie. Alors une lumière éclatante et surnaturelle remplit l'appartement. On aperçoit une multitude d'anges qui entrent et qui sortent; ils agitent leurs ailes symboliques et semblent converser mystérieusement.

« Quelques-uns d'entre eux s'empressent autour du peintre : l'un présente les pinceaux, l'autre se charge de broyer les couleurs. Pour la seconde fois, on voit, sur les genoux de Marie, l'Enfant-Jésus, dont la figure avait été prise par le peintre, au milieu de ces anges qui tous avaient ambitionné la gloire insigne de lui servir de modèle. Oh! qu'il était heureux, cet ange qui avait fixé ce choix de saint Luc!

« L'ébauche était achevée. Mais la nuit vint et saint Luc posa son pinceau en disant : « Je ne puis terminer aujourd'hui, attendons que la peinture se sèche, je reviendrai. »

« Après quelques jours, saint Luc frappe de nouveau à la porte de la chaumière. Mais, ô surprise, ô effroi ! ce n'est plus Marie qui vient l'accueillir avec sa douce voix! il entend une étrangère!

« L'Épouse de Dieu s'était endormie, comme la fleur qui se penche sous le poids de la rosée du soir. On avait voulu l'ensevelir... et à ce moment, resplendissante de gloire et de lumière, elle était montée au ciel, en présence des apôtres. » (Puisque la sainte Vierge monta au ciel en présence des apôtres, on ne s'explique guère l'absence de saint Luc dans cette circonstance solennelle; mais toutes les fictions sont permises aux poètes; puis, il fallait expliquer comment le tableau de saint Luc, ou les tableaux, sont demeurés inachevés. On ne pouvait le faire d'une manière plus ingénieuse.) Continuons notre citation :

« Étonné et joyeux, saint Luc jette les yeux de tous les côtés; mais il a beau les élever, ils ne peuvent encore pénétrer les splendeurs du ciel. L'image de Marie remplit bien, il est vrai, son esprit; mais s'il porte la main au tableau, ne le gâtera-t-il pas? Le portrait n'est point achevé. »

Le *Livre de Marie* dit que, quoique inachevé, ce portrait fait les délices de tous les pieux fidèles, et que des pèlerins accourent jusque des contrées les plus lointaines pour voir cette modeste image dont l'aspect enflamme leurs âmes des plus sublimes inspirations et les comble des plus efficaces bénédictions.

« Oui, dit M. Paul Sausseret, la main des Anges et une de celles que Jésus-Christ avaient choisies pour écrire son Évangile étaient seules dignes de tracer la première esquisse du portrait de Marie vivante. Un ange et un évangéliste, voilà donc les deux premiers peintres de la très sainte Vierge. »

*
* *

La plus ancienne image connue de la Vierge Marie est une peinture à fresque du cimetière de Priscille, découverte, en 1851, par M. de Rossi. C'est une fresque du deuxième siècle de l'ère chrétienne. Cette fresque représente la Vierge Marie, tenant dans ses bras le petit Jésus; elle est assise sur la retombée de la voûte d'un *loculus;* au-dessus de la tête de la Vierge brille l'étoile qui guida les Mages et les Bergers ; devant elle le prophète Isaïe, vêtu seulement du pallium, tient d'une main un volumen, et de l'autre désigne la Vierge Mère qui s'était révélée à lui, huit siècles auparavant, en union avec son Fils. « Cette peinture, dit M. Gruyer, est d'un style éminemment classique. La beauté du type, la dignité du maintien et du geste, l'ampleur et la majesté des formes, la franchise du pinceau, la nature même des draperies et jusqu'à la forme du pallium et de la tunique à manches courtes, tout démontre la belle époque du style gréco-romain. Les traits ont la fermeté, la régularité, le calme des beaux antiques ; et en même temps *l'âme chrétienne,* avec le pressentiment de ses destinées immortelles, rayonne à travers les beaux yeux grands ouverts. Un mélange de candeur et de chasteté est en train de transfigurer la matrone en madone. Le front, naguère un peu bas, déjà plus haut et plus large, est le siège des plus nobles pensées ; deux bandeaux blonds, surmontés d'un voile, le couronnent. L'art chrétien, dès sa naissance, fait franchement appel à la nature et traduit le mystère sans rien cacher de la réalité vivante. Cette

Vierge est semblable à toutes les femmes; aucune femme cependant
n'attirerait à ce point le respect. C'est que, pour la première fois peut-
être, la peinture a visé au plus haut degré de la beauté morale, sans
rien négliger pour cela de la beauté sensible. Aussi, tout antique qu'elle
demeure, cette figure est-elle surtout et avant tout chrétienne. L'Enfant-
Jésus, de son côté, s'anime d'une souplesse de mouvement et d'une
spontanéité d'intention qui marquent l'aurore d'un monde jusqu'alors
ignoré. Dans ce même cimetière de Priscille, la Vierge reparaît du
côté opposé de la même crypte, la tête encore voilée, le corps toujours
vêtu de la tunique et du pallium, mais debout cette fois et dans l'attitude d'une personne en prière (*Orante*), les mains étendues, ayant à sa
droite l'Enfant-Jésus, âgé de huit à dix ans, et à sa gauche saint Joseph,
qui élève aussi ses bras pour prier. D'autres fresques de la même
catacombe nous montrent encore la Vierge, ici dans la scène de l'*Annonciation,* là dans la scène de l'*Adoration des Mages ;* quoique toujours
belles de lignes et empreintes d'un sentiment bien chrétien, ces peintures sont inférieures à celles que nous venons de décrire et ne remontent
pas au delà du deuxième siècle. »

Une autre *Madone*, du troisième siècle, a été trouvée, dans le cimetière de Domitille, entre deux *loculus*. Elle tient sur ses genoux le
divin Jésus, qui est assis, et répète, de la main droite, le geste de
bienvenue que sa Mère fait elle-même. Deux mages sont placés devant
elle et deux autres derrière. Cette Vierge, moins belle que la précédente, n'en conserve pas moins un très touchant caractère. « Si la
figure, dit encore M. Gruyer, est massive, si le voile blanc est jeté sur
la tête d'une manière lourde et sans grâce, si la dalmatique à bandes
bleues ne forme plus aucune des ondulations savantes que nous admi-
rions naguère, les traits ont gardé, du moins, leur régularité, leur
noblesse ; ils sont majestueux, imposants, doux et sympathiques, avec
cet accent de grande tristesse qui est le sceau de la beauté chrétienne.
Le regard surtout a une étonnante intensité d'expression. Les yeux
prennent alors dans la figure humaine une importance considérable et
sont, ainsi compris par la peinture, une véritable conquête ; ils deviennent
souverains, s'emparent de tout, dominent tout, sont le foyer d'où

rayonnent l'intelligence et la vie. La bouche porte l'empreinte d'une
émotion vraie. Le geste a de la grandeur... »

Une autre *Vierge* du même cimetière, qui paraît devoir appartenir

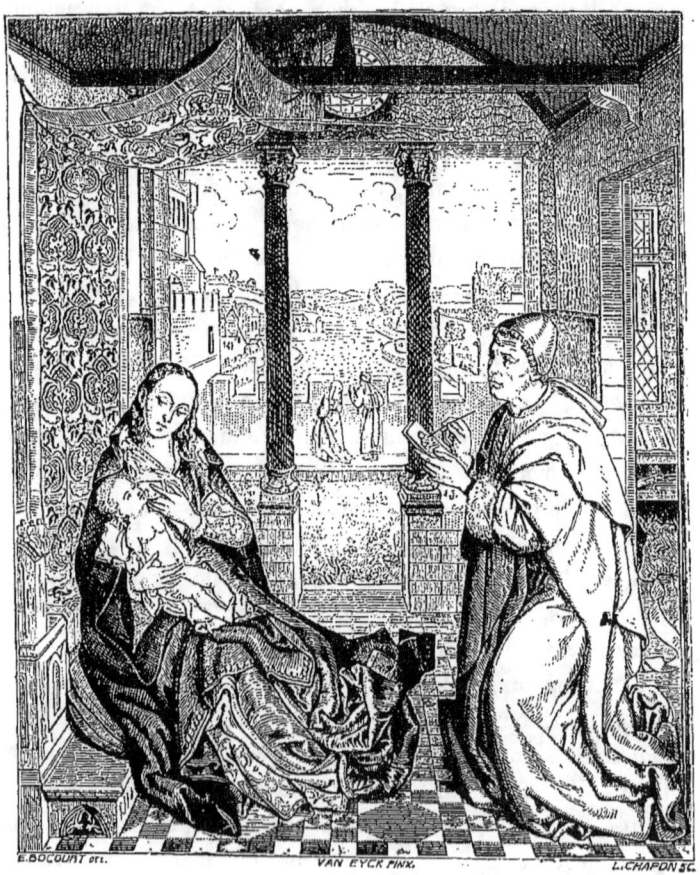

La Vierge peinte par saint Luc, d'après Van Eyck. — Quatorzième siècle.

à la fin du troisième siècle, diffère beaucoup de la précédente. Elle a
moins d'ampleur dans les formes, mais plus de jeunesse et plus de grâce.
Suivant la coutume des jeunes filles de l'antiquité avant leur mariage,
la tête est nue et elle est vêtue seulement d'une tunique blanche. Ses

yeux se baissent modestement. Évidemment, l'artiste chrétien s'est
proposé ici de glorifier la maternité divine de la Vierge Marie.

Le cimetière de Sainte-Agnès renfermait une autre peinture de *Vierge*
très remarquable, qui datait du quatrième siècle et qui ne ressemble pas
non plus aux précédentes. On y voit la Vierge ramenant le voile sur
ses blonds cheveux. Çe voile, d'un blanc bleuâtre, tombe du sommet
de la tête jusque sur les épaules; le cou est orné d'un collier de pierres
précieuses alternant avec des perles. Le pallium est jeté par-dessus la
tunique et enveloppe d'une manière symétrique les bras, qui sont levés
dans l'attitude de la prière. L'Enfant-Jésus est placé devant sa Mère ;
il ne prie pas, car c'est lui qu'il faut prier au contraire. Évidemment, il
y a eu là de la part de l'artiste une haute pensée philosophique. Cette
Vierge est certainement une des principales représentations primitives
de la Vierge Marie.

Dans le *Dictionnaire d'Archéologie sacrée,* on lit : « Dès les
temps les plus anciens, on vit des images de la sainte Vierge circuler
entre les mains des fidèles. Le sentiment de l'honnêteté qui brillait
dans ces images, au rapport de saint Ambroise, prouve qu'à défaut
d'une effigie réelle de la Mère de Dieu, si la tradition n'en avait pas
transmis les principaux traits, l'art chrétien avait su y reproduire la
physionomie de son âme, s'il est permis d'employer cette expression,
et cette beauté physique, symbole de la perfection morale, qu'il était
impossible de ne pas attribuer à la Vierge par excellence et à la
Mère de Dieu. C'est aussi ce caractère qui se retrouve, autant que le
comportent l'habileté des artistes et la médiocrité des travaux, dans
certaines peintures des Catacombes, où la Vierge est représentée
assise, avec l'Enfant-Dieu sur ses genoux, tantôt en pied, tantôt en
demi-figure, toujours d'une manière qui paraît conforme à un type
hiératique. Dans ce groupe de la Vierge-Mère, tenant sur ses genoux
l'Enfant-Dieu, qui résumait si admirablement, même sous la forme
la plus imparfaite, telle que vous la présentent de nombreux verres
peints des Catacombes ( un de ces verres est publié par Boldetti,
*Osservazioni,* p. 202, tav. VII, nᵒ 27 ), qui résumait, disions-nous,
tout ce qu'il y avait de sublime et de touchant dans le mystère du

Christianisme, la Vierge apparaît toujours voilée, avec tous les traits de la jeunesse, de la modestie et de la pureté. Telle on la voit, notamment, sur un des sarcophages du musée du Vatican, dont le style et le travail annoncent la meilleure époque de l'art chrétien[1]. »

Reproduisons ici une éloquente page due à la plume de Mgr Gerbet, évêque de Perpignan et tirée de son savant ouvrage qui a pour titre : *Esquisse de Rome chrétienne :*

« Nous devons, dit-il, une mention spéciale aux images de la sainte Vierge. Les peintures des chapelles sépulcrales, les sculptures des sarcophages, la numismatique, nous en ont conservé quelques-unes d'une manière très distincte, mais elles ont été certainement plus nombreuses. Les artistes chrétiens qui représentaient aisément plusieurs saints personnages de l'Ancien Testament et du Nouveau, ont dû reproduire, pour le moins aussi fréquemment, Celle que l'ange a saluée *pleine de grâce*, que l'Esprit-Saint a fécondée ; la nouvelle Ève qui, outre sa sainteté personnelle, a été l'instrument de l'Incarnation et de la Rédemption, comme l'Ève antique avait été la cause de la chute. Appuyés sur cette observation, les antiquaires du dix-septième siècle avaient déjà conclu que parmi les *Orantes*, ou *femmes en prière* peintes dans les Catacombes, il y en a plusieurs que les premiers chrétiens savaient être des images de la sainte Vierge, tandis que nous ne pouvons plus les discerner qu'avec le secours de l'analogie et la voie du raisonnement. Il faut, en effet, distinguer deux classes d'*Orantes*. Les unes peuvent être des portraits de défuntes : la place qu'elles occupent sur les monuments sépulcraux semble l'indiquer. Mais il y en a d'autres parmi les peintures qui décorent les voûtes des chapelles. Lorsqu'une de ces voûtes n'offre, dans tous ses autres compartiments, que des faits ou des personnages de la Bible, on doit en conclure que l'*Orante* qui s'y trouve mêlée est elle-même un sujet biblique, qu'elle représente non une femme ordinaire, mais une des femmes que l'Écriture-Sainte a louées. Or, de toutes ces femmes, la Vierge est la seule dont on puisse croire que la piété des premiers siècles a voulu fréquemment présenter l'image à

---

1. Bottari, *Pitture e sculture*, tome Ier, tav. XXXVIII.

la vénération des fidèles, dans les lieux sacrés. Rien ne demandait pour les autres un semblable privilège. D'ailleurs, chacune de celles-ci aurait dû être accompagnée de quelque signe particulier qui empêchât de la prendre pour une autre ; tandis que l'usage de représenter la Vierge, parmi les sujets bibliques, sous la forme d'une *Orante*, étant adopté, la place qu'elle occupait et l'absence de son attribut spécial suffisaient pour indiquer que cette figure était la femme par excellence, la commune Mère des fidèles. »

Mgr Gerbet dit encore plus loin :

« La sainte Vierge est représentée dans les Catacombes les bras étendus et élevés, c'est-à-dire dans l'acte de la prière ; cette attitude est conforme aux usages suivis par les artistes des Catacombes. Les verres orbiculaires reproduisent le même type. Sur l'un d'eux, la Vierge est placée entre saint Pierre et saint Paul ; sur d'autres, elle est entre deux arbres ; on y voit aussi des colombes auprès de sa tête, mais son attitude est celle des *Orantes*. Les peintres des premiers siècles avaient l'habitude de figurer ainsi la Vierge et les autres saints, à moins qu'ils ne les représentassent dans un acte ou avec des attributs qui exigeaient une autre pose. Pour ne pas troubler les néophytes, à peine sortis du paganisme, il était important de déclarer à leurs yeux mêmes que les saints n'étaient pas pour les chrétiens ce que les divinités étaient pour les idolâtres. Il convenait donc de donner à leurs images l'attitude de la prière, pour bien marquer que Dieu seul est la source de toute grâce et le terme de toute prière. Cette attitude exprime précisément le dogme catholique, car il se réduit fondamentalement à prier les saints de prier Dieu pour nous. L'Église dit toujours que la Vierge est une *Orante* et que c'est le bon Pasteur seul qui sauve. »

* *
*

Après l'époque des invasions, dans l'âge de fer qui les suivit, l'art donna à la Vierge Marie un type d'une dureté sauvage, qui reflétait les mœurs du temps.

Ce visage triste et morne, ce long corps sans mouvement et sans

vie, cette attitude roide s'associaient à l'éclat des formes et à la
pompe éclatante du costume oriental.

Les artistes inconnus coiffaient la tête nimbée d'une lourde tiare ;
l'or, les pierres précieuses, les perles couvraient le vêtement, qui ne
savait traduire aucune forme vivante. Les inscriptions dont l'artiste
accompagnait son œuvre vantaient l'éclat varié des métaux. Le luxe
asiatique accompagnait l'attitude immuable prescrite par l'orthodoxie,
car, pour la composition, il fallait se conformer aux saintes images
peintes par saint Luc.

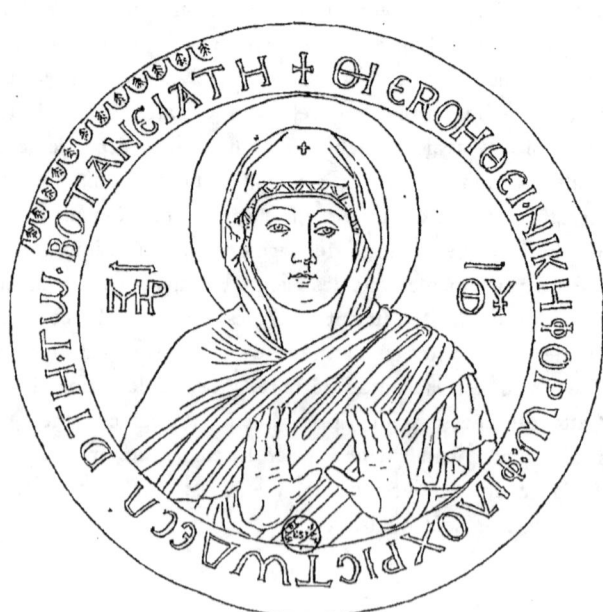

La sainte Vierge. Gravure sur jaspe vert. — Onzième siècle.

# CHAPITRE II

## LA SAINTE VIERGE

## DANS L'ART BYZANTIN

UAND on étudie les œuvres de l'art chrétien, il est nécessaire de bien connaître les traditions de l'*iconographie byzantine*[1]. Car pour les
principaux sujets religieux, les
artistes de ce temps imaginèrent
ou fixèrent définitivement des
compositions qu'on regarde comme
des modèles. Les successeurs de
ces artistes jugèrent inutile de les
changer, et ces œuvres alors ad-
mirées devinrent dans la suite
comme des types sacrés que les peintres,
en grand nombre, reproduisirent fidèlement. Ces écoles d'art, du huitième au
douzième siècle, eurent une véritable
force créatrice, exclusivement ortho-

Vierge orante.
Art byzantin.— Premiers siècles.

doxe et monastique. Il faut songer que parmi ces compositions, il
s'en trouve qui de l'Orient se répandirent dans l'Europe entière et qui,
de nos jours encore, peuvent compter parmi les plus belles créations de
l'art chrétien.

1. On donne le nom d'*Iconographie* à la science des images produites par la peinture, la
sculpture et les autres arts plastiques. Ce mot vient du grec εικων, image, et γραφω, j'écris.

Telle est, par exemple, cette création de la *Dormition de la Vierge*, si populaire en Orient, et qui se rencontre sur des monuments, des mosaïques et des ivoires de cette époque. On peut citer entre autres un des émaux de la Pala d'Oro, à Venise; une mosaïque de Santa Maria in Martorana, à Palerme; un petit tableau en mosaïque conservé au Dôme de Florence; un superbe ivoire du musée de Munich, etc.

D'après une légende pieuse déjà répandue au dix-huitième siècle, la *Légende dorée*, la Vierge Marie, arrivée à l'âge de soixante ans, fut avertie par un ange que sa fin était proche.

Miraculeusement réunis autour d'elle, les apôtres assistaient à ses derniers moments. Quand Marie vit tous les apôtres rassemblés, elle bénit Notre-Seigneur. Elle les fit asseoir au milieu des lampes et des lumières ardentes. Elle revêtit les habits de la mort et s'arrangea dans son lit en attendant sa fin. Pierre était à la tête du lit, Jean aux pieds, les autres apôtres à l'entour, célébrant les louanges de la Vierge.

Vers la troisième heure de la nuit, un grand coup de tonnerre heurta la maison, et un parfum si délicieux embauma la chambre, que tous ceux qui étaient là, hors les apôtres et trois vierges qui portaient des flambeaux, s'endormirent d'un profond sommeil. Alors Notre Seigneur Jésus-Christ arrive avec les ordres des anges, l'assemblée des patriarches, les bataillons des martyrs, l'armée des confesseurs et les chœurs des Vierges. Tous se groupèrent autour du lit de la Vierge et psalmodièrent de doux cantiques.

« Jésus dit à sa Mère : « Venez, mon élue, je vous placerai sur mon « trône, car je soupire après votre beauté. — Seigneur, répondit Marie, « mon cœur est préparé. » Alors tous ceux qui étaient venus chantèrent doucement; Marie chanta en elle-même ces paroles : « Toutes les géné- « rations me proclameront heureuse, parce que Celui qui est puissant et « dont le nom est saint, a fait de grandes choses pour moi. » Aussitôt, le chantre des chantres entonna plus excellemment que tous les autres : « Ma fiancée, venez du Liban; venez, vous serez couronnée. — Me « voici, dit Marie, car je me réjouis en vous. » En ce moment, l'âme de la bienheureuse Marie sortit sans douleur de son corps et s'envola dans les bras de son Fils... Aussitôt les roses et les lis des vallées,

c'est-à-dire les martyrs, les confesseurs, les vierges et les anges entou-
rèrent l'âme, blanche comme le lait, que portait Jésus-Christ, et mon-
tèrent au ciel avec elle. »

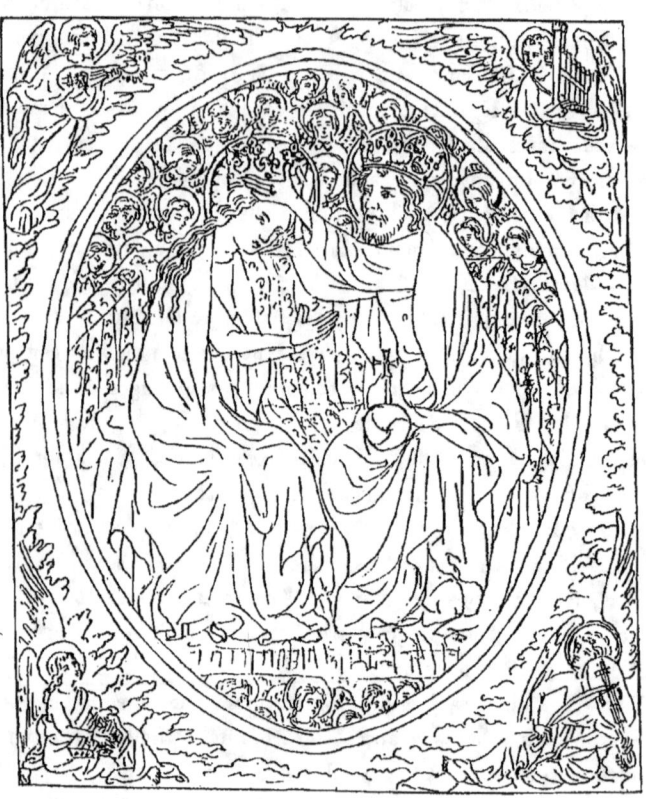

Le Couronnement de la Vierge, d'après un calque de la Bibliothèque nationale.
Art flamand du onzième siècle.

Telle est la belle légende dont s'inspirèrent les pieux artistes, et ils en
tirèrent une composition qu'on retrouve encore de nos jours dans la
plupart des églises byzantines.

Enveloppé de longs vêtements, le corps de Marie est étendu sur le
lit funéraire ; autour d'elle, les assistants pleurent ou prient.

En arrière, dominant la foule des fidèles, entourée d'anges, de saints et de saintes, se détache la grande figure du Sauveur qui tient dans ses bras l'âme de la Vierge Marie sous la forme d'un petit enfant vêtu de blanc. C'est très simple, mais c'est aussi très saisissant. Il y a un contraste étrange entre la foule qui s'incline, la ligne horizontale que domine le cadavre de la Mère de Dieu et la ligne verticale que forme la figure de Notre-Seigneur. Là, les idées de tristesse, de mort et de triomphe sont exprimées sans se contrarier l'une l'autre et se fondent toutes dans une impression souveraine de grandeur et de majesté.

Celui qui le premier imagina cette magistrale composition était un grand artiste, on pourrait même ajouter un artiste de grand génie.

Les peintures murales anciennes des Byzantins sont presque toutes perdues, mais les écrivains du temps en font connaître quelques exemples. La mosaïque étant fort chère, on avait recours aux fresques où souvent étaient figurées des images de la Vierge. Un rhéteur, Choricius [1], a longuement décrit celles qui ornaient l'église de Gaza au sixième siècle. Le cycle des peintures commençait à l'*Annonciation* : l'ange, descendant du ciel, s'approche de la Vierge occupée à filer ; il lui parle ; la Vierge étonnée laisse presque échapper de ses mains la pourpre qu'elle tisse. La *Visitation* vient ensuite et l'on voit Élisabeth se précipiter vers la Vierge, dont elle voudrait embrasser les genoux, tandis que celle-ci l'en empêche.

Rappelons aussi que sur les sarcophages, les artistes byzantins ont aussi fréquemment représenté l'*Annonciation* et la *Visitation* [2].

Un type de la *Vierge* qui a été aussi assez souvent employé par les Byzantins, c'est celui de la *Madone Orante*. Une de ces représentations, des plus remarquables, se trouve à Ravenne, dans l'église de Santa Maria in Porto. C'est un bas-relief qui, dit la légende, serait arrivé miraculeusement de Grèce en Italie vers l'an 1100. Les signes qui indiquent le nom de la Vierge, aussi bien que le style de la sculpture, ne laissent aucun doute sur l'origine de l'œuvre. Elle a dû être rap-

---

1. *Choritii Gazæi orationes*, p. 91, 92, 93, 94.

2. La Vierge y est figurée presque toujours occupée à filer, d'après les récits des évangiles apocryphes.

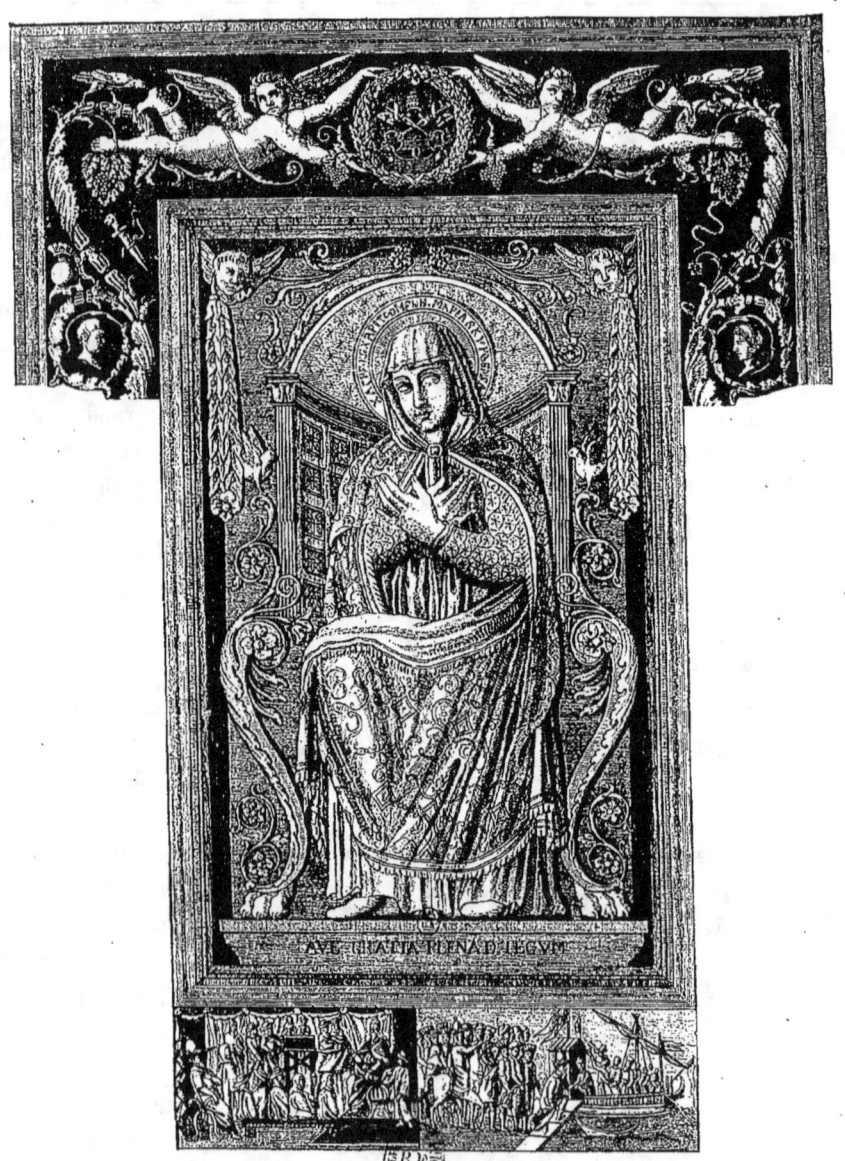

Ave gratia plena,
d'après une estampe de la Bibliothèque nationale. — Style byzantin.

portée en Italie au temps des croisades. La Vierge Marie a l'attitude de l'*Orante;* la tête est belle et régulière, et l'ensemble offre un caractère de remarquable grandeur.

« L'exécution est simple et assez heureuse, bien qu'elle manque parfois de souplesse dans les draperies. Cette œuvre perdue au fond d'un sanctuaire étranger, encadrée dans une bordure moderne de mauvais goût, frappe le visiteur; elle semble comme exilée d'un monde *où se conservait le goût du beau uni au sentiment religieux.* »

Au reste, on reconnaît là un type que traitaient sans cesse les artistes et dont la sculpture byzantine a donné de nombreux exemples.

Il est aussi une autre composition qui fut fréquente en Orient. C'est celle de la *Vierge fontaine de vie.* On peut citer surtout un bas-relief daté de 1496 et qui se trouve dans un mur du couvent de Vatopidi : un prince slave offre à Marie une église qu'il a fait bâtir à son honneur.

Les miniatures figurant la Vierge sont nombreuses aussi, la Bibliothèque nationale en possède de très remarquables.

Les artistes byzantins de cette époque savaient aussi travailler les pierres fines avec une grande habileté.

Un des exemples les plus beaux se rapporte précisément à une image de la Vierge. C'est une coupe en ophite, conservée au mont Athos. Au centre est représentée la *Vierge Orante,* l'Enfant-Jésus est placé sur sa poitrine, et comme retenu dans les plis de son vêtement. De chaque côté de la Vierge se tient un ange qui l'encense. La représentation de la Vierge offre de grandes analogies avec d'autres que l'on rencontre sur les sculptures des églises byzantines.

Voici, comme on le voit, un grand nombre, et dans les genres différents, de reproductions d'images de la Vierge. Il faut dire que les Byzantins avaient depuis longtemps un grand culte pour la Vierge et qu'ils révéraient des *images miraculeuses de la Vierge.* Une de celles qui eut le plus de valeur artistique se trouve maintenant à Rome, dans la basilique de Sainte-Marie-Majeure. La beauté du type de la Vierge, l'élégance de l'ajustement des draperies méritent l'attention et l'admiration.

Dans les églises des couvents du mont Athos[1], on conserve aussi

1. Voir notre livre : *Histoire de l'Art chrétien.*

des images de la Vierge auxquelles on assigne une date fort reculée.

C'est chez les moines du mont Athos[1], d'ailleurs, que l'art byzantin primitif, qui date de tant de siècles, a trouvé un inviolable asile.

Là, à l'abri des invasions étrangères et des révolutions politiques, il a pu se conserver pur et intact dans les mains des moines qui, à travers le Moyen-Age, ont été les gardiens fidèles d'une tradition qu'ils n'ont pas encore oubliée de nos jours.

D'après une tradition d'origine grecque, Notre Seigneur Jésus-Christ aurait accompli un voyage dont il n'est fait aucune mention dans les saints Évangiles. Au temps où il parcourait le littoral phénicien, le Christ aurait traversé la mer et serait venu jusqu'en Chalcidique voir ce promontoire célèbre du mont Athos. D'autres légendes parlent d'une *apparition de la Vierge Marie*, de son passage sur le territoire de la montagne.

Quelle que soit la légende qui ait servi de base à la dévotion populaire, il faut convenir que le mont Athos a joui et jouit encore d'un prestige immense aux yeux des fidèles des églises photiennes. Par eux, il a été appelé *Agion Oros*, la Montagne Sainte, et il est devenu le but d'un pèlerinage fréquenté aussi assidûment que les lieux saints de la Judée et de la Galilée.

Beaucoup d'églises d'Orient possèdent des *Images de la Vierge* faites au mont Athos.

Dans l'église Saint-Marc de Venise, se trouve encore un tableau qui représente la sainte Vierge et qui, d'après une tradition fort ancienne, fut enlevé aux Grecs dans une bataille en 1203. La Madone qui a reçu le nom de *Nicopea*, c'est-à-dire *Victorieuse*, est représentée à mi-corps, tenant son Fils. Le type que l'artiste a donné à Marie est celui qu'on retrouve sans cesse à cette époque. Le cadre du tableau, tout décoré d'émaux, est fort riche.

Vers le dixième siècle, l'usage s'était introduit d'exécuter de petits

---

1. *Athos*, montagne et cap de la Turquie d'Europe, à l'extrémité d'une langue de terre étroite, longue de 50 kilomètres, à côtes très découpées et très montueuses à l'intérieur. La chaîne de hauteurs, qui remplit cette langue de terre et se termine par le mont Athos lui-même, s'appelle en grec : *Agion Oros*, la *Montagne Sainte*, à cause des innombrables couvents qui s'y installèrent dès le commencement du christianisme.

tableaux en mosaïque. On les faisait au moyen de fragments de verre ou de pierre qu'on assemblait avec de la cire blanche. Ces petits tableaux étaient fort recherchés. Un grand nombre représentaient des sujets tirés de la Vierge. Deux sont conservés au trésor du Dôme de Florence, et reproduisent entre autres scènes : l'*Annonciation*, la *Mort de la Vierge*. Quelques-uns existent encore dans les trésors des églises d'Orient.

On trouve une bien curieuse *Vierge byzantine*, à Rome, dans l'église Santa Maria in Cosmedin.

« Sur un des murs du chœur, raconte notre confrère É. Montégut [1], le sacristain vous montrera un reste de peinture de l'église primitive. Ce débris date du troisième siècle de notre ère. Les ambons, ou, autrement dit, les deux chaires en marbre des premiers siècles, élevées au-dessus du sol de quelques marches seulement, placées aux deux côtés de la nef, marquent le milieu de l'église. Tout au fond, par derrière le maître-autel, une chaire de marbre est adossée au mur ; la tradition veut que ce soit celle de saint Augustin. Enfin, au-dessus de cette chaire se présente comme cachée aux regards du vulgaire, masquée qu'elle est par l'autel, la merveille de l'église : une Vierge byzantine qui, pour nous, est au nombre des choses les plus importantes qu'il y ait à Rome, où il s'en voit tant de belles.

« Selon la coutume, on n'a pas manqué d'attribuer cette Vierge à saint Luc ; mais une tradition beaucoup plus croyable veut qu'elle ait été apportée d'Orient en Italie au huitième siècle, alors que régnait à Constantinople Léon l'Isaurien et que triomphait avec lui la secte des iconoclastes, triomphe qui eut des résultats nombreux et importants dont deux au moins méritent d'être signalés. Le premier, et le plus grand, c'est qu'il fit faire un pas énorme à la puissance politique de la papauté en l'affranchissant définitivement et pour jamais de ces liens de déférence qui depuis la chute de l'empire en Occident avaient attaché l'Église de Rome à la cour de Byzance.

« Après la chute de l'empire, la papauté était devenue l'autorité la plus considérable et la plus certaine de Rome ; mais cette autorité

1. *L'Art italien à Rome.*

était toute morale, et les Romains d'alors, la papauté elle-même, s'étaient habitués à regarder la lointaine cour de Constantinople comme le centre de leurs intérêts politiques, le lieu de dépôt de leurs traditions, rompues en Italie, le siège de leur véritable gouvernement. Après la chute du royaume de Théodose, l'établissement de l'exarchat avait donné à ces sentiments une demi-réalité. Un jour, une secte longtemps obscure, sorte d'islamisme chrétien ou de puritanisme oriental, protégée par un empereur originaire de la farouche Isaurie, étendit sur l'empire sa propagande dévastatrice et alla partout brisant les images chères au peuple. Ce fut une rage sans merci, car cette querelle, qui peut faire hausser les épaules à un sceptique de nos jours, avait les racines les plus profondes qui se puissent concevoir. Les iconoclastes étaient parvenus à établir la guerre civile dans l'âme grecque elle-même, en mettant aux prises les deux parties dont elle se compose. En effet, née de cette subtilité grecque traditionnelle qui autrefois avait produit les sophistes et enfanté la métaphysique la plus déliée, elle s'attaquait à cet amour non moins traditionnel de la race grecque pour la beauté et la reproduction par les formes extérieures des rêves de l'âme.

« Non moins sensibles que les Grecs à la beauté, les Italiens purent se soustraire, grâce à l'éloignement et à la nature de leurs rapports avec Constantinople, à ce torrent de destruction; mais, dans cette querelle, il y eut au moins une idole qui fut brisée à jamais pour eux, ce fut l'idole jusqu'alors respectée de l'empereur d'Orient. A partir de ce moment, la papauté n'eut plus à incliner la tête lorsqu'on prononçait certain nom devant elle; l'empereur était devenu pour elle comme pour l'Italie un souverain étranger.

« Le second résultat de cette guerre des iconoclastes, c'est qu'elle fit pour les arts quelque chose de comparable à ce que fit pour les lettres grecques la prise de Constantinople par les Turcs. De toutes parts, on se mit à sauver, à cacher les images saintes; leur émigration étant le moyen de salut le plus sûr, un certain nombre d'images byzantines passèrent alors en Italie, et entre autres, selon la tradition, cette madone de Santa Maria in Cosmedin, c'est-à-dire *Sainte Marie la bien parée, aux beaux atours.* Ce nom fut donné par le pape Adrien I<sup>er</sup> à cette église, qui le mérite vraiment, ne fût-ce que pour cette Vierge. Au huitième siècle, Santa Maria in Cosmedin était le centre du quartier des Grecs habitant Rome, circonstance qui explique à la fois et le surnom grec de l'église et la raison qui lui valut d'être choisie de préférence à toute autre pour servir de lieu de refuge à cette image. »

Dans la mosaïque byzantine, la Vierge Marie a été figurée un très grand nombre de fois. Il n'est guère de grandes mosaïques chrétiennes où elle n'ait été représentée. A Sainte-Sophie de Constantinople, la voici sur le fond du sanctuaire, assise sur un trône, tenant entre ses mains l'enfant debout. A Sainte-Sophie de Thessalonique, Marie est représentée les mains levées comme les *Orantes* des Catacombes. La voici encore à Saint-Apollinaire-Nuovo, sur le cintre de Saint-Jean de Latran. On pourrait multiplier ces exemples pour montrer combien l'image de la Vierge a tenu une belle place dans l'art byzantin.

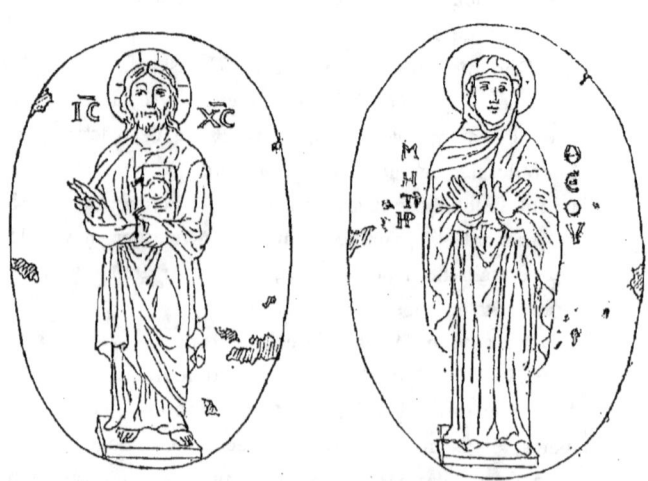

La sainte Vierge et le Christ. — Art byzantin, septième siècle.

# CHAPITRE III

## LES REPRÉSENTATIONS DE LA SAINTE VIERGE
## DANS LA NUMISMATIQUE

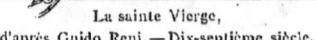

A Numismatique[1] elle-même a mis à contribution l'image de la Vierge Marie, qui fut reproduite souvent sur les médailles et sur les monnaies. L'impératrice Théophanie fut la première qui, en 959, offrit sur des monnaies la figure de la sainte Vierge. On la voyait placée sur le revers, entourée du nimbe, portant le voile et les deux mains élevées à la hauteur de la poitrine. Autour, on lisait en grec l'inscription : *Mère de Dieu*. En 969, l'empereur Jean Zimiscès fit aussi

La sainte Vierge,
d'après Guido Reni. — Dix-septième siècle.

frapper une médaille sur un côté de laquelle on voyait figurer la tête du Sauveur, et sur le revers celle de Marie assise sur un trône et tenant l'Enfant-Jésus sur ses genoux.

Devant elle étaient représentés les trois Rois mages qui lui apportaient des présents ; au-dessus de la tête de Marie était une étoile et, au dessous, deux colombes.

L'empereur Romain IV, qui monta sur le trône impérial en 1068, fut le premier qui mit l'effigie de la sainte Vierge sur le champ même de

1. Science des monnaies et médailles historiques; du latin *numisma*, pièce de monnaie, médaille.

ses monnaies. On voit sur ces médailles la Vierge, ayant sur sa poitrine la tête de l'Enfant-Jésus, ainsi que l'avait prescrit le concile d'Éphèse. La Vierge Marie y porte le costume et la coiffure d'une impératrice. On voit autour de sa tête et entremêlés à ses cheveux plusieurs rangs de perles, et son front est ceint du diadème impérial. Sur le revers de cette monnaie, on lit en grec : *Que la Mère de Dieu soit propice pour l'empereur Romain Diogène.*

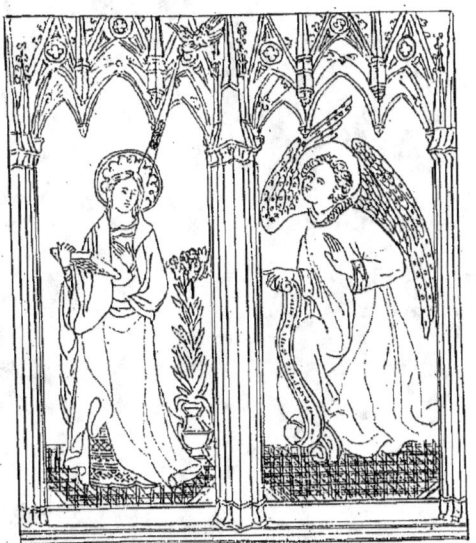

L'Annonciation. Peinture sur verre du quinzième siècle.

Après Romain IV, plusieurs empereurs mirent encore l'effigie de la Vierge.

Mais les Grecs ne furent pas les seuls qui donnèrent à la Vierge cette marque de respect, une foule d'États modernes ont porté sur leurs monnaies l'effigie de la sainte Vierge.

Dans les États du Pape, on voyait sur l'écu romain neuf, en argent, Marie portée sur des nuages et tenant d'une main les clés et de l'autre une arche. Autour se lisait cette inscription : *Supra firmam petram,* sur la pierre solide.

La Bavière a frappé des carolins et des maximiliens en or, lesquels montraient la Vierge Marie portant l'Enfant-Jésus.

En 1840, le Portugal mettait sur ses cruzades d'or le nom de Marie,

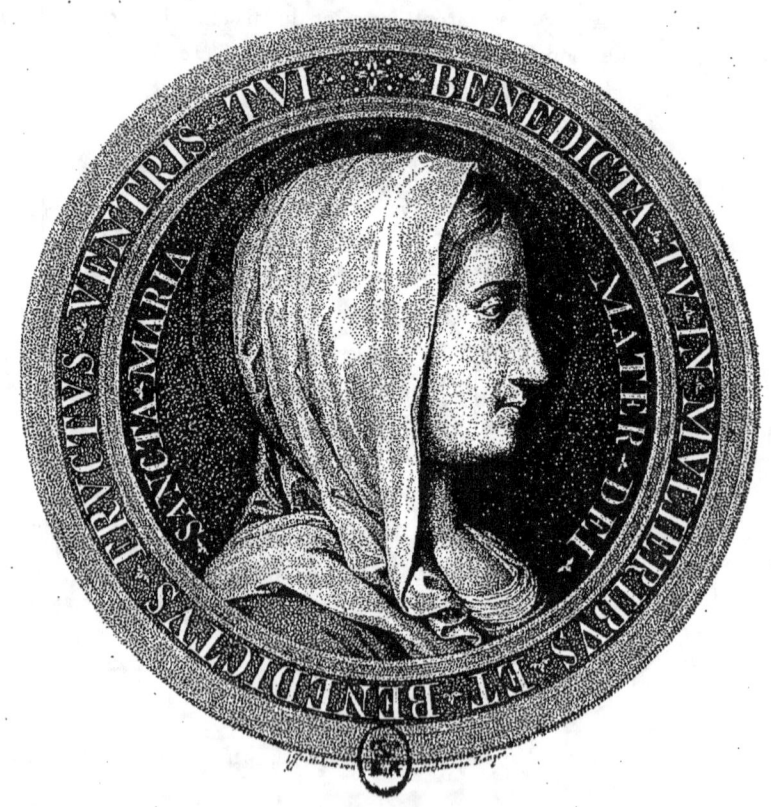

La sainte Vierge.
Art allemand du dix-huitième siècle.

*Maria*, surmonté d'une couronne, et entouré de deux branches de laurier; de l'autre côté se trouvait une croix avec cette inscription : *In hoc signo vinces*, avec ce signe vous vaincrez.

L'Autriche a eu des ducats d'or sur lesquels on voyait la sainte Vierge portée sur des nuages, ayant sur son bras l'Enfant-Jésus qui

tenait à la main le globe du monde; l'inscription était : *Maria Mater
Dei*, Marie Mère de Dieu.

Le même empire avait aussi des maximiliens d'or sur le revers desquels se voyait Marie portant l'Enfant-Jésus, lequel tenait en sa main
le globe terrestre. L'inscription était : *Salus in te sperantibus*, le salut
à ceux qui espèrent en vous.

Les carolins ou trois florins d'or de la même puissance présentèrent
aussi sur leurs revers la sainte Vierge avec l'Enfant-Jésus. Il y avait la
même inscription que pour les maximiliens.

La ville de Gênes présentait aussi autrefois sur ses genovines d'or la
*Vierge Marie portée sur des nuages* et tenant le petit Jésus sur un de
ses bras, l'inscription était : *Et rege eos*, guide-les.

## LA SAINTE VIERGE DANS L'ART DU VITRAIL

C'est à la France que l'on doit l'invention, ou plutôt le perfection-
nement de la peinture dans le verre des vitraux d'église. Nous en
avons une preuve dans un travail du moine allemand Roger, surnommé Théophilos, qui dit au prologue de son livre : *De omni scientia
picturæ artis*, qui parut au onzième siècle : « O toi, qui liras cet ouvrage, je t'enseignerai ce que pratique la France dans la fabrication
des précieux vitraux qui ornent ses fenêtres... »

D'après les documents conservés par Ostiensio et les *Chroniques*
de Grégoire de Tours, dans les provinces de la France méridionale,
les fenêtres étaient closes primitivement avec des tablettes de marbre
percées de trous ronds ou carrés dans lesquels étaient enchâssés des
verres de couleur.

Les plus anciens vitraux connus sont ceux qui décoraient l'église
de Neuwiller (en Alsace) et la cathédrale du Mans; ils datent de la
fin du onzième siècle. Auparavant les vitres peintes étaient formées
par l'assemblage de fragments de verres colorés. Le poète Fortunat
parle des vitres peintes de l'église de Paris et saint Grégoire de Tours
de celles de l'église de Brioude.

Émeric David raconte ainsi l'origine de la véritable peinture sur verre.

« Le règne de Charles le Chauve et celui de Louis le Débonnaire, dit-il, nous offrent un fait très mémorable : c'est l'invention de la peinture sur verre. L'historien du monastère Saint-Béningue, à Dijon, lequel écrivait en 1052, assure qu'il existait encore dès ce temps, dans l'église de ce monastère, un très ancien vitrail représentant le mystère de *sainte Pascharie*, et que cette peinture avait été retirée de la vieille église restaurée par Charles le Chauve. Il faut croire que ce monument rustique et élégant, suivant les expressions de la chronique, datait au moins du règne de l'empereur Charlemagne, mais il ne saurait remonter beaucoup au delà. »

A partir du douzième siècle, l'art du vitrail a fait partie intimement des arts français du Moyen-Age.

La vitrerie était alors un véritable art et non un métier. Pour avoir su faire de si beaux dessins de verrerie, il fallait être artiste dans l'âme. Et quoique les Français qui ont fait ces vitraux aient laissé presque toujours leurs noms inconnus, il est impossible de les ranger comme de simples manœuvres.

C'était, avec le métier des armes, le seul métier que, à cette époque, les gentilshommes pouvaient exercer sans déroger et être montrés du doigt.

Sur un grand nombre de ces vitraux, on a représenté la Vierge Marie : Quelquefois, l'*Annonciation* est figurée; d'autres fois, c'est le *Couronnement de la Vierge* ou la *Vierge tenant le petit Jésus dans ses bras*. Il n'est guère de cathédrale où la Vierge ne soit figurée dans les vitraux.

Fort souvent, la Vierge, tenant le petit Jésus dans ses bras, est accompagnée d'un donateur ou de deux donateurs qui, à genoux, adorent l'Enfant-Jésus.

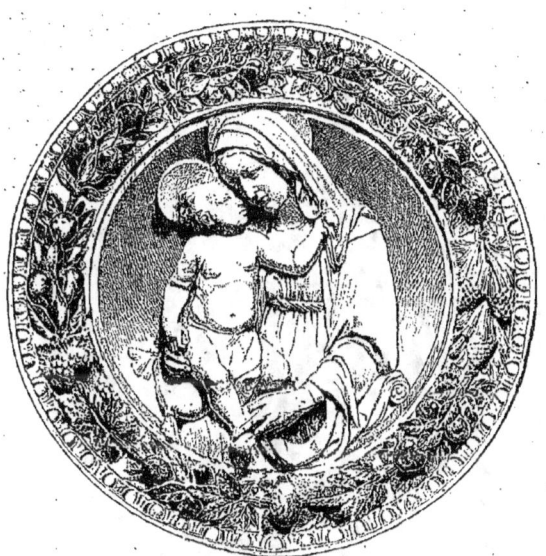

L'Enfant-Jésus et sa Mère

Terre cuite de Lucca della Robia. — Quinzième siècle.

# CHAPITRE IV

## LA SAINTE VIERGE

# DANS L'ART FRANÇAIS

### (MOYEN-AGE)

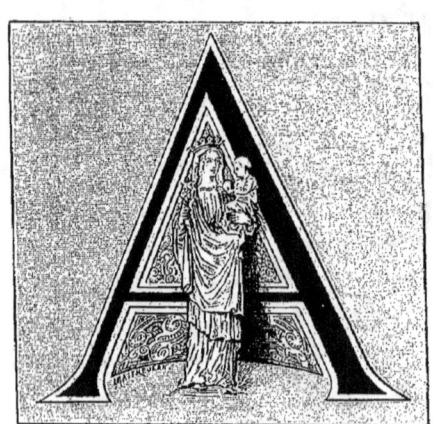

Statue de la sainte Vierge, à Notre-Dame de Paris.

partir du treizième siècle, la manière de représenter la Vierge en France a changé complètement. Jusqu'alors, elle avait eu un rôle assez effacé, et n'était en quelque sorte que le support de l'Enfant-Dieu qui bénit, ou tient un livre. Ce caractère dogmatique, imité des Byzantins, cesse avec l'émancipation des communes. La Vierge devient alors l'objet d'une dévotion immense ; elle est la grande médiatrice qui intercède pour les humains au jugement dernier, et c'est à elle que sont dédiées la plupart des grandes églises de cette époque. L'art cherche alors à exprimer des sentiments humains, et veut surtout traduire l'idée de maternité inconnue aux époques hiératiques. Le petit Jésus passe le bras autour du cou de sa Mère, qui sourit en le regardant.

A l'époque gothique, alors que s'élevèrent un si grand nombre de monuments religieux, l'influence de la Vierge Marie fut des plus sensibles. Les églises, les cathédrales, les abbayes, que le Moyen-Age vit élever, construire en l'honneur de la sainte Mère de Dieu, furent les plus belles. Plus délicatement ornées, plus aériennes, plus gracieuses que les autres, elles firent voir la douce pensée d'amour qui dominait, non seulement chez le fondateur, le donateur, l'architecte, mais encore jusque chez le simple maçon, le petit manœuvre qui les construisaient.

« En ce temps-là, de pauvres ouvriers faisaient leur tour de France, offrant leurs truelles et leurs marteaux partout où la piété des fidèles élevait des églises; la plupart ne demandaient point de salaire : on leur donnait du pain, quelques racines, et ils couchaient sur la terre nue. On vit, pendant plus de deux siècles, cent mille hommes travailler ainsi à la cathédrale de Strasbourg, que l'évêque Werner avait dédiée à Marie.

« Quelques-uns de ces ouvriers se vouaient uniquement à la construction des chapelles de la sainte Vierge; ils y travaillaient pour l'amour de Dieu et refusaient tout autre travail. Il en était parmi ceux-là qui s'imposaient, comme pratique expiatoire, la confection par jour d'un certain nombre de feuilles de chêne, de trèfle ou d'arabesques. On appelait cette tâche pieuse *le chapelet du picoteur* (tailleur de pierre). »

L'enthousiasme gagna jusqu'au sexe faible; on vit des femmes prendre le ciseau pour sculpter des *madones*.

La statue de la sainte Vierge que l'on remarque sur le portail de la cathédrale de Strasbourg, avec une couronne sur la tête et un calice dans la main droite, est l'image de Sabine, fille d'Erwin, célèbre architecte comme son père et son frère, dont elle continua l'œuvre grandiose lorsqu'ils y eurent usé leur vie.

Ces artistes, qui avaient lutté comme des géants avec la pensée de l'infini pour le traduire en pierre, ne s'enrichissaient point dans ces entreprises colossales, où les diamants des princes, les riches aumônes des hauts barons, et l'or des corporations bourgeoises, passaient à millions dans leurs mains [1]; ils en auraient eu honte. Leur travail était plus dignement payé; après leur mort, la majestueuse basilique qu'ils avaient bâtie, soulevant ses dalles de marbre noir, les recueillait pieusement dans son

---

1. « Les architectes les plus renommés de ce temps-là, dit M. X. Marmier, n'avaient pas encore appris, avec l'art de construire les édifices, l'art de s'enrichir. En 1287, Étienne de Bonneuil, appelé en Suède pour bâtir la magnifique cathédrale d'Upsal, n'avait pas encore assez d'argent pour faire son voyage et emmener ses compagnons. Deux étudiants suédois, qui se trouvaient alors à Paris, lui prêtèrent 40 livres qu'il s'engagea à leur rendre sur *la foi de Bonneuil, tailleur de pierres, maistre de faire l'église d'Upsal.* »

sein, et l'on eût dit que ses hautes et fines aiguilles, qui perçaient la nue

comme la prière d'une âme
sainte, allaient plaider leur
cause devant l'Éternel.

Autour d'eux dormaient,
au fond des parvis, à l'ombre des murailles sacrées,
les légions de travailleurs
qui avaient agi sous leurs
ordres.

L'Église priait pour eux
et les bénissait, de siècle en
siècle, dans leurs simples
tombes de pierre.

Et c'était une récom-
pense digne de l'ambition
d'hommes spiritualistes qui
prisaient la vie ce qu'elle
vaut...

Jamais on ne reverra
peut-être cette unité de
pensée et de but, qui donne
quelque chose de si com-
plet, de si dévot, de si
solennel aux églises gothiques[1].

A un grand nombre de
coins de rue, une petite
statue de la sainte Vierge,
grossièrement sculptée en
pierre ou en chêne, jaunie
ou noircie par le temps, et
couverte d'un voile d'an-

1. L'abbé Orsini, *La Vierge*.

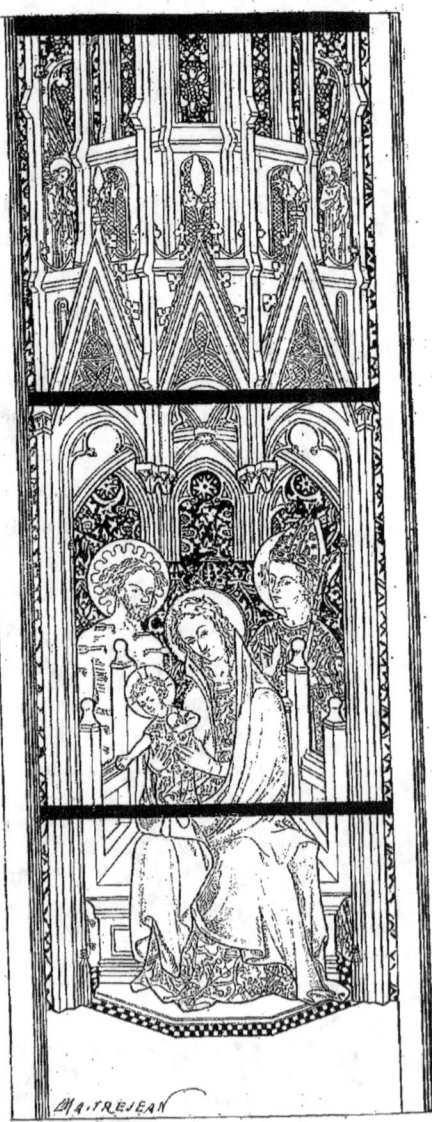

Vitrail de la cathédrale de Bourges.
Treizième siècle.

tique dentelle [1], élevait son front séculaire au-dessus d'un massif de fleurs, que les âmes pieuses et dévouées des fidèles du quartier renouvelaient tous les matins, à l'heure où les trompettes sonnaient l'aurore du haut des tours du Châtelet.

Dans les petites niches où se trouvaient mises ces statues de la Vierge Marie, des lampes brûlaient constamment la nuit. Ces lampes mystiques des Madones furent même le premier éclairage des rues. A travers les tiges parfumées des fleurs, comme un cordon d'étoiles, elles semblaient les gardiennes de la ville assoupie.

« C'est vers le milieu du douzième siècle que le culte voué à la sainte Vierge prend un caractère spécial en France, a écrit Viollet-le-Duc. Jusqu'alors, les monuments sacrés ou peints donnent à la Vierge Marie une place secondaire : c'est la femme désignée par Dieu pour donner naissance au Fils. Elle est un intermédiaire, un moyen divin. Les évêques, en faisant rebâtir leurs cathédrales dans le nord de la France, vers la fin du douzième siècle, sous une inspiration essentiellement bonne, crurent devoir abonder dans le sens très religieux des populations.

*La plupart de ces grands édifices furent placés sous le vocable de Notre-Dame; et la place de la Mère de Dieu prit une importance toute nouvelle dans l'iconographie religieuse.*

A Notre-Dame de Senlis, l'histoire de la sainte Vierge occupe le portail principal; à Notre-Dame de Paris, deux des portes furent réservées aux représentations de la Vierge; celle de gauche de la façade occidentale, et celle du transsept du côté septentrional. A Reims, la statue de la sainte Vierge occupe le trumeau de la porte centrale. A Notre-Dame de Chartres, une des portes du douzième siècle est consacrée à la Vierge, etc. Le sentiment populaire, qui tendait déjà à considérer la Vierge comme un personnage divin, ne fait que croître. *Des églises et des chapelles sans nombre furent élevées à la Mère du Sauveur.*

---

1. L'usage d'habiller les statues de la Vierge Marie a été commun à toute la chrétienté et subsiste encore en quelques endroits de l'Italie. Il est prouvé qu'il existait même en Angleterre. La comtesse de Warvick offrait souvent ses robes et ses voiles les plus riches à Notre-Dame de Worcester, et l'on voit dans l'*Histoire d'Irlande* de Leland que ces statues portaient des bagues de prix.

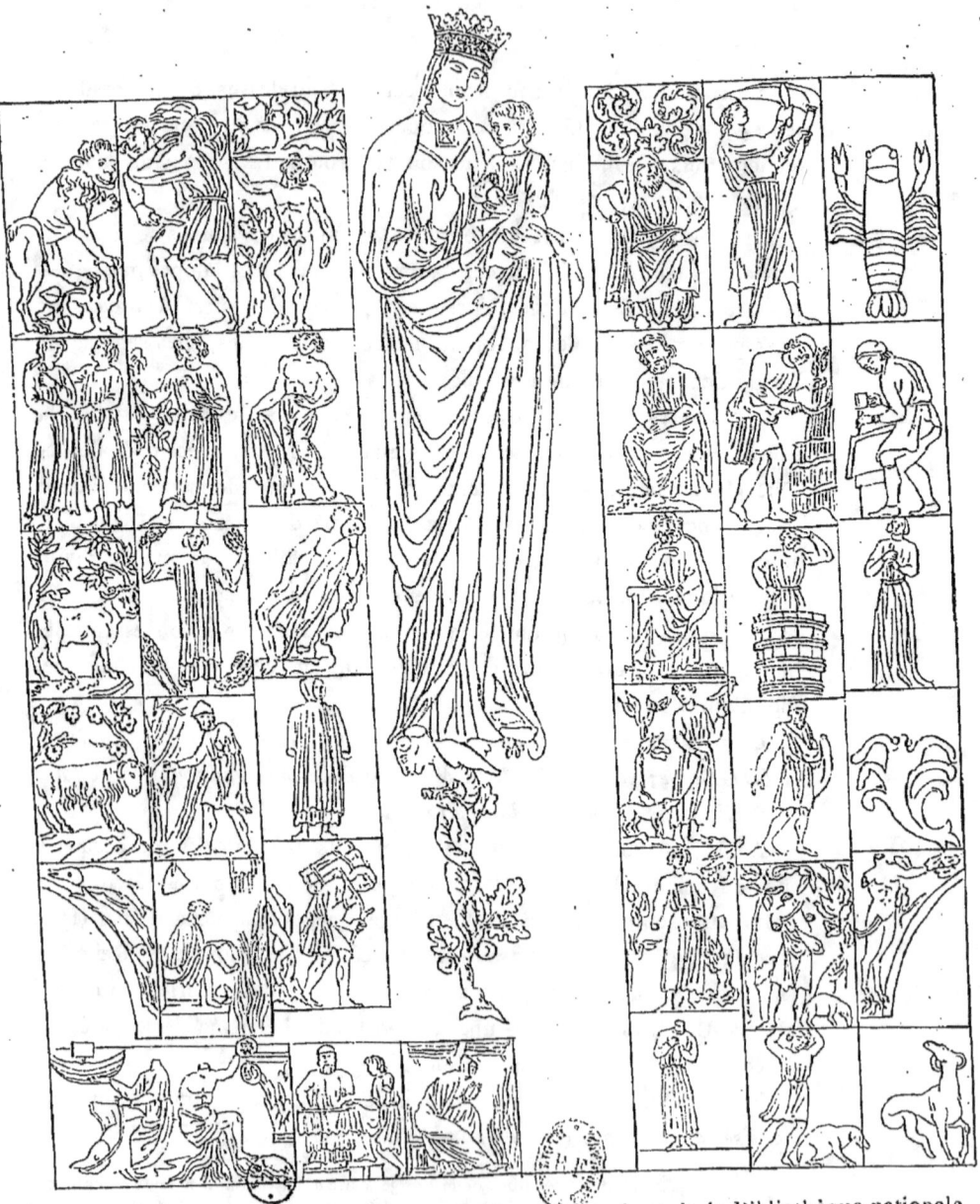

Le Zodiaque de Notre-Dame de Paris, d'après un calque de la Bibliothèque nationale.
Treizième siècle.

Les statues de la Vierge abondaient non seulement dans les monuments religieux, mais dans les carrefours, au coin des maisons, sur les
façades des hôtels, sur les portes des villes, des châteaux.

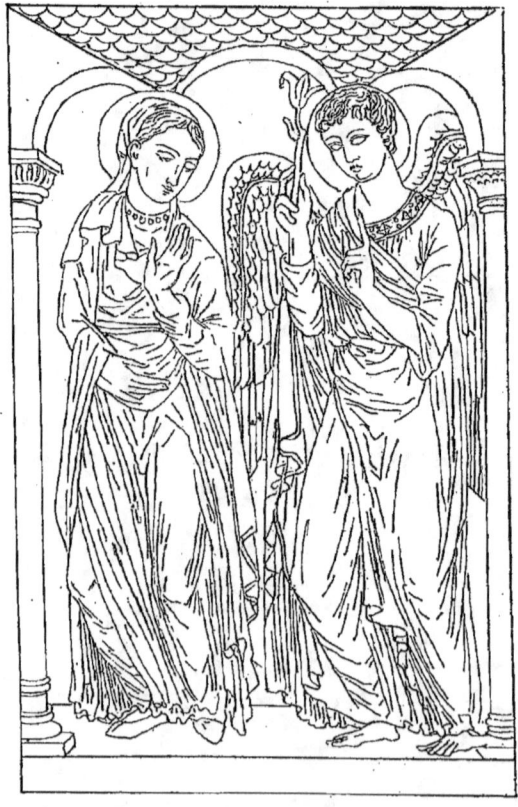

L'Annonciation.
Bas-relief à l'église de Moissac (Tarn-et-Garonne). — Douzième siècle.

Mais, avant cette époque, c'est-à-dire vers 1140, déjà on voit la sainte
Vierge Marie assise sur un trône tenant le Christ enfant entre ses
genoux. Elle est couronnée; des anges adorateurs encensent l'Enfant
divin. Nous voyons la Vierge Marie ainsi représentée aux portes du
côté droit des façades des cathédrales de Chartres et de Paris. La

Mère du Sauveur maintient, de la main gauche, l'Enfant dans son giron ;
de la droite, elle porte un sceptre terminé par un fruit d'iris. Elle est
nimbée ainsi que le Christ ; celui-ci bénit de la main droite, et tient
de la gauche le livre des Évangiles. L'exécution de cette figure, beaucoup plus grande que nature, est fort belle, et les têtes ont un caractère qui se rapproche beaucoup de la sculpture grecque archaïque.

Cette manière de représenter la sainte Vierge était empruntée aux
artistes grecs ; c'était une importation byzantine due aux ivoires et
peintures qui furent, en si grand nombre, rapportés d'Orient par les
Croisés. Dans ces représentations peintes ou sculptées grecques, il est
évident que le Christ, par la place qu'il occupe, par son geste bénis-
sant, est le personnage principal ; que la Vierge est la femme élue
pour élever le Fils de Dieu. Le milieu du douzième siècle ne sort pas
de cette donnée, et l'on voit encore, dans l'église abbatiale de Saint-
Denis, une Vierge, débris de cette époque, provenant du prieuré de
Saint-Martin-des-Champs, qui reproduit exactement cette attitude[1].

L'archaïsme grec, dont ces objets d'art étaient empreints, ne pouvait longtemps convenir aux Écoles du douzième siècle.

On voit encore la Vierge assise tenant le Dieu-Enfant au milieu de
son giron, suivant le mode grec, dans quelques édifices religieux du
commencement du treizième siècle, comme à la cathédrale de Laon,
comme à l'une des portes sud de Notre-Dame de Reims, puis c'est
tout.

A dater de cette époque, la Vierge n'est plus représentée assise et
tenant son Fils dans son giron que dans les scènes de l'Adoration des
Mages. Si elle occupe une place honorable, elle est debout, couronnée,
triomphante, tenant son Fils sur son bras gauche, une branche de lis
ou un bouquet dans la main droite, ou bien encore elle étend cette
main comme pour mander un don.

La physionomie est calme, elle regarde devant elle ; c'est à elle que
les hommages sont adressés. Ce Christ est un enfant qui, dans les
monuments les plus anciens, bénit encore de sa petite main droite et

---

1. Il en est beaucoup d'autres exemples en France, soit en statuaire, soit en vitraux, qui
datent également du milieu du douzième siècle.

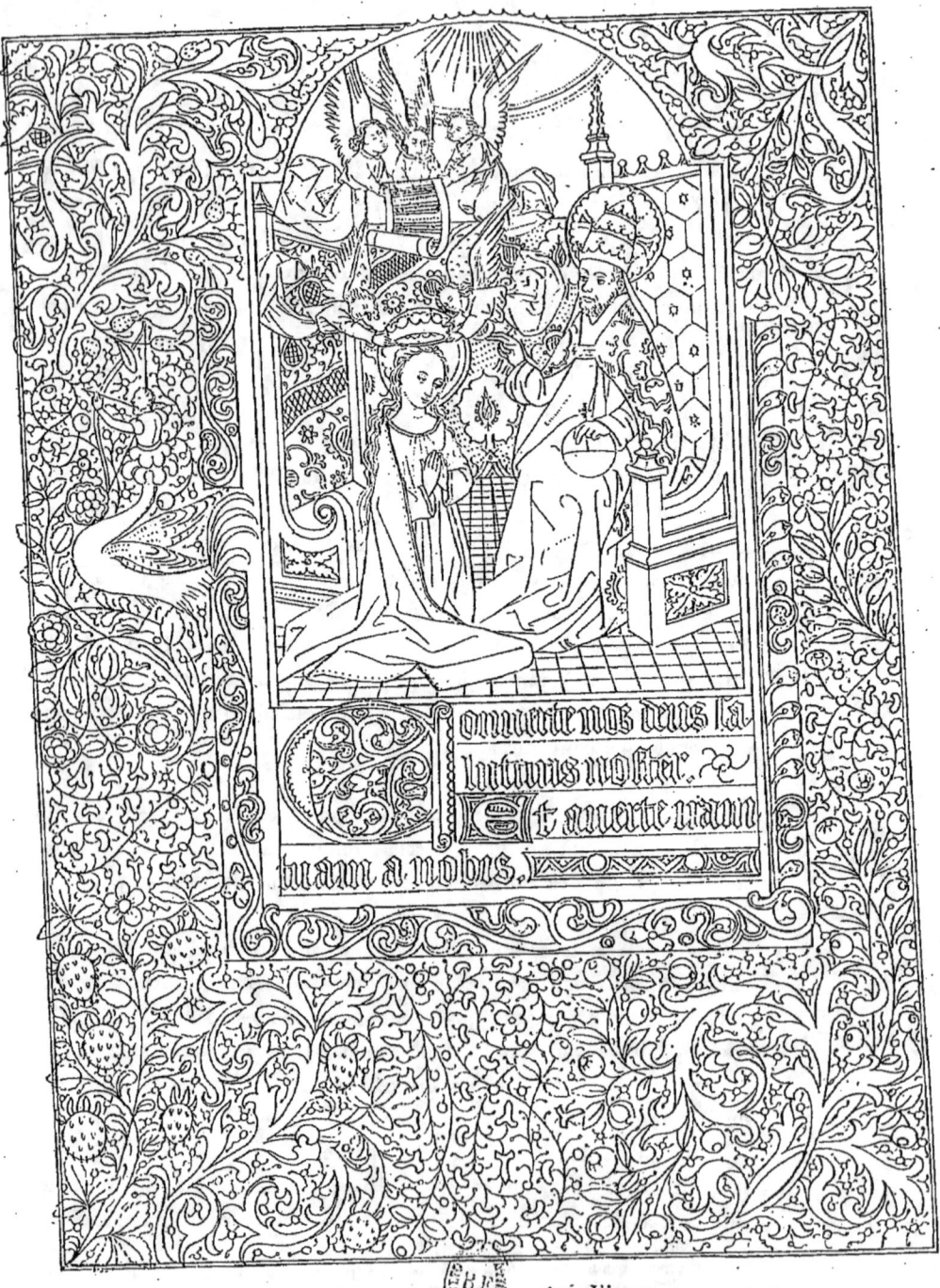

Couronnement de la sainte Vierge.

Page de Missel des Heures des rois de France. — Douzième siècle.

tient une sphère et un livre dans sa main gauche; mais qui, plus tard, passe son bras droit derrière le cou de sa mère et joue avec un oiseau. Alors le visage de la mère sourit et se tourne parfois vers la tête de l'enfant. C'est la mère par excellence, la femme revêtue d'un caractère divin, et c'est bien à elle, en effet, que la foule s'adresse; c'est elle qu'elle implore, c'est en son intervention toute-puissante qu'elle croit, et l'Enfant n'est plus dans ses bras que pour marquer l'origine de cette puissance.

Le mouvement des esprits religieux vers le culte de la sainte Vierge acquit, pendant le treizième siècle, une très grande importance.

On ne s'adressait plus dans ses prières qu'à la Vierge, parce qu'elle était aux yeux des fidèles l'intermédiaire toujours indulgent et toujours écouté entre le pécheur et la justice divine. On conçoit combien ce sentiment fut, pour les artistes et les poètes, une inépuisable source de sujets. Cela convenait d'ailleurs à l'esprit français. Pour le peuple, la Vierge redevenue femme, avec ses élans, son insistance, sa passion active, sa tendresse de cœur, trouvait toujours le moyen de nous tirer des plus mauvais cas, pour peu qu'on l'implorât avec ferveur[1].

Dans les légendes des miracles dus à la Vierge, si nombreux au treizième siècle, parfois poétiques, il y a toujours un côté gaulois. C'est avec une dignité douce et fine que la sainte Vierge sait faire tomber le diable dans ses propres pièges. Les artistes, particulièrement, semblent posséder le privilège d'exaucer l'indulgente sollicitude de la Mère du Christ; musiciens, poètes, peintres et sculpteurs lui rendent-ils aussi à l'envi un hommage auquel, en sa qualité de femme, elle ne saurait demeurer insensible.

Toujours présente là où son intervention peut sauver une âme ou prévenir un danger; exigeant peu, afin de trouver plus souvent l'occasion de faire éclater son inépuisable charité; ses conseils, quand parfois elle en donne, sont simples et ne s'appuient jamais sur les récriminations et les menaces.

Telle est la Vierge que nous montrent les légendes, les poésies, et

---

1. Voir la légende de Théophile et le *Livre des Miracles de la Vierge*, manuscrit de la bibliothèque du séminaire de Soissons.

dont les sculpteurs et les peintres ont essayé de retracer l'image. *C'est là, on en conviendra, une des plus touchantes créations du Moyen-Age et qui en éclaire les plus sombres pages.*

En s'étendant ainsi, le culte rendu à la Vierge devenait un motif d'œuvres d'art innombrables Les statues de la sainte Vierge faites pendant les treizième, quatorzième et quinzième siècles se comptent par centaines en France, et quelques-unes sont très bonnes[1].

Il y en a quelques-unes qui, au point de vue de la grâce, de la délicatesse et de l'élégance, sont des chefs-d'œuvre.

Nous pouvons citer les statues du portail nord de la cathédrale de Paris; celle du portail dit de la *Vierge dorée*, à Amiens; une Vierge d'albâtre oriental à la cathédrale de Narbonne; une Vierge de marbre (demi-nature) dans l'église abbatiale de Saint-Denis.

L'exécution de la statue de la *Vierge dorée* est merveilleuse, la tête est modelée avec un art infini et d'une expression charmante; les mains sont d'une élégance et d'une beauté rares et les draperies excellentes.

Les *Couronnements de la Vierge* sont aussi, pendant cette période, très fréquemment représentés soit en sculpture, soit en peinture.

A Notre-Dame de Paris, on voit aussi représentée l'*Assomption*[1]. Cette sculpture fait partie des bas-reliefs qui ornaient autrefois le cloître de Notre-Dame. Elle date du commencement du quatorzième siècle.

On trouve aussi à la cathédrale d'Amiens deux superbes statues de la Vierge, exécutées l'une au commencement, l'autre à la fin du treizième siècle, et qui sont considérées comme des chefs-d'œuvre de la statuaire française.

« La première figure, dit Viollet-le-Duc, est grave; elle étend la main en signe d'octroi d'une grâce. L'Enfant bénit; sa pose est, de même que celle de sa Mère, calme et digne.

La seconde est tout occupée de l'Enfant, auquel s'adresse son sourire.

---

1. La représentation de l'*Assomption* la plus ancienne que l'on connaisse est une fresque du neuvième siècle découverte dans la primitive basilique de Saint-Clément de Rome. Les primitifs ont moins souvent représenté ce sujet que les maîtres de la Renaissance et les peintres de l'École espagnole.

La première a l'aspect d'une divinité; elle reçoit les hommages et semble y répondre; de son pied droit elle écrase le dragon à tête de femme, et sur le piédestal qui la porte sont représentées la naissance d'Ève et la chute d'Adam.

La seconde statue est une Mère charmante, qui semble n'avoir d'autre soin que de faire des caresses à l'Enfant qu'elle porte sur son bras.

\*  \*

Nous avons déjà dit, en parlant des représentations de la Vierge au Moyen-Age, que Viollet-le-Duc avait écrit : « Pour le peuple, la Vierge, redevenue femme, avec ses élans, son insistance, sa passion active, sa tendresse de cœur, trouvait toujours moyen de vous tirer des plus mauvais cas, pour peu qu'on l'implorât avec ferveur... Telle est la Vierge que nous montrent les légendes, les poésies, et dont les sculpteurs et les peintres ont essayé de retracer l'image. C'est là, on en conviendra, une des plus touchantes créations du Moyen-Age, et qui en éclaire les plus sombres pages. »

Cette manière de concevoir le rôle de la Vierge est figurée à Notre-Dame de Paris, près de la porte dite *du Cloître,* sur les parois des chapelles de chevet, côté nord. L'histoire du diacre Théophile, si populaire au Moyen-Age, occupe ici quatre bas-reliefs. On le voit d'abord qui, assisté d'un Juif, renie la foi chrétienne et se donne au démon. Ensuite, il est placé comme vicaire à côté de son évêque; mais derrière lui est un diable qui lui rappelle le pacte fatal. Le malheureux diacre, en proie au repentir, implore la Vierge, qui l'exauce. Armée d'une lance, elle retire des griffes du démon le terrible contrat que Théophile avait écrit de son sang, et le démon frémit de rage. Enfin, l'évêque montre au peuple le contrat repris miraculeusement au diable, et Théophile, pardonné, est auprès de lui.

Durant l'époque du Moyen-Age, la sainte Vierge n'est représentée sans l'Enfant-Jésus que dans les sujets légendaires où elle intervient directement, ou dans la scène de l'*Assomption*. Mais alors elle tient dans la main le livre des *Évangiles*, comme pour la rattacher toujours à la vie de notre divin Sauveur.

En 1893, le musée du Louvre s'est enrichi d'un admirable chef-d'œuvre de l'art religieux : la *Vierge de la Porte-aux-Lions* de Dijon.

C'est un précieux morceau anonyme de l'art bourguignon du quinzième siècle.

Depuis quatre siècles et demi, sauf une disparition de quelques années

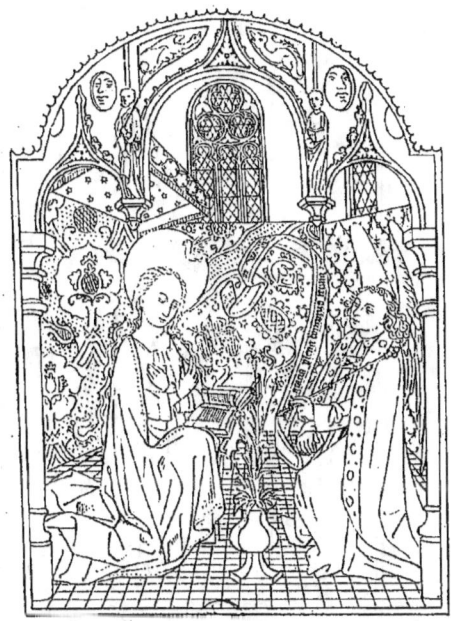

L'Annonciation. — Art flamand, quinzième siècle.

pendant la Révolution, les Dijonnais s'étaient habitués à voir cette jolie *Vierge* dans sa niche finement trilobée de la rue Porte-aux-Lions.

La *Vierge* a 95 centimètres de hauteur ; la tête, couronnée, est d'une douceur charmante ; toutefois, le hanchement du corps moins accusé que dans les types contemporains de l'Ile-de-France ; la plénitude des formes, enveloppées dans les plis de l'ample draperie, font reconnaître, au premier coup d'œil, un produit de cette grande École bourguignonne, dont M. Courajod a si victorieusement déterminé l'irradiation et les caractères.

Comme toute la statuaire du temps, la Vierge de Dijon était peinte et dorée, les traces en sont encore visibles, surtout au manteau d'azur, semé de fleurettes d'or; connaissez-vous rien de plus doux à l'œil que les tons de ce qui a été peint et doré autrefois et ne l'est plus, tout en conservant quelque chose de sa parure évanouie [1] ?

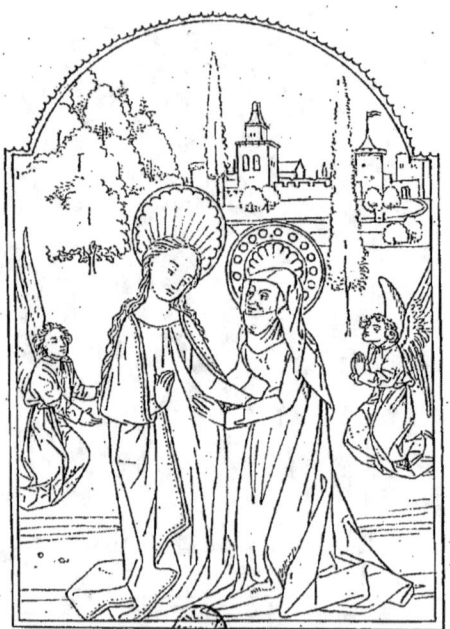

La Visitation. — Art flamand, quinzième siècle.

[1]. Il est fâcheux qu'on n'ait pas transporté au Louvre l'adorable niche dans laquelle se trouvait la *Vierge* de Dijon, niche faite pour elle. Ces deux choses seraient si bien ensemble. Mais si les deux choses sont si bien inséparables l'une de l'autre, c'est qu'elles sont sinon de la même main, du moins de la même inspiration ; et si le statuaire qui a ciselé la figure n'a pas fouillé lui-même ces fines nervures et ces fleurons ouvrés comme de l'orfèvrerie, il les a dessinés et sans doute en a fourni le modèle. Les plus grands artistes ne dédaignaient pas alors de faire œuvre d'ornemanistes ; on en a des preuves surabondantes, notamment pour les monuments exécutés à la Chartreuse de Dijon, et de là vient cet accord parfait, indissoluble, qu'il y a toujours, au Moyen-Age, entre l'imagerie et l'ornementation. Sous Louis XIV, même, Coysevox ne dédaignait pas de modeler des ornements pour Versailles, et c'est ainsi qu'on atteignait à ce *summum* de l'art, la perfection du détail *dans l'harmonie de l'ensemble.*

René d'Anjou (1408-1480), comte de Provence, que l'histoire a nommé le Bon Roi René, fut un des peintres primitifs de France. Il se consolait de ses mésaventures politiques en cultivant la musique et la peinture. Il avait pris en Italie des leçons de Bartolommeo della Grata.

« Il composa, dit le chroniqueur Nostradamus, plusieurs beaux et gracieux romans, comme la *Conqueste de la doulce Merci* et le *Morti-fiement de vaine plaisance*; mais, sur toute chose, aimait et d'un amour passionné la peinture, et l'avait la nature doué d'une inclination tout excellente à ceste noble profession qu'il estait en bruit et renom entre les plus excellents peintres et enlumineurs de son temps, ainsi qu'on peut voir en divers chefs-d'œuvre achevés de sa divine et royale main... »

Le musée de Cluny possède du roi René un tableau qui a pour sujet : *Prédication de la Madeleine à Marseille.*

Son œuvre la plus belle c'est le *triptyque de la Vierge* à la cathédrale d'Aix. Au milieu, dans les nuages, une Vierge des plus gracieuses, des plus suaves, tenant son Fils, est une des plus belles figures de l'art français primitif.

Il est nécessaire de dire ici quelques mots de Jehan Fouquet, le peintre des rois Charles VII et Louis XI. C'était, avant tout, un miniaturiste. Les miniatures, malgré leur format, appartiennent vraiment au grand art par leur charmante harmonie et leur agréable ordonnance. Une de ses plus belles miniatures, le *Couronnement de la Vierge*, appartenant au manuscrit Brentano de Francfort, est digne d'être citée comme un chef-d'œuvre. Dans cette page, d'une pureté séraphique, on voit Notre-Seigneur qui a quitté sa place pour s'approcher de sa Mère et la couronner, pendant que le Père et le Saint-Esprit le bénissent. La Vierge a été rendue avec une grâce charmante.

On trouve beaucoup d'autres représentations de la *Vierge* dans les miniatures anonymes des pieux moines du Moyen-Age, et dans quelques-unes de ces fresques naïves, peintes sur les murailles de nos églises et de nos cathédrales.

Du reste, il n'y a rien d'étonnant à ce que la Vierge Marie ait été si souvent représentée sur les fresques ou dans les beaux manuscrits des missels du Moyen-Age. En représentant les traits de la Vierge avec une si tendre vénération, les artistes ne voyaient-ils pas dans l'exercice de leur art une véritable cause pie? Avant de travailler, de prendre le ciseau ou le pinceau, ils récitaient devant l'image de la *Vierge conductrice* plusieurs oraisons, le *Magnificat*, les versets de la Transfiguration, et priaient ainsi :

« Seigneur Jésus-Christ, notre Dieu ! vous qui êtes doué d'une nature divine et sans bornes; qui avez pris un corps dans le sein de la bienheureuse Vierge Marie pour le salut des hommes; vous qui avez daigné dessiner le caractère sacré de votre visage immortel et l'imprimer sur un saint voile, qui servit à guérir la maladie du satrape Abgare et à éclairer son âme; vous qui avez illuminé de votre Saint-Esprit votre divin apôtre et évangéliste Luc, afin qu'il pût représenter la beauté de votre Mère très pure, de celle qui vous a porté tout petit enfant dans ses bras, et qui disait : « La grâce de Celui qui est né de moi s'est répandue sur les hommes; vous, Maître divin de tout ce qui existe, éclairez et dirigez le cœur et l'esprit de votre serviteur. Conduisez ses mains, afin qu'il puisse représenter dignement et parfaitement votre image, celle de votre très sainte Mère et celle de tous les saints, pour la gloire, la joie et l'embellissement de votre très sainte Église. Pardonnez les péchés de tous ceux qui vénéreront ces images, et qui, se mettant pieusement à genoux devant elles, rendront honneur au modèle qui est dans les cieux. Sauvez-les de toute influence mauvaise, et instruisez-les par de bons conseils. Je vous en conjure par l'intermédiaire de votre très sainte Mère, de l'illustre apôtre et évangéliste saint Luc, et de tous les saints. »

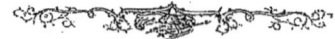

## CHAPITRE V

## LA SAINTE VIERGE

## DANS L'ART ITALIEN

### LES PREMIERS MAITRES CHRÉTIENS

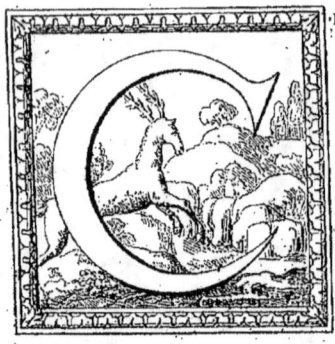

*Tiré des Œuvres du B. François de Sales.*
*Paris, Sébastien Huré, 1652.*

E fut une terre féconde que cette Italie merveilleuse. Ce fut aussi une splendide époque que celle de cette *Renaissance italienne* où tous, papes, grands seigneurs, condottieri, peuples, aimaient, encourageaient et protégeaient les arts[1]. Reportez-vous par l'imagination à ces temps enthousiastes où les âmes étaient comme imprégnées de sensibilité exquise, placez le pinceau ou l'ébauchoir, ou le crayon même, dans la main de ces artistes aux cœurs chauds et passionnés, et vous verrez l'image de la Vierge Marie naître tout naturellement, comme une gracieuse hymne d'amour, comme la douce évocation de leur pensée intime, traduite en sa forme la plus belle, la plus chaste et la plus parfaite.

1. C'est surtout en Italie, aux débuts de cette Renaissance, que l'on trouve un certain nombre de grands peintres chrétiens. L'école mystique, l'école religieuse, dans certaines parties de la Toscane et de l'Ombrie, dans quelques villes de l'Italie, arrive alors à son plus complet développement. Enfanté par l'exaltation de la pensée que surexcitaient les saintes ardeurs du cloître, le mysticisme avait grandi pendant de longs siècles, dans l'intérieur des communautés d'hommes et de femmes, depuis l'époque de sainte Hildegarde jusqu'à celle où vécut le pieux moine qui écrivit l'*Imitation*. Bientôt le génie mystique, en prenant une autre forme, passa de la poésie dans la peinture, et donna naissance à une école de peintres essentiellement chrétiens, dont les plus illustres furent Fra Angelico da Fiesole, Giotto, Benozzo Gozzoli, Fra Bartolommeo, Gaudenzo da Ferrari, le Pérugin, Raphaël, Michel-Ange, etc.

Partout, même dans les plus petites villes, sous le pinceau ou l'ébauchoir des artistes, surgirent alors les Vierges qui apparurent comme
les fleurs spontanées d'un nouveau Paradis enchanteur. Depuis
Cimabué et Giotto jusqu'aux successeurs de Raphaël et de Michel-
Ange, ce fut une longue traînée lumineuse sans nuages, sans éclipses.

« Le regard demeure ébloui ; la pensée, d'abord doucement émue
par le spectacle des Vierges de Beato Angelico, avec leurs yeux
grands ouverts, d'une limpidité qui attire et fascine, se recueille devant les Vierges ingénues de Fra Filippo Lippi, graves et dignes de
Jean Bellin, plus humaines et plus tendres de Ghirlandajo, mélanco-
liques et langoureuses du Pérugin. »

Puis viennent les maîtres inimitables : Léonard de Vinci, qui a su
donner à ses Vierges ce sourire énigmatique et mystérieux, cette grâce
fascinatrice dont il a eu seul le secret ; le tendre Raphaël, qui a su épuiser en peignant la Vierge toutes les expressions de beauté, de grâce et
de noblesse ; le grand Michel-Ange, qui a peint ou sculpturé les Vierges
austères ; le Titien qui a su rendre la beauté calme et sereine ; le Corrège qui a été d'une tendresse ineffable ; et tant d'autres dont la nomen-
clature serait inépuisable et dont nous ne pouvons parler ici, faute de
place, nous bornant à citer seulement les principaux artistes et les principales œuvres.

*
* *

Le père de la peinture religieuse italienne fut Cimabué ou Gualtieri
(Giovanni), natif de Florence (1240-1302). Il fit entrer l'art dans
une voie nouvelle. Il avait peint, pour l'église Santa Maria Novella, une
Madone qui fut l'objet d'une ovation populaire.

« Cette figure, dit Vasari[1], la plus grande que l'on eût tentée jus-

---

1. Quand il s'agit de la Renaissance, pour les biographies d'artistes on peut faire beaucoup d'emprunts à Vasari.

Ce Vasari (Giorgio) fut peintre, architecte et écrivain, est né à Arezzo en 1512, est mort à
Florence le 27 juin 1574. (École florentine.) Il apprit les principes de l'art de Guillaume de
Marseille, surnommé le Prete Gallo, peintre sur verre, Français d'origine. Étant allé à Florence en 1524, il étudia le dessin sous la direction de Buonarroti, d'Andrea del Sarto et
d'autres artistes. Il commença par peindre des fresques pour des paysans, et Rosso, ayant
vu un tableau de lui dans une église d'Arezzo, jugea son auteur digne de recevoir ses conseils.
En 1529, pendant le siège de Florence, Giorgio se retira à Pise, puis à Bologne, à Arezzo, et

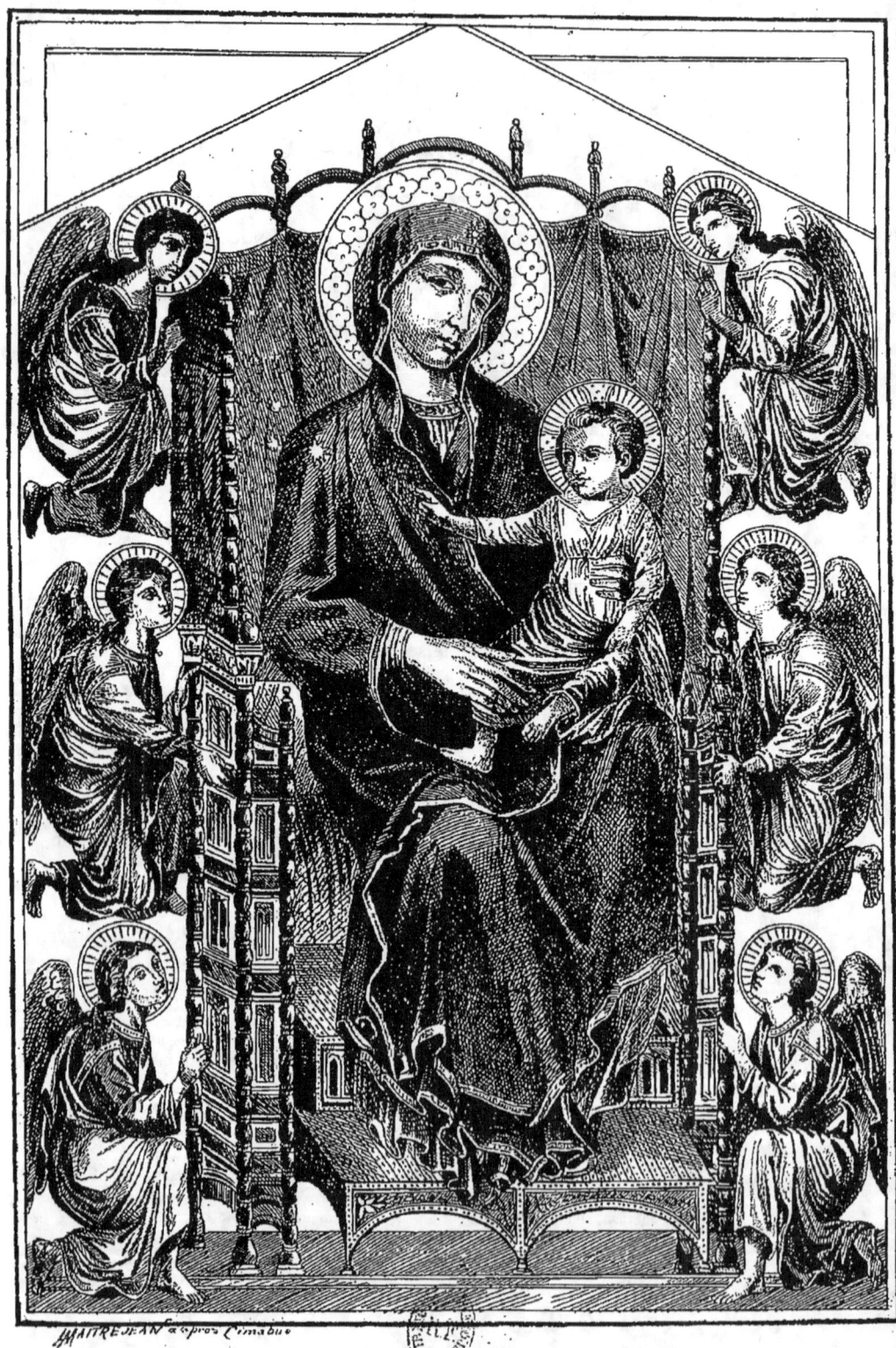

La sainte Vierge, reine des Anges, d'après Cimabué (Musée du Louvre).
Treizième siècle.

qu'alors, est entourée d'anges qui témoignent que, si notre artiste n'avait pas complètement délaissé la manière grecque, il s'était du moins approché du bon style moderne. Ce tableau excita l'enthousiasme général. Le peuple s'empara de la Madone et la porta en triomphe, au bruit des trompettes et des cris de joie jusqu'à l'église où elle devait être déposée. On raconte et on lit dans les mémoires de quelques vieux peintres, que les magistrats de Florence ne crurent pouvoir faire un plus grand plaisir au roi Charles d'Anjou, qui traversait leur ville, qu'en lui montrant cette Madone à laquelle Cimabué travaillait dans une maison de campagne près de la porte de San Pietro. Comme personne ne l'avait encore vue, tous les Florentins, hommes et femmes, accoururent en foule pour la contempler. En souvenir de cette fête, le faubourg prit le nom de Borgo Allegro, qu'il a conservé même depuis qu'il est renfermé dans les murs de la ville. »

« A la fin du treizième siècle, dit M. Charles Yriarte, quand Cimabué, secouant le joug des byzantins, rejette la formule archaïque et peint sa fameuse *Vierge* de Santa Maria Novella, les démonstrations sont publiques et générales : ce n'est pas une jouissance intellectuelle réservée à quelques-uns, une émotion permise à quelques esprits élevés qui devancent leur temps ; tout Florence est en fête, et dans

travailla dans chacune de ces villes. Le cardinal Ippolito de' Medici l'emmena à Rome, et il dessina, en compagnie de Francesco Salviati, la voûte de la chapelle Sixtine, peinte par Michel-Ange, tous les ouvrages de Raphaël, de Polydore et de Baldassare Peruzzi. Le départ pour la Hongrie du cardinal, son protecteur, le détermina à retourner à Florence, où il entra au service du duc Alessandro et d'Ottaviano de' Medici. Il serait impossible d'énumérer ici les principaux ouvrages exécutés par Vasari et de le suivre dans ses nombreux voyages dans toutes les villes d'Italie. On trouvera ces détails dans son autobiographie. Il suffira de dire qu'il exécuta d'immenses travaux de peinture et d'architecture pour Clément VII, Paul III, Jules III, Alexandre et Côme de Médicis, Pie V, Grégoire XIII, et une foule de seigneurs. Enfin, il est peu d'églises ou de monastères en Italie qui ne possèdent pas de ses peintures. Vasari a abusé de son extrême facilité, et ses ouvrages se ressentent trop souvent de la rapidité avec laquelle ils ont été faits. Il faut le considérer plutôt comme un très habile décorateur que comme un grand peintre. *Il a écrit la vie des artistes italiens, depuis la renaissance des arts jusqu'à l'époque où il vivait ;* et, quoiqu'on puisse reprocher à ce livre de nombreuses erreurs de dates et beaucoup d'inexactitudes, il n'en sera pas moins le répertoire biographique le plus vaste et le plus précieux que nous possédions jusqu'à ce jour. La première édition, fort rare, est de 1550 ; la deuxième, où l'auteur fit de nombreux changements, parut en 1566.

ce Borgo San Pietro où l'artiste a son atelier, on voit affluer chaque jour les riches et les pauvres, les citadins et les *contadini*. Ils campent la nuit sur la place pour voir le chef-d'œuvre au jour levant, comme on va à un pèlerinage mystique, et la concurrence est telle que ce lointain quartier où Cimabué venait chercher le silence et le recueillement va changer de caractère et d'aspect et gardera le nom de *Borgo Allegro*.

« Quand le roi Charles d'Anjou traverse la ville, on ne trouve pas de spectacle plus digne de lui que la vue de cette œuvre nouvelle, où l'artiste, brisant les liens des canons byzantins qui emprisonnaient la peinture dans un cercle étroit, et cernait les générations à l'imitation constante des devanciers, retourne par une inspiration subite aux sources éternelles, à l'étude de la nature. »

Le musée du Louvre possède de Cimabué un beau tableau : *la Vierge aux Anges*. La Vierge, assise sur un trône, tient sur ses genoux l'Enfant-Jésus qui bénit de la main droite. De chaque côté du trône, trois anges placés au-dessous l'un de l'autre à égale distance. On remarque sur la bordure qui fait partie du tableau vingt-six médaillons où sont représentés les apôtres et les bienheureux.

Vasari parle ainsi de ce tableau : « Cimabué, dit-il, fit ensuite pour la même église ( de San Francesco de Pise) un grand tableau représentant l'image de Notre-Dame avec l'Enfant-Jésus à son cou et un grand nombre d'anges autour d'elle ; le tout sur un fond d'or. Il fut enlevé, il y a peu de temps, de l'endroit où il avait été mis primitivement, afin de construire l'autel de marbre que l'on y voit maintenant, et placé dans l'intérieur de l'église à côté de la porte, à main gauche. Cimabué reçut des Pisans pour cet ouvrage beaucoup d'éloges et une riche récompense. »

Vieille de cinq siècles, cette grande œuvre impressionne encore vivement. « La Mère du Verbe a quelque chose encore du type grec, dit M. Gruyer ; mais ses traits n'ont plus rien de rébarbatif ; ils s'humanisent, prennent même une certaine mobilité, et le regard émane, comme le rayonnement d'une belle âme, à travers les yeux largement fendus en amande. Ce que cette Vierge a de remarquable

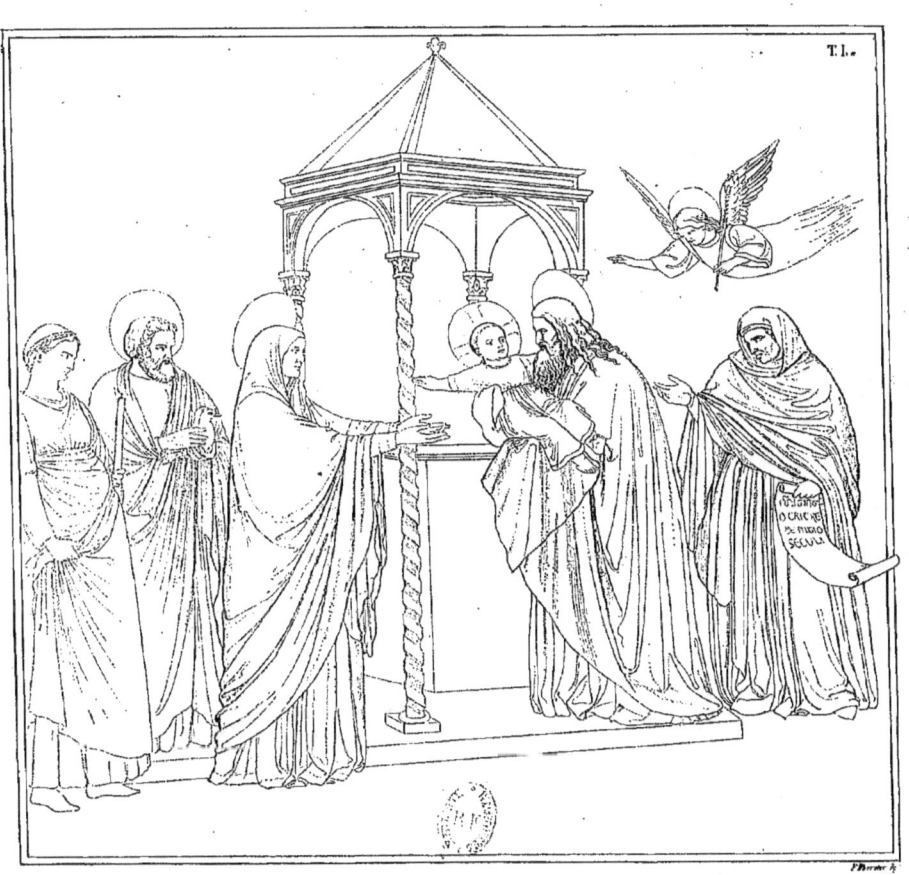

La Présentation de Jésus au temple, d'après Giotto (chapelle dell' Arena, à Padoue).
Quinzième siècle.

surtout, c'est sa douceur, je n'ose dire sa bonté ; car la bonté, cette terre promise de l'art, Cimabué l'a peut-être entrevue, mais il ne l'a pas touchée. L'Enfant-Jésus est encore plus voisin de la nature ; il confine presque à la beauté et s'efforce d'attirer à lui tous les cœurs. Les anges enfin sont éloquents sans violence, fervents avec naïveté ; leurs mouvements sont justes, leurs gestes mesurés, et dans leurs visages tout rayonnants d'un spiritualisme exalté, on reconnaît l'image

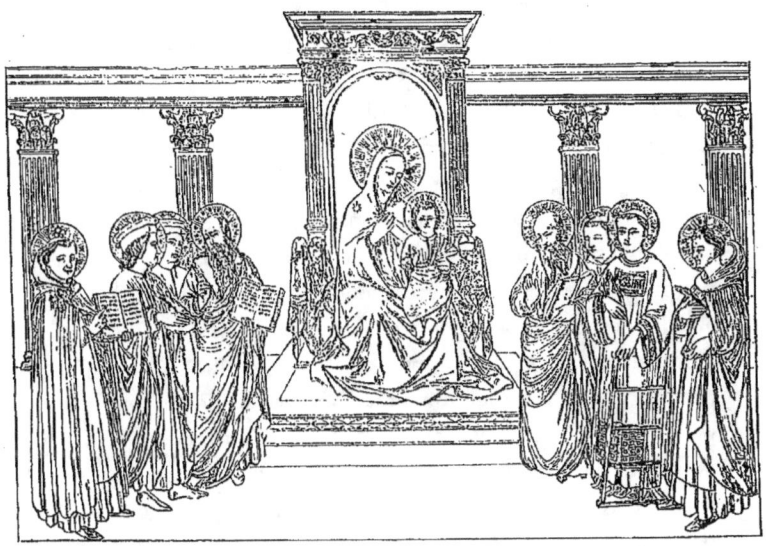

La sainte Vierge tenant son fils, entourée de saints, d'après Fra Angelico da Fiesole.
Quinzième siècle.

d'une époque chevaleresque, ignorante encore et même grossière, mais adoucie, attendrie, transformée par la flamme régénératrice des plus hautes vertus. »

L'élève préféré de Cimabué fut Giotto ( 1276-1336 ), qui fit aussi quelques *Vierges* renommées.

Par son testament, Pétrarque léguait au seigneur de Padoue une madone de Giotto, *dont les ignorants*, dit-il, ne *comprennent pas la beauté, mais devant laquelle les maîtres de l'art restent muets d'étonnement.*

LA SAINTE VIERGE.— 6

« Parmi les qualités si diverses qui donnent aux œuvres de Giotto leur physionomie et leur valeur, dit M. Henri Delaborde, il en est une pourtant qu'on pourrait signaler comme révélant plus particulière-ment qu'aucune autre les inclinations intimes, la générosité naturelle de ce noble talent. Nous voulons parler de cette expression de bien-veillance unie dans les types sacrés qu'il définit, souvent même dans l'image de la beauté terrestre, à la majesté ou à la force. On l'a dit avec raison, Giotto « régénéra l'art en y apportant un principe nouveau, *la bonté,* sans laquelle le génie même est impuissant à obtenir l'amour ». Le premier, il sut encourager la piété ou gagner la confiance du spectateur par la douceur de l'aspect que prennent sous son pinceau la personne divine et les saints, par la représentation familière et persuasive des joies pures, de la jeunesse, de tout ce qui sourit innocemment ou fleurit sans orgueil dans la vie. On trouverait parmi d'autres monuments contemporains les équivalents ou les symptômes de l'énergie avec laquelle Giotto a traité les sujets terri-bles, et les bas-reliefs qui ornent la façade de la cathédrale d'Orvieto fourniraient sous ce rapport matière à plus d'un rapprochement. Ailleurs, dans les sculptures de Nicolas de Pise, par exemple, on pourrait constater des souvenirs de l'antique aussi fidèles que ceux dont plusieurs peintures du maître portent l'empreinte, — les figures, entre autres de la *Prudence* et de la *Justice*, qui ornent la chapelle dell' Arena, à Padoue ; mais nulle part il n'apparaîtra quelque indice de préoccupations étrangères à ces preuves de vigueur ou à ces studieux efforts. La bonté est absente même des figures du Sauveur ou de la *Vierge* que modèle alors le ciseau ou le pinceau. Il semble que l'unique condition du travail consiste dans l'expression de la sévérité, que l'on se défie, comme d'un danger pour le beau, de tout ce qui tendrait à le rendre aimable [1].

1. De tous les travaux de Giotto à Rome, il ne subsiste plus aujourd'hui que la grande mosaïque exécutée d'après ses dessins et restaurée, c'est tout dire, sous la direction de Ber-nin, qui orne le vestibule de Saint-Pierre, — dans la sacristie de la même église, trois pan-neaux peints chacun sur l'une et l'autre face, — à Saint-Jean de Latran, une fresque com-mémorative du jubilé de 1300, trop endommagée par le temps et par les retouches pour qu'il soit possible d'en deviner l'état primitif. Ravenne, que nous sachions, ne possède de

« Une des conquêtes de Giotto, et la plus méritoire peut-être, est d'avoir agrandi ces horizons et élevé l'art au-dessus de ces craintes. Grâce à lui, *la peinture peut impunément s'attendrir, aborder le domaine des sentiments délicats* aussi bien que celui des émotions fières ou terribles, et *représenter les mélancolies maternelles de la Madone*, la douce majesté de l'Enfant-Dieu, la beauté adolescente des anges, sans dérober comme autrefois ces types par excellence de la mansuétude ou de la candeur sous le type d'une dignité contrainte et d'une gravité presque sinistre. »

Giotto a décoré, à Padoue, la chapelle construite par Enrico Scrovegni, fils pieux d'un usurier célèbre, sur l'emplacement d'un ancien cirque romain (1303-1306). Dans cette *chapelle de l'Arena*, à l'entrée, il a peint une *Annonciation*, et sur les parois latérales trente-huit scènes à fond bleu, représentant : en haut, la *Vie de la Vierge*, et en bas, la *Vie de Jésus-Christ*. Les quatorze épisodes de la *Vie de la Vierge* sont : 1° *Joachim chassé du Temple;* 2° *Joachim réfugié parmi les bergers;* 3° *l'Apparition de l'Ange à Anne;* 4° *le Sacrifice de Joachim;* 5° *la Vision de Joachim;* 6° *la Rencontre à la Porte-d'Or;* 7° *la Naissance de la Vierge;* 8° *la Présentation au Temple;* 9° *les Prétendants au Temple;* 10° *l'Attente des Prétendants;* 11° *le Mariage de la Vierge;* 12° *le Retour de la Vierge;* 13° *l'Ange de l'Annonciation;* 14° *la Vierge en prière.* « La plupart de ces scènes sont disposées avec tant de naturel, les personnages y remplissent leur rôle avec une conviction si profonde, que, malgré tous les perfectionnements techniques apportés par les peintres du quinzième et du seizième siècle dans la répétition de ces thèmes, ces premières œuvres de Giotto gardent encore une supériorité d'expression et une fraîcheur de poésie incomparables..... Du temps même de Giotto, ses compositions furent répétées en Toscane par ses élèves et devinrent des thèmes

la main de Giotto que le plafond, fort retouché aussi, d'une chapelle dans l'église de Saint-Jean l'Évangéliste, et Milan qu'un tableau, une *Vierge*, conservé dans le musée Bréra. Nous ne parlons pas des prétendues peintures du maître dans une des salles de l'ancien château des papes à Avignon. Non seulement ces peintures ne justifient sous aucun rapport l'origine illustre qu'on leur attribue, mais il est vraisemblable même, quoi qu'en aient dit Vasari et beaucoup d'autres écrivains après lui, que Giotto ne séjourna jamais à Avignon, Benoît XI, qui l'y avait appelé, étant mort, comme le font remarquer MM. Crowe et Cavalcaselle, avant que le peintre ait eu le temps de s'y rendre.

courants pour les élèves de Florence et de Sienne, et ensuite pour
ceux d'Ombrie. Dans la haute Italie, beaucoup d'artistes s'en inspirèrent directement à toutes les époques. Titien leur a fait plusieurs
emprunts. De nos jours, elles ont été étudiées par tous les peintres qui
ont renouvelé l'art religieux en France et en Allemagne au commencement du siècle, notamment par Hippolyte Flandrin[1]. »

Le pieux artiste, le doux moine de Fiesole, Fra Angelico[2], fut certainement le premier peintre qui, à travers son spiritualisme mystique, a
su comprendre la beauté, ou tout au moins la grâce féminine. Avec lui,
la Vierge Marie, enveloppée dans son beau manteau bleu, prend l'expression d'une douceur infinie, et son visage tranquille, entouré de bandeaux
de cheveux blonds, est une des plus délicieuses, des plus charmantes
conceptions de ce maître admirable et si délicat[3].

Fra Angelico fut un des plus grands et des premiers peintres chrétiens
de l'Italie. Nul peintre n'avait encore animé ses personnages d'aussi profondes émotions. Depuis l'extase de la prière jusqu'aux ravissements des
élus, depuis la gratitude envers le Rédempteur jusqu'à la crainte des jus-
tices divines, tous les sentiments chrétiens ont revêtu sur ses panneaux

1. G. Lafenestre.

2. *Fra Giovanni, da Fiesole*, dit *l'Angelico* ou *il Beato Angelico*, naquit en 1387, près du
bourg de Vicchio, dans la province de Mugello, en Toscane. Il mourut à Rome en 1455. Son
nom, avant d'entrer dans les ordres, était Guido ou Guidolino. On ignore qui fut son maître.
En 1407, il prit, ainsi que son frère, l'habit des frères Prêcheurs dominicains, et tous deux
prononcèrent leurs vœux à Fiesole. Les troubles qui éclatèrent en Italie, lorsque Grégoire XII,
Benoît XIII et Alexandre V se disputèrent le trône pontifical, les forcèrent à abandonner
leur couvent et à se réfugier, en 1409, dans celui de leur ordre établi à Foligno (en Ombrie).
En 1414, la peste ravagea Foligno ; ils vinrent d'abord à Cortona, puis à Fiesole en 1418.
Pendant les dix-huit ans de séjour que fit l'Angelico dans ce lieu, il exécuta un grand nombre
de peintures tant à fresque qu'en détrempe. Appelé à Florence en 1436, il resta neuf ans
dans cette ville, décora le couvent de San Marco et plusieurs édifices publics. Vers 1445, le
pape Eugène IV invita Fra Giovanni à revenir à Rome, et lui donna des travaux dans la
chapelle papale du palais de Saint-Pierre. En 1447, sur la demande de Nicolas V, il commença des peintures dans le dôme d'Orvieto, qu'il ne termina pas, et qui furent achevées
plus tard par Luca Signorelli. Il était alors à l'apogée de sa réputation, et il est probable
qu'il avait la direction des travaux de ce dôme célèbre, car on lui donne dans les actes le titre
de *magister magistrum*. De retour à Rome, dans le mois de septembre de la même année,
l'Angelico acheva la chapelle d'Eugène IV, peignit une autre chapelle pour Nicolas V, et exécuta d'admirables miniatures pour des livres de chœur.

3. « Ses figures ne sont que des âmes. » (Du Pays.)

une forme poétique. C'est qu'une piété fervente exaltait le cœur du saint moine. Il ne prenait jamais sa palette sans avoir invoqué le Père des hommes; il ne retouchait jamais ses tableaux, parce qu'il les regardait comme produits par une inspiration de la grâce. Quand il représentait le Sauveur sur la croix, ses joues se baignaient de larmes. Il ne peignit et ne voulut peindre que des sujets sacrés. Pour que rien ne le détournât de ses travaux, ne ramenât vers la terre sa pensée, qui cherchait le ciel, il refusa tous les honneurs ecclésiastiques, et, notamment, l'archevêché de Florence. Il avait l'habitude de dire que ceux qui cultivent l'art ont besoin de repos; que si l'on travaille pour le Christ, il faut vivre toujours avec le Christ.

Heureux cénobite, qui a vécu loin des bassesses du monde, uniquement préoccupé de son salut et des radieuses apparitions qu'évoquait son génie!

Ses mœurs étaient d'une pureté angélique, et il montrait pour les pauvres beaucoup de charité. Quand on lui demandait un tableau, une fresque, il répondait avec douceur qu'il fallait d'abord demander l'autorisation au prieur, qu'ensuite il ferait le travail.

Il passe pour ne s'être jamais mis en colère. « Chose merveilleuse, et qui me semble presque impossible, dit l'historien Vasari, quand il faisait des observations à quelqu'un, c'était toujours en souriant. » On peut donc dire qu'il personnifie d'une manière absolue et complète le peintre chrétien.

Ce fut principalement pour le couvent de Saint-Marc, à Florence, où les Dominicains de Fiesole venaient de s'établir en 1436, que Fra Angelico réserva la meilleure part de son talent.

Il y décora l'église, la salle capitulaire, le réfectoire, les cloîtres et les trente-deux cellules.

Sa *Représentation du Calvaire* est surtout admirable. Il s'y est montré touchant et sensible au plus haut degré; comme s'il eût voulu rappeler aux fidèles que tous doivent aussi gravir leur calvaire avant de mériter le ciel.

« On peut dire de lui, a écrit M. Rio, que la peinture n'était autre chose que sa formule favorite pour les actes de foi, d'espérance et d'amour. Afin que sa tâche ne fût pas indigne de celui en vue duquel il l'entreprenait, jamais il ne mettait la main à l'œuvre sans avoir imploré la bénédiction du ciel. Quand la voix intérieure lui disait que sa prière avait été exaucée, il ne se croyait plus en droit de rien changer au produit de l'inspiration qui lui était venue d'en haut, persuadé qu'en cela, comme dans tout le reste, il n'était que l'instrument de la volonté de Dieu.

« Toutes les fois qu'il peignait Jésus-Christ sur la croix, les larmes lui coulaient des yeux avec autant d'abondance que s'il eût assisté à cette dernière scène de la Passion sur le calvaire, et c'est à cette sympathie, si réelle et si profonde, qu'il faut attribuer l'expression pathétique qu'il a su donner aux divers personnages témoins du crucifiement, de la descente de croix ou de la déposition dans le tombeau. »

Un des plus beaux tableaux de Fra Giovanni se trouve au musée du Louvre. Il représente le *Couronnement de la Vierge* et les miracles de saint Dominique, et c'est un chef-d'œuvre.

Le Christ, revêtu d'habits royaux, est assis sur un trône à colonnettes d'une riche architecture, et exhaussé de neuf marches de marbre de différentes couleurs, probablement symboliques. Une place à sa droite est réservée pour sa Mère. Il tient une couronne des deux mains, qu'il va déposer doucement sur la tête de la Vierge, agenouillée devant lui, les mains croisées sur la poitrine. De chaque côté du trône, douze anges[1], avec de grandes ailes de pourpre, des robes flottantes et des petites flammes rouges sur la tête, tiennent des trompettes, différents instruments, et célèbrent, par leur concert, le moment solennel.

Un seul de ces anges, à gauche, est en prière. Au-dessous des anges sont les saints et les saintes, dix-huit à gauche, vingt-deux à droite.

Pour désigner avec précision les élus représentés, l'artiste a écrit le nom des uns autour de l'auréole ou sur le bord du vêtement, et a donné à d'autres des symboles qui les font reconnaître. Ainsi, à gauche, on lit le nom de Moïse, de saint Jean-Baptiste, des apôtres saint André, saint Pierre, saint Barthélemy, saint Jacques-le-Mineur, saint Simon. Les évangélistes saint Jean et saint Marc ont un livre à la main. Saint Augustin, évêque d'Hippone, tient une plume.

Les chefs d'ordre, saint Benoît, saint Antoine, saint François d'Assise, ont des manteaux parsemés d'étoiles ou de fleurs d'or. Saint

1. Fra Angelico avait été aussi surnommé le *Peintre des Anges.*

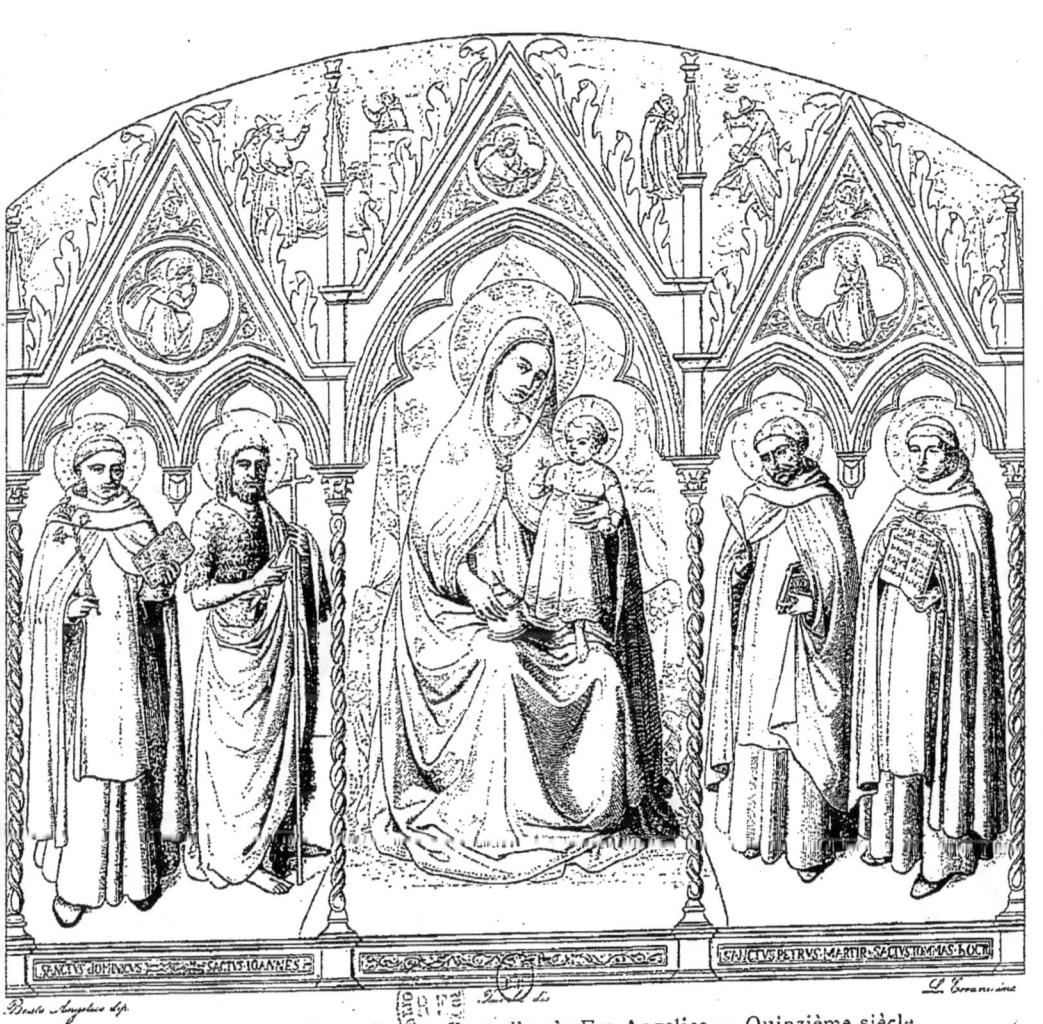

La Vierge avec son fils et divers saints, d'après Fra Angelico. — Quinzième siècle.

Dominique porte une tige de lis et un livre. Un soleil sert d'agrafe au manteau de saint Thomas-d'Aquin, l'empereur Charlemagne a sa couronne décorée de fleurs de lis. Enfin saint Nicolas, évêque de Myre, a pour symbole, près de lui, trois boules d'or qui font allusion aux trois bourses d'or qu'il jeta à un pauvre gentilhomme pour établir ses trois filles qu'il était prêt à abandonner à la séduction.

A droite, au-dessous des anges, on lit autour des auréoles les noms du roi David, des apôtres saint Mathias, saint Paul, saint Thaddée, saint Jacques-le-Majeur, saint Philippe, et de l'évangéliste saint Mathieu. On reconnaît saint Pierre-le-Dominicain à la blessure qu'il reçut à la tête ; saint Laurent, au gril ; saint Étienne, une palme à la main, et revêtu d'une dalmatique ; saint Georges est armé ; la Madeleine à genoux présente un vase de parfums, sainte Cécile est couronnée de roses ; le voile de sainte Claire est parsemé de croix et d'étoiles d'or ; sainte Catherine d'Alexandrie s'appuie sur la roue, instrument de son supplice ; enfin sainte Agnès tient un jeune agneau dans ses bras. Les petits tableaux de la partie inférieure nous représentent :

1° La vision du pape Innocent III. Ce pape ne voulait pas approuver le plan de l'ordre de saint Dominique. Une nuit il vit en rêve l'église de Saint-Jean de Latran qui allait s'écrouler ; saint Dominique accourut et soutint l'édifice ;

2° Les apparitions de saint Pierre et de saint Paul à saint Dominique ;

3° Saint Dominique ressuscitant le neveu du cardinal Stephano, dit Fossa Nova ;

4° Le Sauveur regardant sa Mère et son disciple bien-aimé ;

5° Saint Dominique remettant un livre à l'envoyé des Albigeois ;

6° Les anges venant apporter à manger à saint Dominique ;

7° La mort de saint Dominique dans sa cellule, en 1221. Le saint bénit ses disciples et leur adresse ses exhortations. Les paroles du saint, écrites sur une banderole, sont les mêmes que celles qui se lisent dans le livre du grand tableau. Au dehors de la cellule, on aperçoit l'accomplissement d'une vision qu'eut le prieur du couvent des Dominicains de Brixen : à l'instant où son maître spirituel rendit le dernier soupir, il vit deux échelles partant du ciel et touchant la terre ; le

Sauveur et la Vierge en tenaient les extrémités, et des anges montaient et descendaient. Il y avait un trône sur lequel le saint était assis la figure resplendissante. Les échelles ayant été ensuite enlevées au ciel, le trône monta avec elles.

Vasari a ainsi parlé de cet admirable tableau :

« Mais le tableau dans lequel Fra Giovanni, se surpassant lui-même, montra une grande habileté et une haute intelligence de l'art, fut surtout celui placé dans la même église (Saint-Dominique de Fiesole), à côté de la porte, en entrant, à main gauche. *Il a représenté Jésus-Christ couronnant la Vierge au milieu d'un chœur d'anges*, d'une multitude infinie de saintes et de saints si nombreux, si bien faits, avec des têtes et des poses si variées que l'on éprouve un plaisir d'une douceur incroyable à les contempler. Il semble même que les esprits des bienheureux ne peuvent être autrement dans le ciel, ou, pour mieux dire, ils seraient ainsi s'ils avaient un corps; car non seulement ces bienheureux sont vivants, leurs traits délicats et doux, mais le coloris entier de ce tableau paraît l'ouvrage d'un saint ou d'un ange semblable à ceux qui y sont retracés.

« C'est donc avec bien grande justice que ce bon religieux a toujours été appelé frère Giovanni Angelico. Dans le gradin les sujets de l'histoire de la Vierge et de saint Dominique sont également divins dans leur genre. Aussi, quant à moi, je puis affirmer une vérité, que je ne vois jamais cet ouvrage sans qu'il me paraisse nouveau, et lorsque je le quitte il me semble que je ne l'ai pas encore assez vu. »

Il y a plusieurs siècles que cette œuvre a été peinte, mais les siècles ont eu beau passer, l'admiration des artistes pour ce chef-d'œuvre n'a pas diminué.

Voici ce que M. Viardot en dit dans ses *Musées de France :* « Ce couronnement de la Vierge sur lequel Auguste Schlegel a écrit tout un *in-folio*, et que M. Paul Mantz appelle avec raison une miniature démesurée, fut longtemps placé, et, en quelque sorte, vénéré comme une sainte relique de son auteur béatifié, dans l'église de San Domenico, à Fiesole. Sans compter même, parmi les motifs de son importance, qu'il est une des dernières peintures à détrempe, *à tempera*, faite au moment où la peinture à l'huile, *à olio*, allait remplacer les vieux procédés byzantins, cette page de Fra Angelico est assurément une des plus précieuses conquêtes de notre musée [1]. »

Un poète, M. J. Bernard de Montmélian, dans son *Poème de la Vierge*, a écrit ces vers charmants sur le *Couronnement de la Vierge* de Fra Angelico de Fiesole :

> Les Apôtres là-bas demeurent en prière,
> Éblouis par les chants, les parfums, la lumière ;
> Mais le dernier venu, Thomas, la cherche en vain.
> Pourtant il veut revoir son visage divin,
> Puis il mourra content, si son regard contemple
> Celle qui du Seigneur fut la mère et le temple.
> Le sépulcre est ouvert... Les roses et les lis
> Débordent odorants ; mais plus rien dans les plis
> Du linceul virginal !... Elle s'est envolée ;
> Ne la cherchez plus là, la Vierge Immaculée !
> Elle monte... Voyez ! dans le plus haut des airs
> Où résonne toujours l'angélique concert :
> « Quelle est celle qui vient belle et resplendissante
> Comme les premiers feux de l'aurore naissante ? »
> Disent les chérubins étonnés et ravis.
> Les anges vers les cieux la portent sur leurs ailes ...
> Elle monte... Chantez ! phalanges immortelles,
>     Chantez aux célestes parvis !
> Elle vient du désert, affluant de délices,
> Versez-lui les parfums de vos plus beaux calices !
> Elle vient pour régner dans l'immortel séjour...
> C'est elle, c'est Marie, auguste souveraine...
> Elle monte... chantez ! anges, c'est votre Reine,
>     C'est la Reine d'amour !...
> Ouvrez, princes des cieux, vos portes de victoire,
> Ouvrez vos portes d'or !... C'est la Reine de gloire,

---

1. « La componction du cœur, ses élans vers Dieu, le ravissement extatique, l'avant-goût de la béatitude céleste, tout cet ordre d'émotions profondes et exaltées que nul artiste ne peut rendre sans les avoir préalablement éprouvées, furent comme le cycle mystérieux que le génie de Fra Angelico se plaisait à parcourir, et qu'il recommençait avec le même amour quand il l'avait achevé. Dans ce genre, il semble avoir épuisé toutes les combinaisons et toutes les nuances, au moins relativement à la qualité et à la quantité de l'expression, et pour peu qu'on examine de près certains tableaux, où semble régner une fatigante monotonie, on y découvre une variété prodigieuse qui embrasse tous les degrés de poésie que peut exprimer la physionomie humaine. » (Rio.)

L'Épouse destinée à l'éternel hymen...
Elle avance... Sonnez la trompette éclatante !
« Quelle est donc cette Reine, objet de tant d'attente,
    Qui doit passer par ce chemin ?
— C'est la Reine des cœurs, du Ciel et de la terre,
C'est la femme qui fut à la fois Vierge et mère,
C'est la Mère de Dieu, séraphins, à genoux !... »
Le Ciel a soulevé ses portes de victoire,
Il s'ouvre... On vous attend : entrez ! Reine de gloire,
    Vierge, régnez sur nous !...

.   .   .   .   .   .   .   .   .   .   .   .

Les vierges, les élus lui tressent des couronnes.
Les anges aussitôt descendent de leurs trônes,
Vertus, Principautés, Puissances, Chérubins,
Et jettent à ses pieds des fleurs à pleines mains.
Devant Elle à l'envi tout s'incline et s'efface :
Dieu lui-même se lève et près de Lui la place
A ce rang où jamais un Esprit n'arriva
Près du trône invisible où siège Jéhova...
Plus blanche dans l'azur que les plus blanches voiles,
Sur son front virginal rayonnent douze étoiles...
Elle a la lune aussi pour marchepied vermeil,
Pour ceinture l'azur, pour manteau le soleil !...

.   .   .   .   .   .   .   .   .   .   .   .

Puis, dans les cieux émus les harpes séraphiques
Reprennent à l'envi leurs éternels cantiques,
Et les échos divins redisent tour à tour :
A la Reine du Ciel, gloire, louange, amour !

C'est encore en pensant à ce charmant *Couronnement de la Vierge*, qu'un autre poète, M. Édouard Lafond, a aussi écrit ces beaux vers :

Puis enfin apparut le divin Beato,
Lui qui tout débordant d'amour et de prière,
Ne peignit qu'à genoux l'Enfant avec sa Mère.
Ce n'était qu'à travers le voile de ses pleurs,
Qu'il pouvait entrevoir la Vierge des douleurs.
O peintre bienheureux de la Cour étoilée,
Je t'aperçois devant la toile immaculée,
Te frappant la poitrine et pleurant chaque fois
Qu'il faut sous ton pinceau mettre le Christ en croix.

Parmi les primitifs, n'oublions pas Simone di Martino (1285-1344), qui a peint un assez grand nombre de *Vierges;* il appartient à l'École siennoise.

Son premier travail connu (1315), la *Vierge sous un baldaquin,* entourée de saints, dans le Palais public, révèle un sentiment de la beauté alors spéciale aux Siennois.

Dans son *Annonciation,* à Florence (au musée des Offices), sa Vierge, longue et délicate, assise sur un siège très élégant, s'enveloppe dans son long manteau, en écoutant la parole de l'Ange, par un geste peureux d'une exquise pudeur qu'on ne peut oublier; le bel ange, aux longues ailes, couronné d'une branche de cerisier, qui se tient à genoux de l'autre côté du vase plein de lis, n'est pas moins aimable.

*⁎*

Il y eut un artiste qui servit de transition entre les peintres primitifs de l'Italie et les maîtres de la Renaissance, Léonard de Vinci, qui fut lui-même à la fois un primitif et le premier maître véritable de la Renaissance italienne.

Vinci (Lionardo da), peintre, sculpteur, architecte, ingénieur, physicien, écrivain, musicien, naquit en 1452 au château de Vinci, dans le val d'Arno, près Florence et mourut au château de Clot ou Cloux, près d'Amboise, en France, le 2 mai 1519. Il appartient à l'École florentine. Il avait eu pour maître *Andrea Verrochio,* qui était à la fois peintre, sculpteur, orfèvre. On sait que les grands artistes de la Renaissance italienne ont commencé presque tous à travailler dans un atelier d'orfèvre.

« Comme la boutique d'un orfèvre du quinzième siècle, dit M. Charles Perkins, ne ressemblait en rien à celle d'un orfèvre de nos jours, il faut, si nous voulons nous former une idée juste de la qualité et de la variété des connaissances qu'un élève pouvait y acquérir, nous affranchir de nos idées modernes sur la nature de ce métier, alors le plus large de tous, aujourd'hui l'un des plus étroits et des plus exclusifs. L'orfèvre de la Renaissance comme celui du Moyen-Age était obligé de connaître la théorie et la pratique de tous les arts, car il

lui fallait les pratiquer tour à tour sur une petite échelle pour fa-
çonner et pour orner les châsses, les calices, les candélabres, et les
divers autres ouvrages faisant partie de l'orfèvrerie d'église et de la
vaisselle de table, qu'il était appelé à exécuter.

« Il travaillait en architecte, quand il façonnait des niches, des colonnes, des pilastres, des fenêtres et des frontons; en sculpteur, quand
il modelait des statuettes et des bas-reliefs; en orfèvre, quand il cise-
lait des figures et des ornements de cette dimension; en peintre,
quand il disposait des émaux destinés à relever la beauté de la forme
par la richesse du coloris. »

Ses œuvres se recommandent par un grand charme et une délicatesse
remarquable. La gravure a popularisé sa *Vierge aux rochers* du musée
du Louvre. L'Enfant-Jésus, assis à droite et soutenu par un ange,
donne sa bénédiction au jeune saint Jean, agenouillé à gauche, qui lui
est présenté par sa mère. Dans le fond, des rochers d'une forme fan-
tastique ont fait donner au tableau ce nom de la *Vierge aux rochers*.
Il faut admirer la suavité merveilleuse, le cachet de finesse et de grâce
répandu sur le visage de la Vierge Marie.

C'est au musée del Rey, à Madrid, que se voit une des plus belles
représentations de la Vierge, par Léonard de Vinci. C'est d'ailleurs
une œuvre capitale, que cette *Sainte Famille*. La Vierge et saint Joseph
sont mis en buste derrière une table, sur laquelle le petit Jésus et saint
Jean-Baptiste, assis et nus, confondent leurs membres délicats dans
une fraternelle étreinte. Belle et souriante, pleine à la fois de respect,
de sollicitude et d'amour maternel, la Vierge entoure de ses beaux
bras caressants le groupe enfantin, pendant que saint Joseph, placé un
peu en arrière et la tête appuyée sur sa main, contemple la scène
charmante d'un regard plein de tendresse et de sérénité. Le visage
de la Vierge est charmant et délicat et d'une rare perfection.

« Ce fils bien illustre de l'Italie a laissé à Saint-Onuphre une de
ces précieuses œuvres dont il fut si avare, et dont le temps semble
plus jaloux que des œuvres de tout autre artiste, car celles qu'il n'a
pu détruire entièrement et d'un coup, il les ronge lentement. C'est
une Madone peinte à fresque sur le mur du corridor qui conduit à

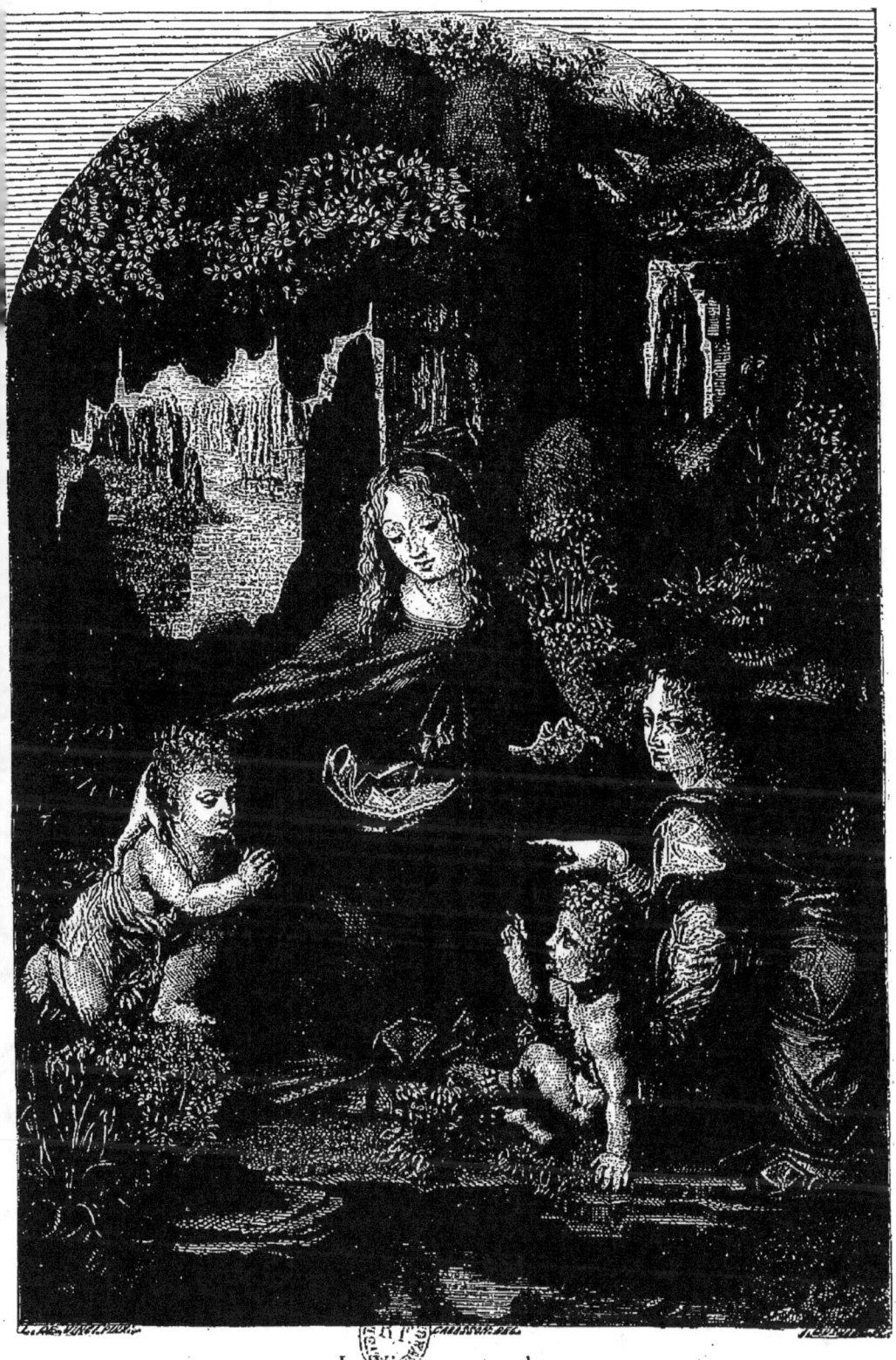

La Vierge aux rochers.

D'après le tableau de Léonard de Vinci au musée du Louvre. — Seizième siècle.

la chambre du Tasse. Cette œuvre offre cette particularité curieuse,
qu'elle ne porte aucun des caractères des figures peintes par Léonard.
La seule expression de cette Vierge, un peu molle et sans beaucoup
de noblesse, est une expression de complaisant orgueil maternel. Sur
ses genoux se tient debout l'Enfant-Jésus, robuste bambin, difficile à
préciser comme beaucoup des *bambini* peints par le Pérugin ; un
doigt levé, il parle avec autorité au donataire, bon vieillard qui écoute
respectueusement, sa barrette à la main. Cela rappelle par le caractère
pittoresque et beaucoup plus encore par le génie moral, l'École d'Ombrie et l'ancienne École bolonaise, le Pérugin et Francia. Dans cette
petite fresque se trouvent les deux idées que l'on rencontre si souvent dans les représentations de l'Enfant-Jésus par Francia et Pérugin.
La première de ces idées est l'indication de la divinité par la stature
de l'enfant. En parlant de la Vierge byzantine de Santa Maria in
Cosmedin, nous faisions remarquer que l'artiste grec avait su faire
une Vierge géante sans exagérer les proportions ordinaires du corps
humain ; ainsi font pour l'Enfant-Jésus, un peu plus lourdement, il
est vrai, que l'artiste grec, le Pérugin et Francia. La stature exceptionnelle de ces *bambini* en fait des sortes d'énigmes qui arrêtent l'attention. On se sent en présence d'un être mystérieux devant cet enfant
qui donne envie de se demander s'il est venu au monde tout
grandi. On a bien plus envie encore de se demander s'il est venu au
monde avec le don de la parole, car la seconde idée qu'ont exprimée
Francia et le Pérugin est celle de l'autorité magistrale innée en Jésus.
Ce *bambino* est impérieux comme un roi ; son geste commande, son
regard impose l'adoration ; le souverain se marque dans toutes ses
attitudes et dans tous ses mouvements ; il est roi, même à l'âge où
il est encore enveloppé dans les ténèbres de l'instinct physique. Cette
idée profonde, si conforme à la plus sévère orthodoxie chrétienne, le
Pérugin l'a répétée bien des fois, jamais mieux peut-être que dans
un remarquable tableau sur bois que possède le musée de Nancy,
tableau où l'on voit le petit saint Jean se prosterner avec une humilité spontanée adorable devant l'Enfant-Jésus, dont toute la personne
exprime instinctivement l'autorité. C'est cette même idée que Raphaël

a transformée dans ses *bambini* aux yeux si redoutables qui mêlent aux grâces de la faiblesse la terreur inhérente à la puissance. On la rencontre, il est vrai, chez Léonard, ainsi qu'en témoigne le petit drame de la *Vierge aux Rochers*, mais altérée et sans grande signification. Dans cette fresque de Saint-Onuphre, au contraire, elle a été exprimée aussi entière, plus entière même qu'elle ne le fut jamais chez les maîtres que nous avons cités. L'aspect d'autorité de l'enfant fait une impression d'autant plus grande que celui qui prend ses ordres et reçoit ses enseignements est plus vénérable. Cet auditeur est un homme d'un visage indiquant la force, le sérieux de l'esprit; c'est un puissant, c'est un docte, et cependant il écoute avec obéissance les paroles de l'Enfant. Rarement nous avons vu mieux rendre le sens des doctrines chrétiennes : les sages seront instruits par les enfants, et les savants par les petits [1]. »

Léonard de Vinci a laissé des œuvres considérables que le hasard a disséminées. Il a écrit un nombre de manuscrits, dont le texte est très difficile à traduire, car par une excentricité extraordinaire, il écrivait comme les Orientaux de droite à gauche. Ses manuscrits renferment une quantité innombrable de figures, scènes, sujets de genre, têtes de Vierges ou de saints, même des plantes, des animaux, singes, rats, lions, ânes, chameaux ; en un mot, toutes les études que feraient à la fois l'artiste, le géomètre, le physicien, le mathématicien, le naturaliste, l'ingénieur. Il avait dessiné soixante belles figures pour un livre de son ami Fra Lucca Paciolo, célèbre mathématicien.

1. P. Montégut : *Poètes et Artistes de l'Italie, l'Art italien à Rome*, p. 371-372.

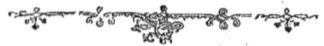

# CHAPITRE VI

# LA SAINTE VIERGE

ET LES

# ARTISTES DE LA RENAISSANCE ITALIENNE

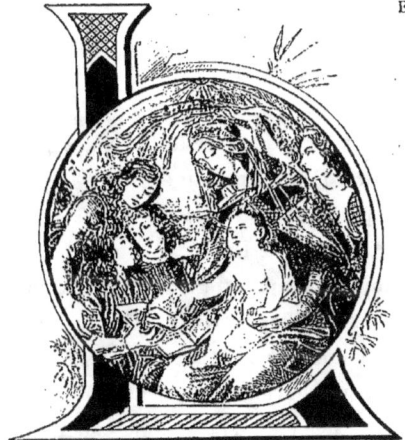

La Vierge couronnée par les anges, d'après
Botticelli.— Seizième siècle.

ᴇs artistes de la Renaissance italienne sont si nombreux et leurs œuvres religieuses sont d'un chiffre si considérable, que nous sommes obligés de faire un choix, de ne parler que d'un petit nombre et de ne nous attacher qu'à celles qui surtout font voir un véritable sentiment. chrétien.

On sait que cette Renaissance fut une époque merveilleuse entre toutes et que les arts y furent protégés par tous. L'École florentine et l'École ombrienne et romaine y ont occupé une large place.

Fra Filippo Lippi, né à Florence en 1406, mort en 1469, appartient à cette École florentine. Orphelin à l'âge de deux ans, il passa sa jeunesse dans le couvent del Carmina, à Florence. Sa vie est féconde en événements romanesques. En 1420, il prit l'habit monastique, le quitta en 1429; et vers 1430, se promenant un jour sur mer, près d'Ancône, il fut enlevé par des Maures et conduit comme esclave en Barbarie. Après plusieurs années de captivité, il parvint à regagner l'Italie, et on le retrouve peignant à Florence en 1438, puis faisant en 1441, à

Naples, un tableau pour le roi Don Alphonse ; il exécuta une grande quantité de travaux importants pour Cosme de Médicis, pour les églises et les couvents de Florence et de Prato.

Le Musée du Louvre possède de lui deux belles toiles : la *Nativité du Christ* et la *Vierge et l'Enfant-Jésus adoré par deux saints abbés*. Ce dernier tableau est charmant. Au milieu de la composition, la Vierge, debout sur les premières marches d'un trône, présente l'Enfant-Jésus à deux saints abbés à genoux, tenant à la main une crosse, marque de leur dignité. De chaque côté, deux archanges debout, portant des branches de lis et accompagnés d'une multitude d'anges.

On voit aussi de cet artiste, à l'Académie des Beaux-Arts de Florence, une superbe *Annonciation*.

Fra Filippo Lippi eut un fils peintre, auquel on donna le surnom de Filippino.

Filippino Lippi est bien à tort qualifié de frivole, car c'est un des grands peintres religieux de l'École florentine.

Que peut-on désirer de plus que son *Apparition de la sainte Vierge à saint Bernard*, dans l'église de la Badia, à Florence[1] ?

La tête exprime un rayonnement sublime de foi et de vénération, dont rien de mieux n'existe nulle part. La Vierge, immatérielle au suprême degré, n'est pas de ce monde, tout en conservant un extrême individualisme. Les anges sont charmants. Quelle naïveté ! Quel charme d'innocence ! Quelle poésie répandue sur tout le sujet, jusque sur les figurines du fond et le charmant paysage ! On y retrouve le charme si doux des pieuses légendes. Il est malheureux, il est vrai, que Filippino n'ait pas conservé ces qualités suprêmes dans les œuvres de la fin de sa vie ; mais ce seul tableau et ses fresques complétant l'œuvre de Masaccio[2] doivent largement suffire à le placer au premier rang des maîtres florentins. Son *Adoration des Mages*, avec les portraits des Médicis, renferme d'ailleurs les mêmes qualités d'adoration pieuse, de ravissement mystique merveilleusement exprimés.

« Cette vision de saint Bernard, dit M. Lafenestre, rappelle le même

1. Ce tableau est de 1480. (Voir page 17.)
2. 1402-1443.

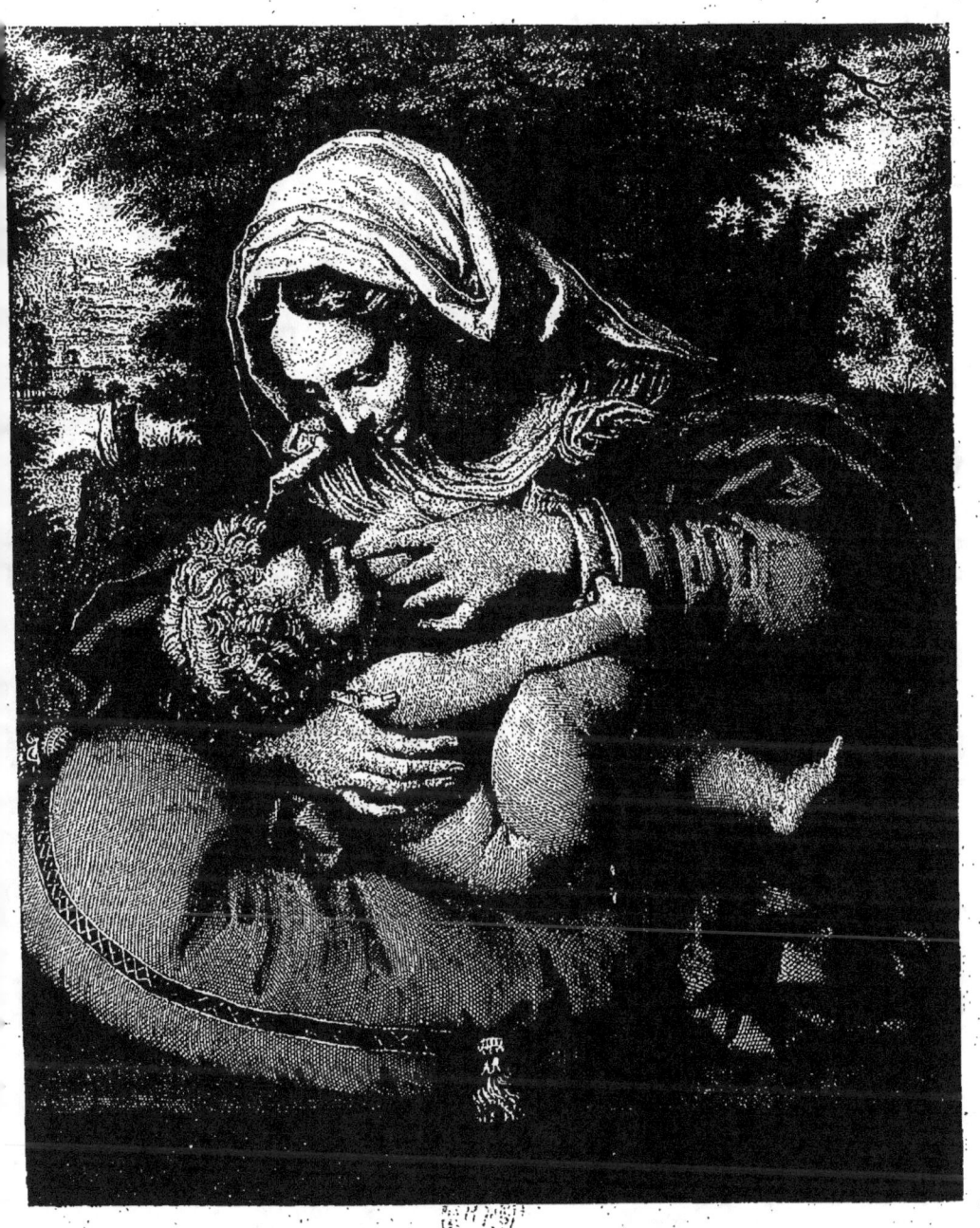

La Vierge et l'Enfant-Jésus, dite Vierge au coussin vert, par Andrea Solari.
Seizième siècle.

sujet traité par Fra Filippo, en 1447, dans un tableau passé du palais
de la Seigneurie à la National Gallery de Londres, mais avec quelle

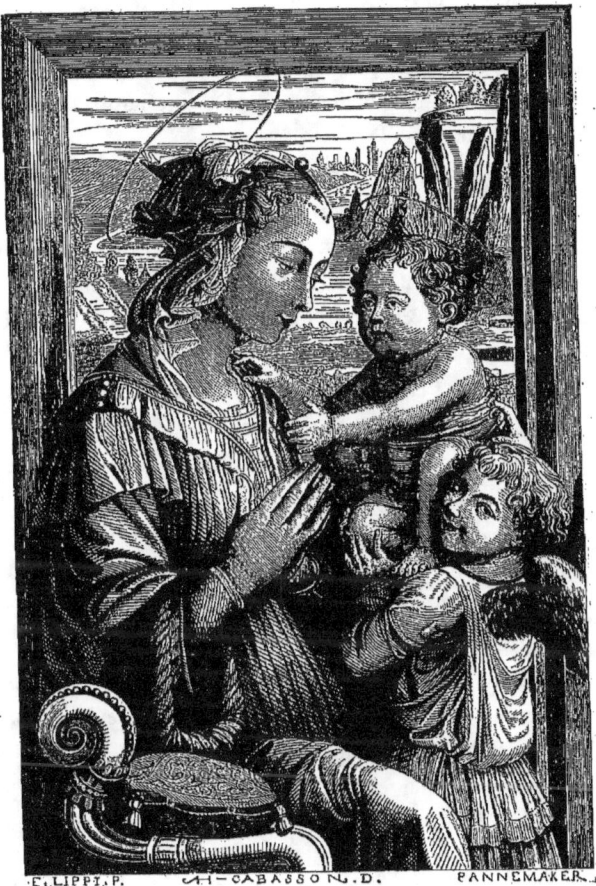

·E·LIPPI·P.                 ·H—·CABASSON·D·                 PANNEMAKER.

La sainte Vierge et l'Enfant-Jésus soutenu par les anges,
d'après Filippo Lippi. — Quinzième siècle.

supériorité! Combien la gravité du solitaire en méditation est devenue
bienveillante et profonde! Combien la beauté patricienne de la Vierge,
affable et pensive, qui pose sa main longue sur le livre interrompu,
est ennoblie, attendrie, affinée! Combien la grâce souriante des pages

divins qui l'excitent a pris d'intelligence et d'élévation ! Poète méditatif et rêveur comme son maître et ami Botticelli, toujours épris comme
lui d'un idéal qui est supérieur, il redoute moins les excès de la
recherche que les dangers de l'initiative et s'expose plus volontiers
aux reproches d'affectation qu'à celui de banalité. Toutefois, surtout
dans sa jeunesse, il a des accents d'une nature exquise et d'une grâce
bien spontanée [1]. »

Un de ceux qui ont eu une influence très grande sur Filippino
fut *Domenico di Tommaso Bigordi* ou *Domenico Ghirlandajo* (1449-
1494). Son ardeur au travail était fort grande. « Il aimait tant le travail, dit Vasari, il voulait tant plaire à chacun, qu'il avait ordonné à
ses garçons d'accepter n'importe quel travail demandé à la boutique,
fût-ce pour des paniers de bonnes femmes : car, s'ils ne voulaient pas
le faire, lui s'en chargeait.... Maintenant que j'ai commencé à connaître la pratique de cet art, disait-il, il me peine qu'on ne me donne
pas à peindre d'histoires tout le circuit des immeubles de Florence ! »

« Après avoir été orfèvre, il se livra entièrement à la peinture. Il s'y
était exercé en faisant le portrait des personnes qui fréquentaient la
boutique d'orfèvrerie de son père, et depuis, il plaça des portraits. De
là le caractère individuel de ses têtes et l'intérêt historique qu'offrent ses
peintures, qui représentent fidèlement les allures et les costumes de
la société de son temps. Il est le premier qui essaya d'imiter les
ornements d'or avec de la couleur, et il perfectionna aussi l'art de la
mosaïque [2]. C'est surtout à l'église Santa Maria Novella de Florence
qu'il faut étudier ce grand artiste, qui fut le maître de Michel-Ange. »

A Santa Maria Novella, il eut à peindre, en sept vastes compartiments superposés sur deux rangs, la *Légende de la Vierge*, où il intro-
duisit toute la poésie grave et charmante dont il était capable.

En dehors des magnifiques fresques du mur du chœur de l'église
de Santa Maria Novella, Domenico Ghirlandajo a peint de jolis
tableaux de *Vierges*.

L'une des plus belles est la *Vierge assise sur un trône*, qui se

1. *La Renaissance au quinzième siècle.*
2. Ménard.

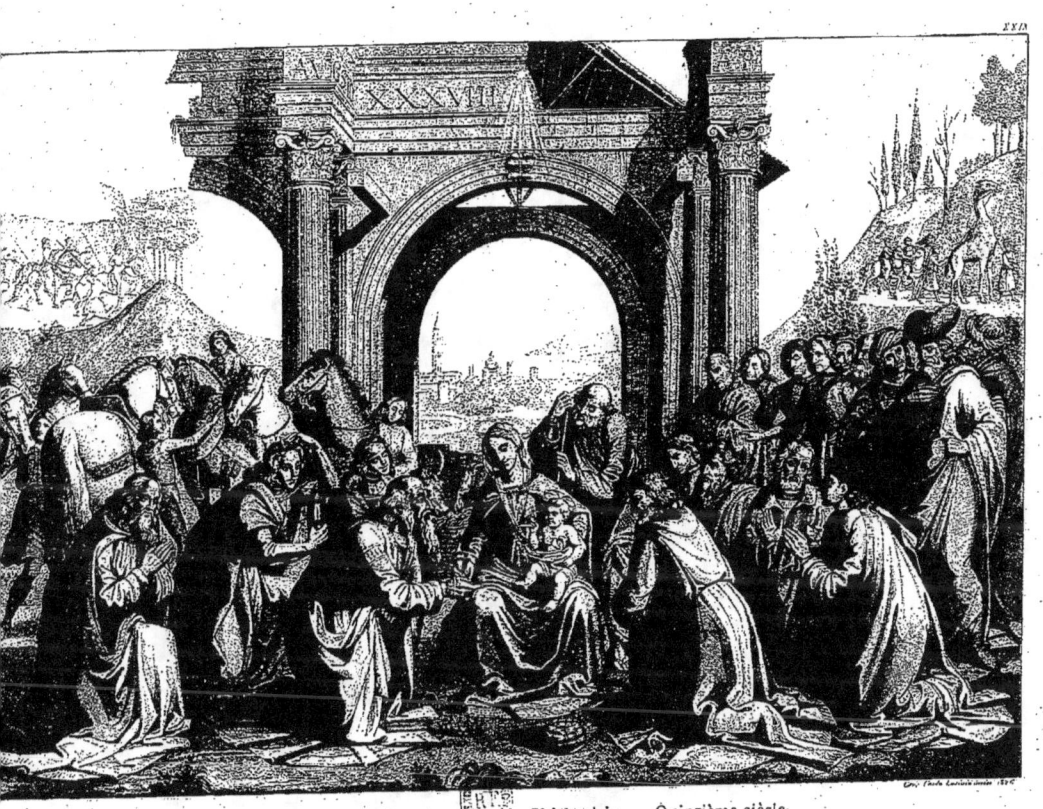

L'Adoration des Rois mages, d'après Ghirlandajo. — Quinzième siècle.

trouve au musée des Offices à Florence. La Vierge est entourée de beaux anges et de quatre saints.

« Le peintre, dit M. Gruyer, a certainement connu cette femme ; mais elle entre avec tant de conscience, de recueillement, de sincérité, dans l'esprit de l'Évangile, qu'on ne peut lui garder rancune de se faire ainsi reconnaître. Sans doute, elle n'a pas tout ce qu'on peut rêver ; mais elle est vraie selon la nature, vraie aussi selon la foi, et

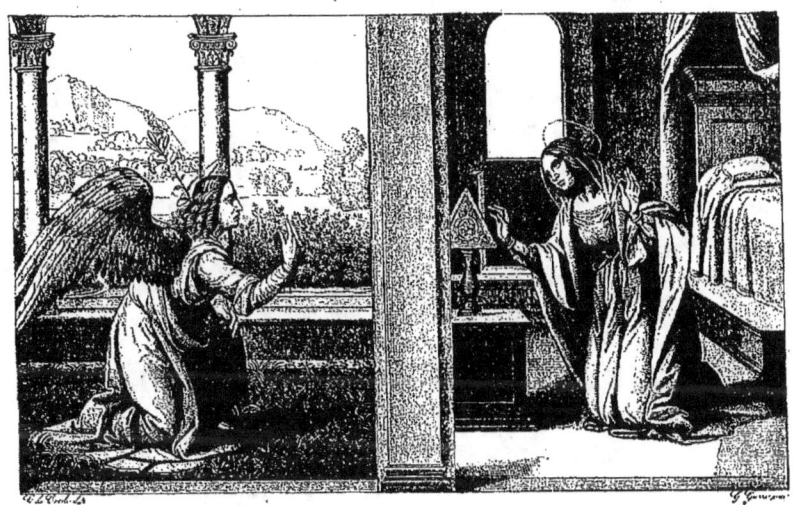

L'Annonciation, d'après Lorenzo di Credi. — Quinzième siècle.

c'est assez déjà pour qu'on puisse l'aimer. L'Enfant-Jésus n'est pas plus divin que sa mère ; mais on lui a si bien appris son rôle et il le dit avec tant de gentillesse, qu'il est difficile de lui en vouloir beaucoup de n'être pas le fils de Dieu. Les archanges et les anges, de leur côté, font les plus louables efforts pour n'être que de purs esprits, et ils sont vraiment célestes par leur candeur et par leur naïveté [1]. »

Lorenzo di Credi [2] fut surtout un peintre religieux, à l'âme très chrétienne. Sa composition favorite fut la *Vierge en adoration devant*

1. Le Musée de Berlin et l'Académie de Florence possèdent d'autres belles *Vierges* du même artiste.
2. 1459-1537.

*l'Enfant-Jésus;* et ce fut sans doute le Pérugin qui lui inspira cette heureuse prédilection.

Les deux toiles qu'on peut justement appeler ses deux chefs-d'œuvre, dont l'une est au musée du Louvre et l'autre dans la cathédrale de Pistoja, figurent la *Madone assise,* avec le Christ enfant sur ses genoux, et un saint de chaque côté du trône. Dans le tableau de Pistoja, la tête de la Vierge et celle de saint Jean ont chacune un caractère de beauté tellement divine, tous les détails accessoires sont si bien rendus, qu'on ne saurait trop louer l'artiste. Le type de la Vierge du Louvre est des plus heureux. Elle est assise sur un trône élevé dans un vestibule décoré de pilastres chargés d'ornements [1].

« Il n'est guère de collection publique, en Europe, qui ne possède une de ses *Vierges adorant l'Enfant-Jésus* ou *Vierge tenant l'Enfant sur ses genoux,* sujets aimables que son habileté à rendre les carnations fraîches, les formes arrondies, les gestes naïfs des enfants lui faisaient choisir de préférence. *L'Annonciation,* avec la jeune femme émue et tendre et le bel ange gracieusement incliné, était encore un de ses sujets favoris [2]. »

Son contemporain Sandro Botticelli (1447-1518) a représenté avec une tendresse sérieuse et un peu fière la *Vierge entourée d'anges* (au musée du Louvre), la *Vierge sous les Oliviers* (au musée de Berlin) et le *Couronnement de la Vierge* (à l'Académie de Florence).

Agnolo Gaddi, fils de Taddeo Gaddi, a décoré l'église de Santa Croce d'un assez grand nombre d'ouvrages.

Dans la Chapelle de la Sainte-Vierge de la Cathédrale de Prato il a peint à fresque dans treize compartiments, outre l'histoire de la sainte Mère de Dieu, depuis sa naissance jusqu'à son Assomption, la légende relative à sa ceinture qu'elle détache en montant au ciel, et qui des mains de saint Thomas passa dans celles d'un habitant de

---

1. Vasari a écrit sur ce tableau : « Le meilleur ouvrage que Lorenzo ait peut-être jamais fait, celui qu'il étudia avec plus de soins et où il se montra supérieur à lui-même, se trouve dans une chapelle de Cestello. Il représente la Vierge, saint Julien, saint Nicolas. L'examen de cette peinture, exécutée avec une recherche qu'on ne peut surpasser, fait voir combien dans les peintures à l'huile le soin contribue à leur conservation. »

2. Georges Lafenestre, *la Peinture italienne.*

Prato, devenu à la suite de la première croisade l'époux de la fille d'un prêtre grec qui était le dépositaire de ce trésor.

La ceinture sacrée fut déposée par la suite dans la cathédrale.

Le musée du Louvre possède une des plus belles madones du célèbre maître de Mantoue, Mantegna[1]. Elle est connue sous le nom de la *Vierge de la Victoire*, et fut exécutée en 1495 pour le maître-autel de l'église Santa Maria della Vittoria, ainsi que le raconte Vasari : « Un de ses derniers ouvrages, dit-il, fut un tableau pour Santa Maria della Vittoria, église que fit bâtir, d'après les dessins et les plans d'Andrea, le marquis Francesco, en commémoration de la victoire remportée par lui sur les Français, près de la rivière du Taro, lorsqu'il commandait les forces vénitiennes. Dans ce tableau peint en détrempe et placé sur le maître-autel, il a représenté la Vierge avec l'Enfant, assise sur un piédestal. Plus bas, l'archange saint Michel, sainte Anne, le petit saint Jean présentant à la Vierge, qui lui tend la main, le marquis, peint d'après nature avec une telle perfection qu'il semble vivant. Cet ouvrage, qui plut et qui plaît à tous ceux qui le voient, satisfit tellement le marquis qu'il récompensa magnifiquement Andrea de ses soins et de son talent, en sorte que, grâce à la libéralité avec laquelle les princes payèrent ses œuvres, il put soutenir honorablement, jusqu'à son dernier jour, le grade de chevalier. »

Assise sur un trône orné de marbres de diverses couleurs, la Vierge tient le divin Bambino debout sur ses genoux. Le manteau dont elle est vêtue est soutenu d'un côté par l'archange saint Michel, appuyé sur une épée, et de l'autre par saint Georges, tous deux couverts de riches armures. On voit derrière eux, à gauche, saint André et, à droite, saint Longin avec un casque rouge, les deux protecteurs de la ville de Mantoue. Près de la Vierge est debout saint Jean avec sainte Élisabeth à genoux qui tient à la main un chapelet de corail. A gauche, sur les marches du trône, l'artiste a représenté le marquis de Mantoue, Jean-François de Gonzague, armé de pied en

---

1. Mantegna (Andrea), peintre, graveur, sculpteur, architecte et géomètre, né dans les environs de Padoue en 1431, mort le 13 septembre 1506. (École vénitienne.)

cap et décoré du cordon de saint Maurice. Le marquis, à genoux, rend grâce à la Vierge Marie qui lui tend sa main en signe de protection, tandis que son Fils lui donne sa bénédiction. La niche où se trouve le trône de la Vierge est ornée de festons de verdure entremêlés de fleurs, de fruits, de coraux, de perles et de pierreries de toutes sortes[1].

On ne saurait trop louer les qualités de dévotion naïve, d'expression, de grâce, de tendresse, de beauté d'âme qui se meut sur cette toile. « Mantegna, quoiqu'il ait peint des madones en assez grand nombre, est, parmi les maîtres du premier ordre, dit M. Gruyer, un de ceux qui ont été le moins émus en présence de la Vierge. » Est-ce à dire qu'il fut insensible à tout sentiment religieux? Loin de nous cette pensée ; mais son génie, obsédé de la perfection des bas-reliefs et des sculptures antiques, était comme enchaîné à la lettre de ses modèles. Ses *Vierges* conservèrent quelque chose de l'inflexibilité du marbre, et, sous cette rigide enveloppe, le savoir le plus vaste qui fût jamais peut-être ne put faire jaillir la divine étincelle.

Il faut faire encore une exception pour la *Vierge* de l'église de Saint-Zénon, à Vérone, où il y a vraiment de la grâce et un charme touchant.

Le musée Bréra, à Milan, la Pinacothèque de Munich, le musée des Offices à Florence possèdent encore d'autres *Vierges* du même artiste.

Baccio della Porta, dit Fra Bartolommeo (1469-1517), entra dans un couvent à la mort de son ami Jérôme Savonarole. Il ne reprit ses pinceaux au bout de quatre ans que sur les instances de ses supérieurs. Son œuvre est considérable. On peut citer : au palais Pitti : *saint Marc;* au musée des Offices : *Job, Isaïe,* le *Père Eternel,* la *Vierge et Jésus;* au palais Panciatida : la *Vierge della*

---

1. Tous les connaisseurs ont donné de grands éloges à cette *Vierge.* « C'est, dit M. Rio, une œuvre digne de la grande réputation de l'auteur, et pour la science du dessin et pour l'imposante sévérité des figures accessoires, et surtout par le charme du coloris, dans tous les détails de ce berceau de fleurs, sous lequel la Vierge, avec l'Enfant-Jésus, sainte Élisabeth avec le petit saint Jean, les quatre patrons de Mantoue, et François de Gonzague sont disposés avec beaucoup de symétrie et un peu de confusion, à cause du défaut d'espace »

*stella ;* au couvent de Saint-Marc : le *Christ sur la croix ;* à
l'hôpital de Santa Maria Nuova : le *Jugement dernier ;* au musée du
Louvre : la *Vierge avec l'Enfant-Jésus, sainte Catherine et plusieurs*

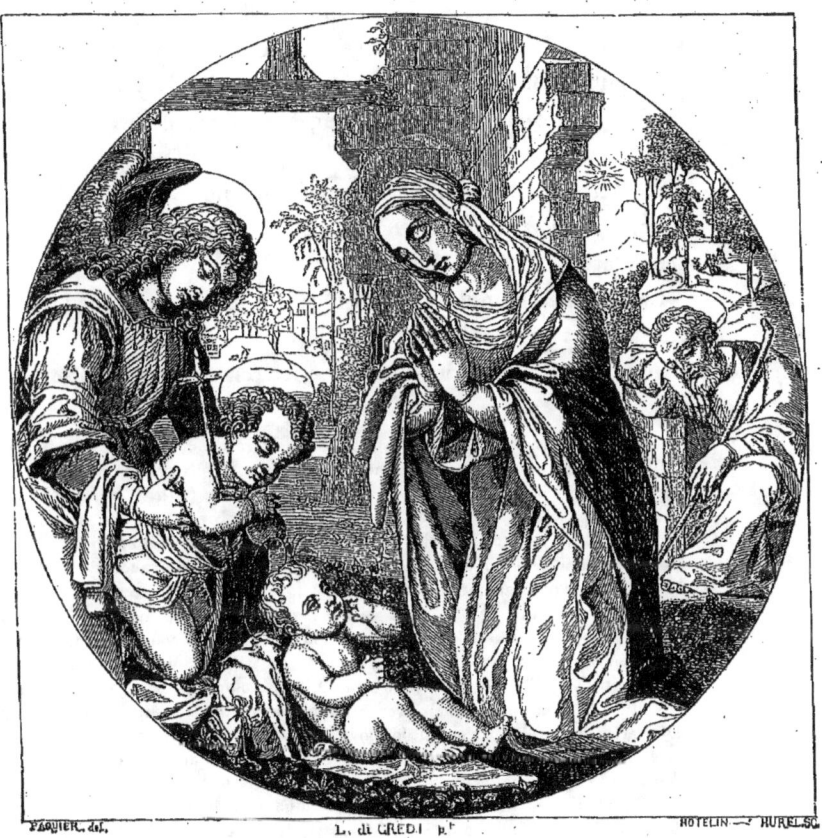

La Vierge adorant l'Enfant-Jésus, d'après Lorenzo di Credi. — Quinzième siècle.

*saints* et la *Salutation angélique ;* dans la cathédrale de Besançon :
une *Madone entourée de saints ;* etc.

« Il donna tant de charmes à ses figures, dit Vasari, qu'il mérite
d'être compté parmi les bienfaiteurs de l'art. »

Le tableau du Louvre la *Vierge,* sainte Catherine de Sienne et
plusieurs saints, est un *véritable chef-d'œuvre.*

Au milieu de la composition, la Vierge, assise sur un trône, accompagnée de saint Pierre, de saint Barthélemy, de saint Vincent et d'autres personnages tenant des palmes, préside au mariage mystique de l'Enfant-Jésus avec sainte Catherine, agenouillée à gauche devant lui. Derrière la Vierge, à droite, saint François et saint Dominique s'embrassent en témoignage de l'affection qui les unit. Dans la partie supérieure, des anges soutiennent les rideaux du dais qui surmonte le trône. On lit sur la base du trône : ORATE PRO PICTORE. M.D.XI, et sur la marche au dessous : BARTHOLOME FLOREN. PR. ORAE [1].

Comme *peintre de la Vierge*, le Corrège [2] tient une grande place dans l'art italien.

Les Saintes Familles du Corrège, ses madones, et en général tous ses tableaux qui ont trait à la légende chrétienne, sont d'un grand charme. Quelle chaude lumière, quel éclat de coloris, quelle intimité

---

1. Une note très intéressante sur ce tableau se trouve dans le catalogue des ouvrages de Fra Bartolommeo, manuscrit du syndic du couvent de San Marco à Florence, publié par Marchese dans ses mémoires sur les artistes dominicains (t. II, p. 160). Voici la traduction de ce passage : « *Item*, un tableau sur bois d'environ 4 brasses 1/2 de hauteur, où est représentée la Vierge, sainte Catherine de Sienne avec beaucoup d'autres saints. La seigneurie de Florence le donna à un ambassadeur françois appelé Monseigneur de Otton (d'Autun ?), évêque de... (le nom manque), au mois d'avril 1512, et le paya 300 grands ducats d'or, bien qu'il valût davantage, ainsi qu'il est constaté sur le livre des créanciers et des débiteurs du couvent, à la page 123 et au livre de Fra Thol. S. A. — ci — 200 duc..» Ce tableau, exécuté pour l'église San Marco, n'y resta exposé, suivant Vasari, que plusieurs mois seulement avant d'être *donné au roi de France* Louis XII. Bartolommeo peignit pour le remplacer une répétition du même sujet, mais avec des différences dans la composition, ainsi qu'on peut le voir par la description qu'en fait le biographe Arétin. Cette peinture qui représente, suivant quelques personnes, l'union de Jésus-Christ avec son Église, selon d'autres l'alliance de l'ancienne et de la nouvelle Loi, que les notices anciennes nommaient le mariage mystique de sainte Catherine de Sienne, ne fut pas donné, ainsi qu'on le voit par la citation précédente, au roi de France comme le dit Vasari, mais bien à Jacques Hurault, évêque d'Autun, ambassadeur de Louis XII près la République florentine. Hurault en fit présent à son chapitre, qui le conserva dans la sacristie de l'église cathédrale.

2. Allegri (Antonio), dit *il Correggio*, né à Correggio (dans le duché de Modène), en 1494, mort dans la même ville le 5 mars 1534. (École lombarde.)

Vasari, contemporain du Corrège, n'a pu, malgré ses recherches, donner beaucoup de détails sur la vie de cet illustre artiste et nous transmettre le nom de ses maîtres. Depuis, les nombreux biographes d'Allegri, loin d'imiter une pareille réserve, se sont efforcés d'éclaircir ce point mystérieux, et presque tous ont attribué à des personnages différents l'honneur de lui avoir enseigné les premiers éléments de la peinture. Malheureusement, comme aucun de ces biographes n'a pu apporter jusqu'à présent des preuves certaines à l'appui de son opinion, on en est encore réduit à de simples conjectures.

délicieuse dans le *Repos en Égypte* du musée de Parme! Quelle
poésie cachée dans cette *Vierge* du même musée, assise au bord d'un
ruisseau, et qui, la tête penchée, contemple le petit Jésus endormi

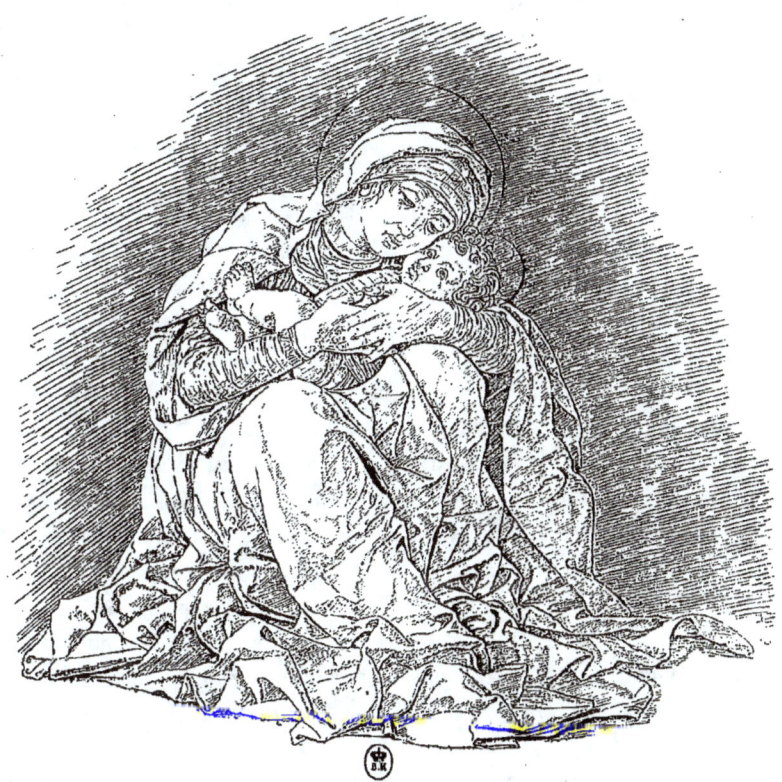

La Vierge pressant l'Enfant-Jésus sur son cœur, d'après Mantegna.
Quinzième siècle.

sur ses genoux ! C'est l'heure de la sieste. Elle-même dort à moitié ;
ses yeux sont mi-clos, mais elle jouit encore de son existence maternelle. Tout semble s'intéresser au touchant mystère de la mère et de
l'enfant, jusqu'au lapin blanc blotti dans l'herbe et qui dresse l'oreille.

Très remarquable la fresque du Corrège au musée de Parme, la
*Madona della Scala*, avec ses grandes paupières baissées, dont les

beaux cils tamisent l'adorable tendresse : « La mère presse l'enfant sur son sein, celui-ci détourne doucement la tête vers les spectateurs. Son bras entoure le cou de la Vierge, sa main s'accroche à son voile et repose sur les longues tresses soyeuses de ses cheveux. Mais sa pensée vague au loin. Le songe de l'idéal est dans ces yeux, qui semblent déjà refléter le mystère des mondes et sont remplis de clartés éblouissantes. L'enfant y est tout absorbé. La mère et l'enfant s'enlacent et s'enveloppent si harmonieusement qu'ils semblent ne former qu'un seul être ».

Si l'on compare en général les madones du Corrège à celles de Raphaël, on trouve que celles-ci sont d'une beauté plus régulière et d'une élégance vraiment princière. « Elles se tiennenticomme des fées. » Celles du Corrège, moins belles, moins parfaites, émeuvent davantage par la profondeur de leur sentiment, par leur poésie exquise et suave. Ce sont, avant tout, des mères passionnées et qui ont toute la passion de la maternité pour le Divin Fils[1].

L'œuvre de la maturité du Corrège, c'est le dôme de l'église Saint-Jean, à Parme. Elle fut exécutée de 1524 à 1528. Le Corrège y mit un soin extrême, travaillant du soir au matin, modelant lui-même des groupes en plâtre.

Plafond, piliers, parvis, l'église entière est peinte de haut en bas. Au zénith de la voûte s'élance comme un oiseau la figure de l'archange Gabriel, dont le raccourci donne l'impression immédiate d'un vol tourbillonnant. Il précède la Vierge Marie pour annoncer son arrivée dans le Paradis.

Des légions de chérubins, de séraphins, d'anges, forment tout autour de la voûte un triomphal cortège, et suivent ou accompagnent une éblouissante merveille qui monte devant eux.

Cette merveille, c'est la Vierge. « Vêtue d'une robe rose et d'un long manteau bleu, les bras étendus, elle flotte dans l'attitude passionnée de

---

1. « Les *madones* du Corrège, dit M. Gruyer, appartiennent corps et âme à l'art moderne, et apparaissent pour la première fois, alors que les *Vierges* de Raphaël brillent de tout leur éclat. Elles sont alors comme des fleurs spontanément écloses, exhalant des parfums jusqu'alors inconnus, et se rattachent cependant, par des liens enchantés, mais non rompus, aux fortes traditions des derniers peintres du quinzième siècle. »

l'extase, la tête renversée, la bouche entr'ouverte, le sourire aux lèvres.
Des anges au vol la soutiennent, l'enlèvent dans leurs bras. Ils parais-

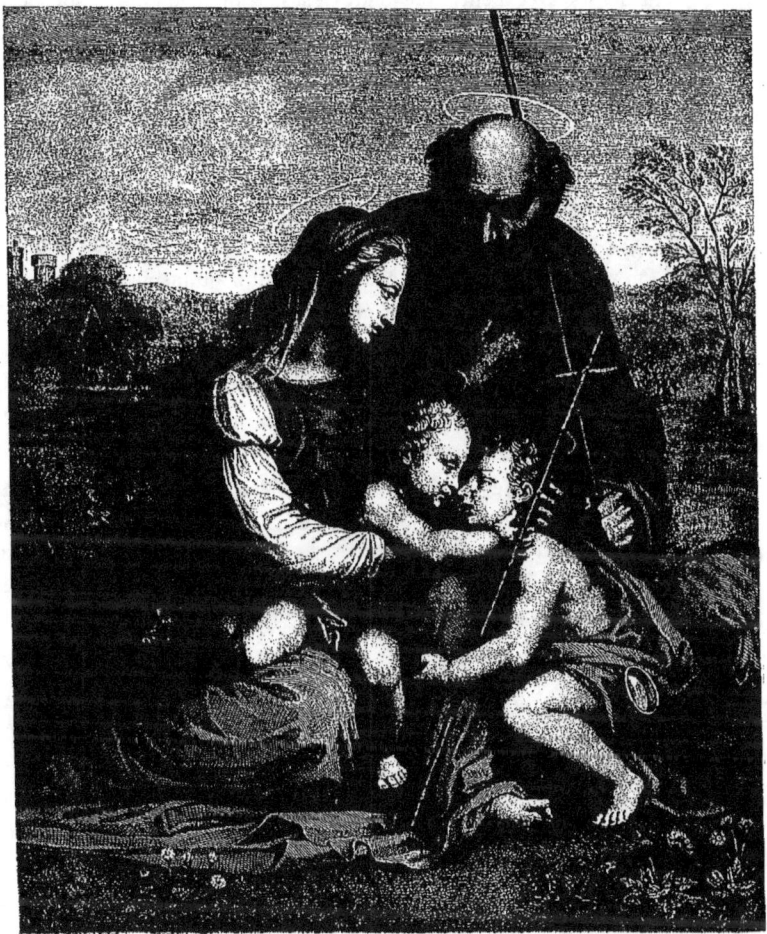

Les caresses de Jésus, d'après Fra Bartolommeo.— Seizième siècle.

sent emportés tous ensemble d'un souffle égal et puissant, comme des
nuages d'été dont le vent entraîne les masses changeantes dans les hauteurs de l'éther. La joie qui la transporte répand autour d'elle une

atmosphère de bonheur, pénètre dans la céleste phalange comme un parfum subtil et capiteux. Mais ce qui frappe, étonne et surprend parmi tant de grâce et d'enchantement, c'est la transcendante beauté de Marie, l'heureuse Vierge, la bien-aimée de la terre, qui devient ici la Reine glorieuse des cieux. L'amour maternel brille dans ses yeux, il colore ses joues fait rayonner son sourire ravi, allume d'un feu céleste l'éclat passionné de son regard, jamais de pareils yeux ne furent peints ni rêvés. Le feu dévorant de l'âme chrétienne en sort en jets de lumière. Bordés de longs cils noirs, ces yeux lumineux et souriants, remplis d'extase céleste et de bonheur, révèlent toute la magie du sentiment. »

On ne saurait trop exprimer l'admiration qu'inspire ce beau type de Vierge. « Nous n'y rencontrons pas seulement la bonté et la beauté, la douceur et la modestie, mais cet éclair de l'âme qui sait, qui sent et qui veut le bien, qui en jouit d'un libre essor[1]. »

Il y a à la Tribune de Florence un délicieux tableau du Corrège représentant la *Vierge adorant l'Enfant-Jésus*.

Le petit Jésus est couché devant la Vierge, la draperie qui couvre le corps de Marie est singulièrement jetée; une partie lui sert de coiffure, et descend de là jusqu'à terre : c'est sur le bout de cette draperie que l'enfant est couché, de sorte que Marie ne peut faire le moindre mouvement sans renverser l'Enfant-Jésus.

Ce tableau est d'une fraîcheur admirable; on y voit une beauté d'expression, une tendresse de sentiment qui passe jusqu'aux spectateurs.

A côté de ce tableau se trouve un autre tableau du même maître, figurant la *Sainte Vierge en Egypte*. Elle est très gracieuse; tout habillée de blanc, elle tient le petit Jésus dans ses bras.

Une autre belle page du Corrège, où l'artiste a su encore rendre avec un incomparable talent l'image de la Vierge Marie, c'est le tableau (un chef-d'œuvre) de la *Vierge en contemplation*, du musée de Dresde, que l'on nomme aussi la *Nuit de Noël*. « O Dieu! quel tableau! s'écriait le président de Brosses. Je ne puis jamais y songer sans

---

1. En pensant à cette *Assomption* du Corrège, le peintre Annibal Carrache disait : « Étudiez Corrège; le tout est grand et gracieux. »

exclamation. Pardon, divin Raphaël, si aucun de vos ouvrages ne m'a causé l'émotion que j'ai eue à la vue de celui-ci. » A ce sujet, nous pouvons laisser parler un des critiques qui ont le mieux compris le talent du Corrège :

« La simplicité de la composition est ici un trait de génie. Si le lieu de la scène avait été plus vaste, les personnages plus nombreux, le peintre aurait pu multiplier les contrastes, étonner par la fécondité de son imagination, la variété de ses figures ; mais le sentiment général, mystérieux, surnaturel, était perdu. Ici, l'acteur principal est invisible, pour ainsi dire ; comme dans la plupart des œuvres de Rembrandt, c'est la lumière qui donne à ce drame mystique sa poésie et son émotion. L'Enfant-Jésus vient de naître ; il est couché sur quelques fagots recouverts d'un peu de paille. La Vierge, à genoux, se penche sur le nouveau-né, et contemple le fruit de ses entrailles avec une expression de bonheur et d'amour qui remplirait de larmes les yeux d'une mère. A gauche, un vieux paysan (un berger plutôt), dans le goût du *saint Jérôme,* mais plus simple et plus vrai, et deux femmes regardent l'enfant. Au fond, à droite, derrière la Vierge, saint Joseph tire avec force l'âne qui paraît vouloir flairer le nouveau-né. Dans le haut de la composition, des anges planent sur le berceau de Dieu inconnu. Voilà tout le tableau.

« Mais sa grande beauté, son inexprimable poésie vient de cette lumière qui part du corps rayonnant de l'enfant, inonde le visage et une partie du corps de la mère, éblouit les femmes, éclaire jusqu'aux anges lumineux du haut du tableau, glisse sur saint Joseph, et va se fondre en se dégradant avec les lueurs du jour qui pointe à l'horizon. Cette lumière est si éclatante et si pure qu'elle a quelque chose de surnaturel. Pour en exprimer la vivacité extraordinaire, Corrège s'est avisé d'une de ces idées ingénieuses et naïves dont il n'est jamais avare ; l'une des femmes se couvre le front avec la main et clignote des yeux, comme si sa vue était trop faible pour supporter cette splendeur inaccoutumée [1]. »

L'École ombrienne se développa ailleurs qu'à Urbin. Pérouse vit se

1. Paul Rochery, *le Corrège.*

développer l'art chrétien en même temps que le sentiment religieux.
Pérouse eut alors à subir l'influence de calamités publiques : la peste,
des épidémies mortelles ravagèrent nombre de fois cette ville pendant le
quinzième siècle. Les habitants effrayés cherchèrent des secours au
ciel. Il fallait voir les longues processions de moines sortant de leurs
cloîtres pour venir prier avec les habitants, et désarmer la colère du
ciel. On voyait en tête de chaque corporation religieuse ou laïque une
bannière représentant l'image d'un saint ou de la Vierge Marie, œuvre
admirable de l'un des artistes de l'Ombrie, tels que Nicolas de Foligno,
Bunifigli Frerenzo. Mais ces artistes, qui travaillaient sous la protection
des papes Paul et Sixte IV, ne sont guère que les précurseurs de celui
qui devait les éclipser tous, du maître de Raphaël, de Pietro Vanucci,
dit *il Perugino* ou le Pérugin[1]. Ce nom représente l'idéal de la peinture
chrétienne portée à sa plus grande perfection. Il fut appelé à Rome
par le pape Sixte IV, qui le chargea de décorer la chapelle Vaticane[2]. De
retour à Florence, il se prit de passion pour le moine Jérôme Savonarole.
C'est alors qu'il fit ces suaves et ravissantes madones qui décorent les
musées de l'Europe.

Le Louvre possède deux *Madones* du Pérugin, le maître de Raphaël.
« Les Vierges du Pérugin, dit M. Gruyer, sont dans une perpétuelle
vision des choses d'outre-monde ; mais elles manquent absolument de
variété, et le sentiment vrai de la nature leur fait aussi défaut. Elles
font, jusqu'à un certain point, pressentir les Vierges de Raphaël, et
quand Raphaël commence à peindre, il se confond presque avec Pietro
Vanucci. Mais Raphaël, après s'être essayé sur l'unique mélodie
qu'ait chantée le Pérugin, met en lumière aussitôt les trésors d'harmonie dont lui seul a eu la révélation. » La plus remarquable de ces
madones est celle qui a passé dans la galerie du roi des Pays-Bas.
La Vierge Marie est assise au milieu d'un atrium pavé de marbre. Elle
tient sur ses genoux l'Enfant-Jésus qui bénit. Deux anges, sainte
Catherine et sainte Rose adorent la Vierge et son divin Fils.

« Pérugin est là dans toute sa beauté, dans toute sa grâce, dit

1. Né à Castello della Pieva en 1446, mort à Castelli Fontignan, en 1524.
2. 1480-1495.

encore M. Gruyer. Les anges s'inspirent à la source des voluptés
chastes et intellectuelles. Les saintes ne regardent point autour d'elles;

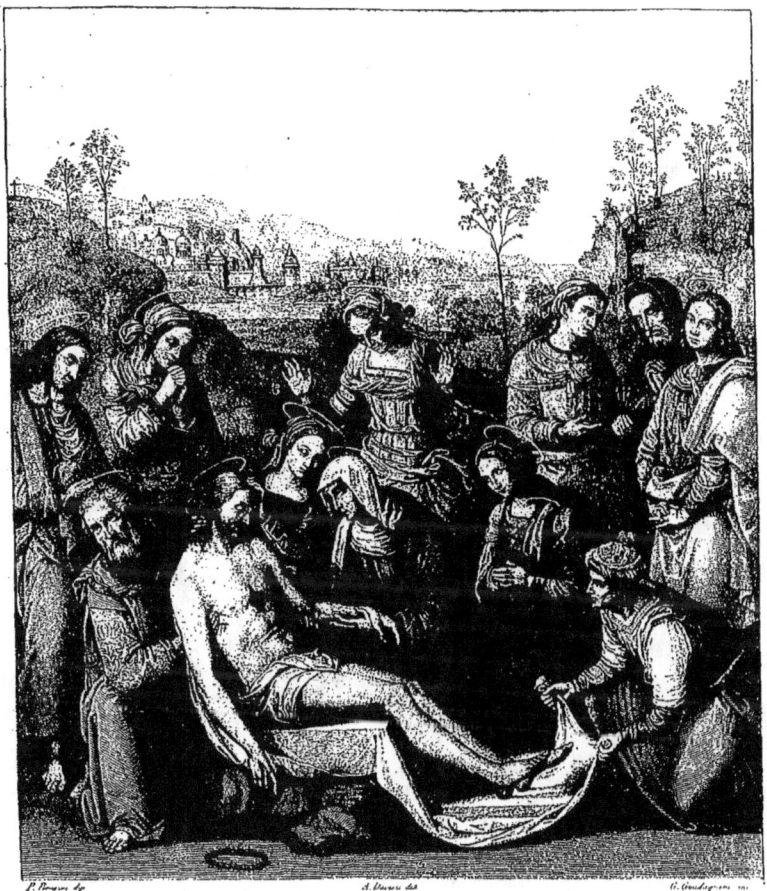

Descente de croix, d'après le Pérugin. — Seizième siècle.

leur demeure est au ciel, et elles voient toutes les choses de la terre
comme en passant. Quant à la Vierge, extatique et langoureuse, elle
exerce sur l'âme une singulière attraction; sa physionomie est limpide
et comme transparente; le front est haut et large; les yeux sont perdus

dans l'immensité des mondes invisibles; le nez est finement dessiné; la bouche est petite et chaste; l'ovale du visage est délicat et pur; les cheveux blonds s'arrangent en bandeaux au sommet de la tête et forment des boucles dorées qui tombent jusque sur le cou... L'esprit veut en vain pénétrer le secret de ces délicieuses figures; il s'arrête rempli de respect, à l'entrée du sanctuaire et, sans comprendre, reste sous le charme d'une harmonie céleste. »

Le musée des Offices possède une autre *Madone* que le Pérugin peignit, en 1493, pour l'église des Dominicains de Fiesole. Une douce mélancolie est répandue sur les traits de la Vierge, qui est assise entre saint Jean-Baptiste et saint Sébastien. Le musée du Louvre possède une autre *Vierge*, du même artiste, qui provient de la Chartreuse de Pavie. On en voit encore de fort belles dans la galerie du duc d'Aumale, au musée de Bordeaux, dans l'église de Sainte-Agathe, à Florence.

Le musée de Munich est riche en représentations de la Vierge par le Pérugin : la *Vierge adorant l'Enfant-Jésus*, agenouillée entre saint Jean l'Évangéliste et saint Nicolas; une *Madone* vue jusqu'aux genoux et se détachant sur un beau ciel, et l'*Apparition de la Vierge à saint Bernard*. Ces trois admirables ouvrages semblent l'extrême expression de la manière si douce, si tendre, si sûre d'émouvoir et de donner du Pérugin. Dans l'*Apparition de la Vierge à saint Bernard*, deux anges accompagnent la mère du Sauveur et deux bienheureux accompagnent saint Bernard. C'est une page vraiment capitale, et le divin Raphaël, lui-même, n'a certainement guère fait plus beau dans le style simple et pieux.

La *Descente de croix* et l'*Assomption* de l'Académie de Florence, la *Vierge* de la National Gallery, et la *Famille de la Vierge*, au musée de Madrid, marquent l'apogée du talent du Pérugin.

Son condisciple Pinturicchio (1434-1513), a représenté, à Spello, dans la chapelle de Santa Maria Maggiore, l'*Annonciation*.

Giovanni di Pietro, dit lo Spagna (1487-1530), imita ces deux maîtres dans sa *Nativité*, du musée du Vatican, et sa *Vierge entre quatre saints*, au palais communal de Spoleto. Son *Adoration des*

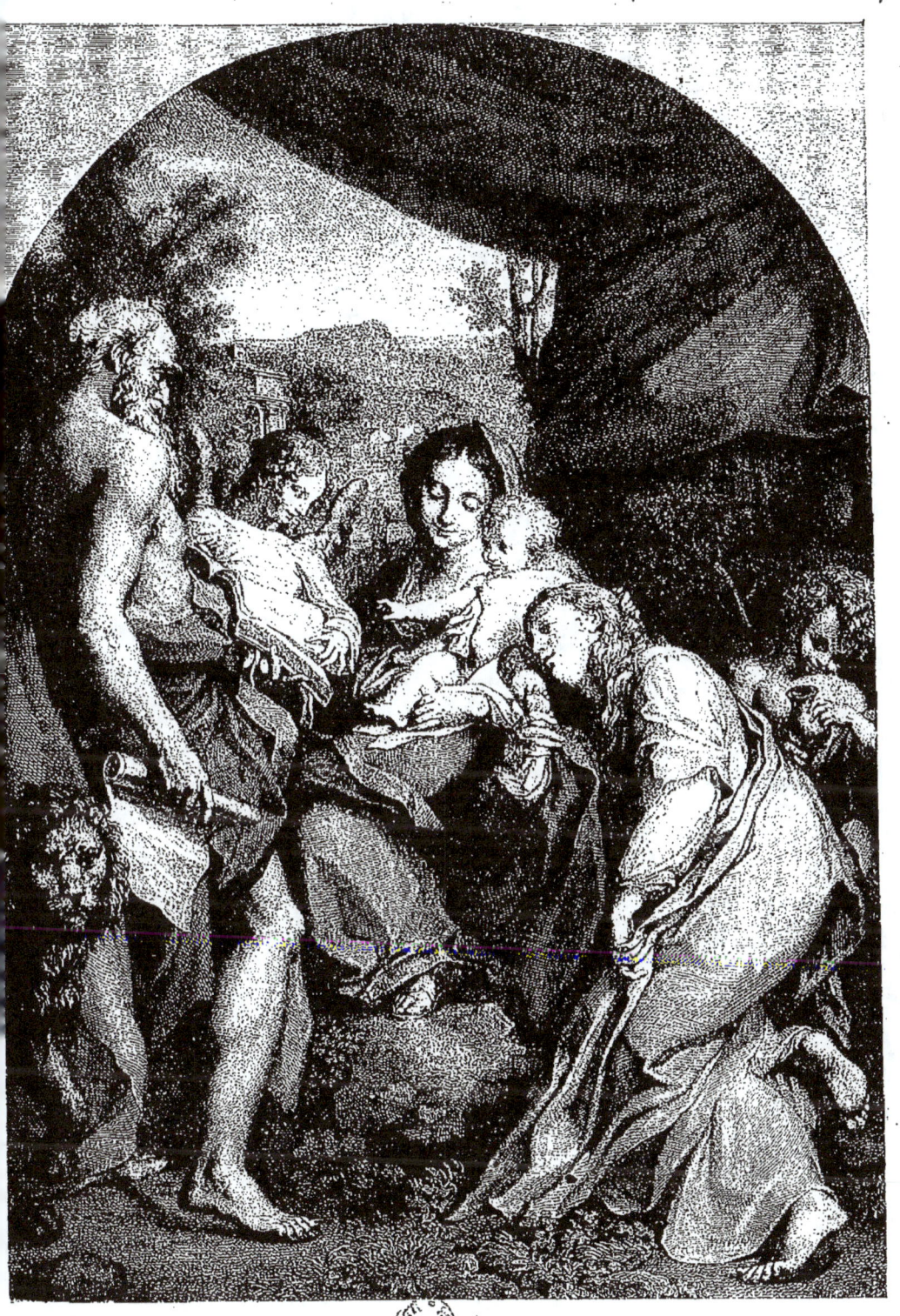

La Vierge et Jésus entre saint Jérôme et sainte Madeleine ;
d'après le Corrège. — Seizième siècle.

*Mages* (où se trouve une Vierge charmante), du musée de Berlin, a été longtemps attribuée à Raphaël.

Parmi ces maîtres, mentionnons encore Albertinelli et Francia.

La *Visitation*, une des plus belles œuvres de Mario Albertinelli (1467-1512), se trouve au musée des Offices, à Florence. Admirable et extraordinaire est la vérité, ainsi que la simplicité et l'ensemble qui règnent dans ce tableau, composé seulement de deux figures qui en remplissent si bien l'espace. La tête de la Vierge ne saurait être rendue avec plus de noblesse et de beauté. On croirait entendre les paroles au moment où les saintes femmes se rencontrent. Les sentiments n'ont jamais été rendus avec tant de clarté comme dans ce tableau. Le dessin en est parfait, le coloris vigoureux, vrai et plein de relief. Sous le même tableau, il y a un gradin d'autel où le même peintre, en trois parties différentes, a représenté l'*Annonciation*, la *Nativité* et la *Présentation au temple*, en petites figures remplies de grâce et d'expression.

Francia (1450-1517) a représenté souvent la Vierge. Au musée de Bologne, on voit de lui un petit tableau oblong, qui représente la *Vierge* dans un vaste et riant paysage. Le musée du Belvédère, à Vienne, possède aussi un tableau dans lequel la *Vierge* est représentée sur un trône avec l'Enfant-Jésus, entre sainte Catherine d'un côté et saint François de l'autre; au dessous est le petit saint Jean debout, admirable d'attitude et d'expression. Il n'est guère possible de concentrer plus de poésie chrétienne dans un si petit espace; et cependant le tableau qui est à la galerie de Munich est encore plus parfait, du moins pour le type de la Vierge que l'artiste n'a jamais fait si beau. L'Enfant-Jésus est couché sur le gazon parmi les fleurs, et sa Mère s'approche de lui avec une tendresse respectueuse; tout cela est divinement exprimé.

A la pinacothèque de Bologne, l'illustre Francia a aussi laissé une fameuse *Annonciation*. Elle est d'une composition curieuse, car Marie, ordinairement en tête à tête avec l'ange, a saint Jérôme et saint Jean-Baptiste à ses côtés. Marie tient modestement les mains jointes, et elle écoute avec une pudique surprise et une joie modeste le message de

l'ange Gabriel; Gabriel, suspendu dans la nue, un lis fleurissant dans
la main gauche et levant vers le ciel la main droite, parle respectueusement à la Vierge. Saint Jean le précurseur est à la gauche de Marie,
sous l'ange; il est enveloppé dans sa peau de mouton, il tient la croix
prophétique et de sa main se déroule une bande sur laquelle sont
écrits ces mots : « Ecce Agnus Dei; ecce qui tollit peccata mundi. » Saint
Jérôme est à la droite de Marie; il tient un livre sur sa poitrine.
L'air circule dans cette toile ouverte sur un large horizon; les draperies
sont d'une richesse et d'une élégance étonnantes. Les premiers plans, le
tertre de gazon qui sert de piédestal à la Vierge, sont d'une fraîcheur
verdoyante qui n'a rien d'artificiel ni de convenu; nous sommes bien
sur la terre mais à la hauteur du ciel.

Il est un tableau de *Vierge* que nous avons bien souvent admiré
dans nos visites au musée du Louvre, c'est celui de la *Vierge au
coussin vert*, par Andrea di Solario ou Solari (1458-1509). C'est une
perle de délicatesse et de gentillesse. La Vierge, vue presque de profil,
tournée à gauche, la tête couverte d'un voile blanc, se penche pour
donner le sein à l'Enfant-Jésus, couché sur un coussin recouvert d'une
étoffe verte et posé sur une table de marbre. La Vierge est certainement une des plus belles qu'ait su nous donner l'art italien [1].

Les peintres de l'École vénitienne ont parfois représenté la Vierge
Marie, mais comme ce furent plutôt des artistes coloristes que des
artistes chrétiens ou poètes comme ceux des autres contrées de l'Italie,
nous ne nous étendrons pas sur leurs œuvres au point de vue de la
représentation de la Vierge. Nous ferons une exception seulement pour
le Titien, ce grand maître de l'École vénitienne.

Le musée de l'Académie des beaux-arts de Venise possède deux

---

1. On lit dans Félibien : « Marie de Médicis étant à Blois en 1619, et ayant çu qu'il y
avoit dans le couvent des Cordeliers un tableau de la main d'André Solarion, et qu'on appelle
*la Vierge à l'Oreiller verd*, pour avoir ce tableau, fit quelques liberalitez à la maison, et
leur donna une copie qu'elle fit faire par Mosnier. » Le même auteur dit que Jean Mosnier,
né en 1600, avait seize à dix-sept ans lorsqu'il fit cette copie, qui lui mérita une pension
pour aller travailler en Italie. Le tableau passa ensuite dans la collection du cardinal de
Mazarin, puis dans celle du duc, et fut enfin acquis par le prince de Carignan.

« La *Vierge à l'Oreiller vert*, a dit Pelloquet, est aussi remarquable par le charme aimable
de l'expression que par la grâce et l'élégance de la composition et du dessin. »

grandes compositions du Titien. Elles marquent la maturité et comme
le point culminant de son génie. Ce sont le commencement et la fin
de l'histoire de la sainte Vierge Marie : sa *Présentation au temple*
et son *Assomption au ciel.*

L'*Assomption de la Vierge*, que le Titien peignit pour l'église des
Frari[1] de Venise, est certainement son plus grand chef-d'œuvre.
Lorsque Titien fit ce chef-d'œuvre, il n'était âgé que de trente ans.

Cette *Assomption* est divisée en trois parties; dans la partie supérieure se tient le Père éternel, entouré d'une gloire d'anges. Deux de
ces anges, l'un à droite, l'autre à gauche, se rapprochent de lui comme
pour soutenir ses bras ouverts qu'il tend à la Vierge Marie. Il abaisse
ses yeux miséricordieusement et sa physionomie toute paternelle respire
une grande douceur.

Au centre du tableau se voit Marie qui monte au ciel. Elle semble
s'élancer avec ardeur vers Dieu qui lui tend ses bras. Parée d'une
robe aux riches draperies, elle est appuyée sur les nuages et escortée
d'une foule d'anges qui l'entourent de tous côtés.

En bas, sont les apôtres qui se groupent, surpris et ravis du beau
spectacle qu'ils contemplent.

« Mais on ne décrit pas un pareil tableau, dit M. Paul Mantz,
il faut le voir pour en apprécier le caractère qui résulte bien plus de
la hardiesse de l'exécution, de la vérité des physionomies et des gestes,
que de la beauté des types. L'ensemble est incomparable de luxe, de
vitalité et de richesse; tout s'agite et s'enflamme dans ce chef-d'œuvre
de lumière et de couleur. »

Ajoutons encore ici la description que donne de cette magnifique
*Assomption* l'auteur de l'*Italia :*

« C'est une des plus grandes machines du Titien, dit-il, et celle où
il s'est élevé à la plus grande hauteur. La composition est équilibrée
et distribuée avec un art infini. La portion supérieure, qui est cintrée,

---

1. Santa Maria Gloriosa dei Frari, vaste édifice construit par les Frères mineurs de l'ordre
de Saint-François, en 1250.

C'est dans cette église que se trouve le mausolée du Titien en marbre gris. L'autel est
aussi orné d'un tableau du Titien connu sous le nom de *Pala del Pesaro*, figurant la Vierge
avec des personnages de la famille Pesaro.

représente le paradis, *la gloire*, pour parler comme les Espagnols dans leur langage ascétique; des collerettes d'anges noyés et perdus dans un flot de lumières à d'incalculables profondeurs, étoiles scintillantes sur la flamme, pétillements plus vifs du jour éternel, forment l'auréole du Père qui arrive du fond de l'infini avec un mouvement d'aigle planant, accompagné d'un archange et d'un séraphin dont les mains soutiennent la couronne et le nimbe.

« Le milieu du tableau, comme nous l'avons dit, est occupé par la Vierge Marie, que nous ne pouvons nous rassasier de contempler. Elle élève ses mains et ses yeux vers le ciel. Déjà elle voit le Père éternel qui lui tend les bras. Quelle richesse de draperies ondoyantes l'entourent! Ses pieds sont appuyés sur des nuages; une vive lumière l'entoure. C'est le port d'une reine; ce sont les inspirations d'une sainte! Une guirlande d'anges la soulève, ou plutôt l'entoure, car pour l'élever vers le ciel, elle a bien assez de l'ardeur, des désirs de son âme. Elle s'enlève par le jaillissement de sa foi robuste, par la pureté de son âme, plus légère que l'éther le plus lumineux. Deux ou trois petits anges, qui relient la zone intermédiaire aux apôtres qui sont au bas du plan, semblent leur expliquer le miracle qui se passe. Les têtes d'apôtres, d'âges, de caractères variés, sont peintes avec une force de vie et une réalité surprenantes. Les draperies ont cette largeur et ce jet abondant qui révèlent, dans le Titien, le peintre à la fois le plus riche et le plus simple [1]. »

1. Parmi les *Madones* italiennes que l'on a coutume de désigner soit d'après quelque attribut consacré par la dévotion, soit d'après quelque figure ou quelque objet dont leur image a été accompagnée par la fantaisie de l'artiste, nous citerons : la *Madone au Chat* et la *Madone du peuple*, du Baroche; la *Madone au saint Jérôme*, la *Madone au saint François*, la *Madone au Donataire* (*Madonna col Divoto*), tableau du musée de Munich, gravé par P. Bettelini, et la *Madone au Lapin* (*Madonna del Coniglio*), connue encore sous le nom de *Zingarella*, la *Petite Bohémienne*, par le Corrège; la *Madone au Lézard* (*Madonna della Lucertola*), copie d'après Raphaël, au palais Pitti, de Jules Romain; la *Madone à l'Hirondelle* (*Madonna dell'Arondinella*), du Guerchin; la *Madone au Trône* (*Madonna del Trono*), gravée par J. Felsing, 1834, d'Andrea del Sarto; la *Madone della Pieta*, du Guide, au musée de Bologne; la *Madone du Belvédère*, de Giacomo di Mino del Pelliciajo (1563), dans l'église de la Conception, à Vienne; la *Madone de la Fièvre* (*Madonna della Febvre*), image très ancienne et très vénérée des Italiens, gravée par P.-L. Bombelli (1784); la *Madone de la Miséricorde* (*Madonna della Misericordia*), très belle peinture de Fra Bartolommeo, dans l'église San Romano, à Lucques; la *Madone à l'Étoile* (*Madonna della Stella*), du Pinturicchio; la *Madone au long Cou* et la *Madone à la Rose*, du Parmesan; la *Madone des Grâces* (*Madonna delle Grazie*), gravée par P.-L. Bombelli, d'après Ant. Cavalluci, etc.

Guido Reni[1] ( 1575-1642 ) a aussi fait une *Annonciation*. Elle est à Rome, au palais pontifical. C'est un morceau d'une beauté célèbre; Marie est à genoux sur un prie-Dieu, petite escabelle en bois. Elle est couverte d'un voile et d'un long manteau. Ses mains sont croisées sur sa poitrine et elle écoute, les yeux baissés avec une grande attention et une visible humilité, les paroles de l'ange. De la main gauche, Gabriel présente à Marie une tige de lis, et, de la droite élevée, il semble lui montrer le ciel. Au haut du tableau, le Saint-Esprit apparaît sous la forme d'une colombe et lance un rayon lumineux sur la tête de la sainte Vierge. Un chœur d'anges, se tenant par la main et sortant des nuages, semble se réjouir. Ces esprits célestes portant des ailes garnissent le plein-cintre du tableau.

Un sculpteur, émule de Michel-Ange, Torregiani, a quelquefois représenté la Vierge Marie. Rappelons qu'il passa en Espagne et qu'il fit à Séville, pour le duc d'Arcos, une statue la *Madone portant le Bambino*. Le duc d'Arcos par une insultante moquerie, dont la cause ne nous est pas connue, paya l'artiste en maravédis, menue monnaie que deux hommes portaient dans des sacs. S'apercevant que cette menue monnaie ne représentait même pas 30 ducats, Torregiani, furieux et blessé dans son amour-propre, prit un marteau et brisa sa statue. Le duc fit mettre l'artiste en prison, où il se laissa mourir de faim en 1520. On conserve à Séville une très belle main de cette *Vierge* brisée, qui est posée sur l'un des seins et qu'on a maintes fois reproduite par des copies. Elle fait regretter la mutilation de la statue.

D'autres sculpteurs italiens ont aussi représenté la Vierge Marie. Nicolas de Pise et son fils Giovanni ont fait plusieurs statues de la Madone. Au seizième siècle, le beau sanctuaire de la Madone de Lorette a été orné de bas-reliefs et de statues relatifs à Marie sculptés par Raffaello de Montelupo, Andrea Contucci da Monte, San Savino, le Tribolo, Girolamo Lombardo, Francesco de San Gallo.

Jacopo Sansovino a sculpté aussi un très beau groupe en marbre de la Vierge et de Jésus dans l'église de Sant' Agostino, à Rome. Le type de la Vierge est des plus gracieux, on dirait une figure du Cor-

1. Le Guide.

rège mise en marbre. Lucca della Robbia [1], le célèbre émailleur de la
Renaissance, a fort souvent représenté la Madone en terre cuite ver-
nissée ; on en voit un grand nombre de représentations au musée des
Offices, à l'Académie des beaux-arts de Florence. On voit aussi de lui
un charmant *Couronnement de la Vierge* au-dessus de la porte de
l'église d'Ognissanti [2].

Citons encore pour les Italiens : Un groupe de bronze la *Vierge
dans les Nuages*, par Giovanni Bianchi ; les *Madones* de Benedetto de
Majano, dans l'église de la Miséricorde de Florence; de Serpoletta, dans
la cathédrale de Palerme; de Bernardo Schiaffino, dans l'église de
Santa Maria della Consolazione, à Gênes; de Toti, dans la cathédrale
d'Orvietto; de Girolamo Ticciati, dans le baptistère de Florence.

1. 1400-1481.

2. Citons encore de cet artiste *la Vierge adorant l'Enfant-Dieu*, espèce de bas-relief au
centre d'un cadre rond semblable à un grand plat. La Vierge a une figure d'une grande douceur, et elle adore son Fils avec une tendresse ineffable. L'autre, *la Madone portant le Bambino*, est un très beau groupe en ronde-bosse.

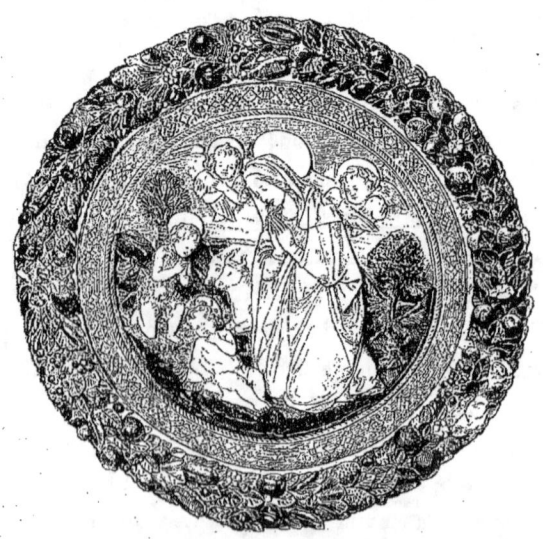

La Vierge adorant l'Enfant-Dieu.
Terre cuite d'après Lucca della Robbia. — Seizième siècle.

# CHAPITRE VII

## LES VIERGES DE RAPHAEL

ANS la liste des plus grands artistes de la Renaissance italienne, il faut mettre en tête Raphaël[1] et Michel-Ange, qui ont peint un assez grand nombre de *Vierges* de toute beauté. En raison de la place qu'ils occupent dans l'histoire de l'art, nous consacrerons un chapitre spécial aux œuvres de ces deux maîtres figurant l'image de la *Vierge Marie*.

La Vierge à la Chaise, d'après Raphaël.
Quinzième siècle.

C'est surtout à ses *Madones* que Raphaël dut sa renommée, on peut dire qu'il est le *Peintre de la Madone*.

C'est dans les tableaux représentant des madones, qu'on aperçoit la différence qui existe entre la conception artistique de Michel-Ange et celle de Raphaël. Si Michel-Ange a la séduction de la grandeur et de la forme, Raphaël a la séduction de la douceur et de la grâce[2].

Michel-Ange a été sévère et sublime, Raphaël a été tendre et doux.

Les *Madones* de Michel-Ange sont graves et austères, les *Madones* de Raphaël sont suaves et souriantes.

1. On trouve de Giovanni Santi, le père de Raphaël, une assez belle *Vierge trônant*, entourée de saints, dans l'église de San Francesco, à Milan. Ce grand tableau, plein de sentiments, renferme les portraits des donateurs de la famille Ruffi. La tête de la Vierge est des plus gracieuses.

2. « Jamais encore la maternité n'avait été glorifiée avec une poésie, avec un éclat si grand. L'amour maternel avait trouvé sa plus haute et sa plus lumineuse expression dans les madones peintes par Raphaël. » (Eugène Müntz, *Raphaël et son temps*.)

Les *Vierges* de Michel-Ange sont des Vierges théologiques, il faut avoir l'âme d'un penseur et la foi d'un profond catholique pour les bien comprendre, pour les bien admirer. Devant elles, c'est une vague crainte, un nuage de tristesse, la peur de n'être pas assez juste et bon qui s'empare du croyant qui les contemple.

Les *Vierges* de Raphaël sont moins grandioses, moins terribles, moins sévères ; elles sont moins dans le ciel et plus sur la terre, elles sont moins théologiques et plus humaines. Elles sont si belles ces Vierges, leur sourire est si doux, si engageant, que c'est en ployant le genou et leur adressant une muette prière qu'on les contemple.

C'est bien là, la Vierge belle, candide et pure, à laquelle l'ange Gabriel venait dire à genoux dans une prière d'admiration et de respect : « Je vous salue, Marie pleine de grâce... »

Il semble qu'on peut s'adresser à elle, l'on ne sera jamais repoussé ; ses beaux yeux, où brille l'azur des cieux, sont pleins de promesses ; ses lèvres, si pures que l'abeille pourrait les prendre pour le calice d'une fleur, semblent déjà accorder les grâces qu'on lui demande.

La jeune fille qui se prosterne devant la Madone de Raphaël pour l'implorer et attirer sur elle les grâces de son intercession, se relève avec l'allégresse dans l'âme, car elle a lu l'espérance et la joie pure et ineffable dans le regard de la douce Vierge Marie.

Dans l'œuvre de Michel-Ange, la Vierge regarde son divin Fils, non seulement avec amour, mais aussi avec tristesse ; on dirait qu'elle songe déjà à tout ce qu'il sera obligé de souffrir pour le salut des hommes ; c'est une grave pensée morale qui accompagne son sourire maternel.

Dans Raphaël, la Madone ravie contemple son divin et cher Bambino avec une expression pleine de douceur, de câlinerie, de grâce, où l'amour maternel seul a sa place ; son sourire est pur, sans amertume, sans aucune arrière-pensée. Elle voit son Fils jeune et beau comme un Dieu, et elle lui sourit, rien de plus ; rien ne vient attrister et inquiéter son âme de mère : l'allégresse, la joie et le pur contentement, brillent seuls sur son visage.

Comme il a représenté Dieu sévère et justicier, le grand Michel-Ange a représenté sa chère Mère ; il en a fait une *grande et splendide*

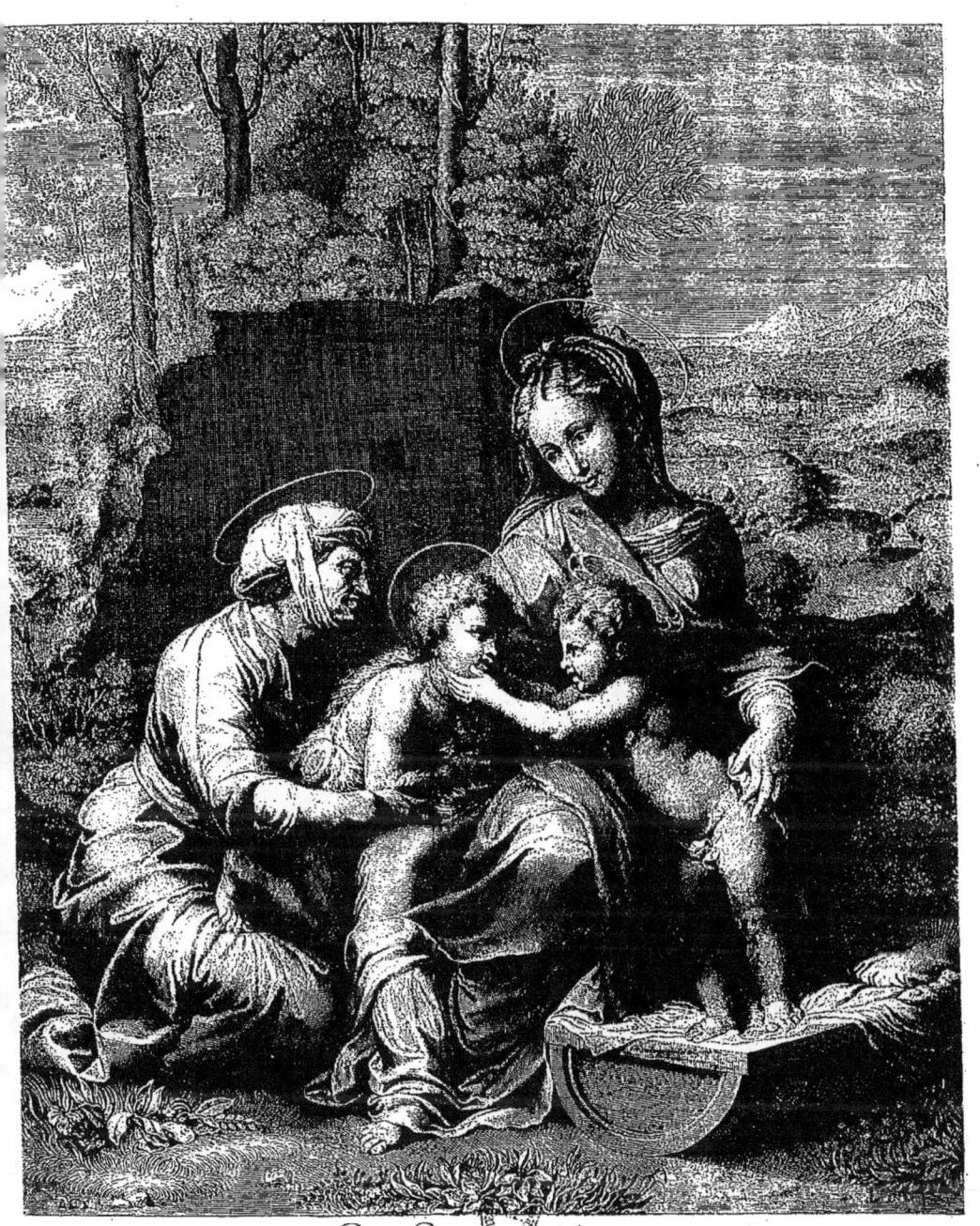

*La Sainte Vierge*

D'après le Raphaël, qui est dans le Cabinet du Roy, peint sur bois.
de la mesme grandeur de l'Estampe gravé par François de Poilly, retablie par Charles Simonneau

*figure théologique*, il a montré la mère du Christ qui laisse de côté les joies humaines pour rester tout entière à son devoir.

Raphaël a été plus humain, plus mondain ; il a fait de la Vierge la plus belle d'entre les belles ; il n'a pas pensé à la théologie, aux devoirs si graves qui devaient incomber à la mère de Dieu fait homme, il n'a cherché à faire de la Vierge que le type de la grâce, de l'infinie beauté, de la tendresse maternelle.

Aussi est-ce comme le peintre charmant des ravissantes Madones que Raphaël doit surtout sa grande et universelle popularité.

Dans ses *Vierges*, Raphaël a su créer magistralement des types d'une pureté, d'une beauté et d'une grâce incomparables.

« Raphaël, a écrit un écrivain d'art distingué [1], nous a fourni dans ses *Vierges* un incomparable enseignement. Il a libéralement accepté toutes les conditions du progrès, et il les a religieusement soumises à toutes les exigences de la tradition. Nul n'a si bien réussi dans cette conciliation difficile. Les *Vierges* de Léonard s'éloignent trop complètement de la simplicité traditionnelle ; à force de mystère et de fascination, elles sont impénétrables ; les *Vierges* de Michel-Ange ont trop l'ostentation de la science, elles visent trop ouvertement à la grandeur pour y pouvoir atteindre au point de vue religieux ; elles ont enfin trop le sentiment de leur force pour être vraiment humbles ; les *Vierges* du Titien se complaisent trop exclusivement dans la réalité pour arriver jusqu'à l'idéal ; les *Vierges* du Corrège ont trop de séductions mondaines pour élever l'âme bien au-dessus de la terre. Le difficile était d'oser assez, en se préservant de l'orgueil, et de conquérir, dans la soumission, une entière indépendance... Raphaël est le premier des peintres, parce que, plus que tout autre, il a joui de ce calme et de cette paix profonde... Sans perdre de vue la nature, il est en adoration perpétuelle devant l'idéal ; il le considère comme la loi suprême, et, convaincu qu'il n'en pénétrera jamais l'essence, il tend vers lui sans cesse avec humilité. C'est ce que nous montrent par-dessus tout ses *Vierges*, si bonnes et si naturelles

1. M. Gruyer, de l'Institut.

dans leur maternité divine, qu'en les respectant de toute son âme on les aime en même temps de tout son cœur. Jamais la poésie chrétienne n'a rencontré d'expressions plus sublimes, jamais elle n'a retrouvé le secret de pareils enchantements. Si Raphaël n'avait voulu peindre que de belles femmes, son œuvre aurait été d'autant plus vite oubliée qu'elle eût été suspecte de profanation. Mais il a visé plus juste et plus haut. Épris de la science, il l'a dépouillée de toute sécheresse et de toute aridité. A mesure que se perfectionnaient en lui le sentiment de la nature et la connaissance de toutes les traditions, se développait aussi le sentiment de la divinité... Ce qu'on éprouve surtout devant les *Vierges* de Raphaël, c'est une sérénité, un calme, une paix qui semblent venir de Dieu même. »

« Ce qui caractérise Raphaël parmi les autres peintres, a dit Théophile Gautier, c'est l'invention du type de la *Madone*. Ses *Vierges* répétées à profusion l'ont rendu populaire, si un tel mot peut s'appliquer à ce que l'art a produit de plus élevé, de plus pur et de plus chaste... Sans doute, avant lui, les gothiques avaient peint des Vierges d'une naïveté charmante, des Enfant-Jésus d'une adorable puérilité. Une foi vive rayonnait avec les fils d'or de l'auréole de ces têtes timides inclinées sur de longues mains jointes ; mais la beauté suprême n'y était point : à Raphaël fut donné de fondre toutes les perfections humaines dans un type céleste. La Vénus grecque, si fière de ses charmes, dut s'avouer vaincue devant la *Madone*. »

M. J. Coindet, dans son *Histoire de la peinture en Italie*, fait observer qu'il y a dans les *Madones* de Raphaël *deux catégories* très distinctes : « L'une est la représentation de la Vierge au point de vue terrestre, c'est la femme, la mère, mais ce n'est point la Reine des cieux ; l'autre, c'est la Mère du Sauveur, la Vierge divinisée. A cette dernière catégorie appartiennent la *Madone de Foligno*, la *Madone de Saint-Sixte*, la *Vierge au Poisson*. A la première catégorie appartiennent la *Vierge à la Chaise*, la *Belle Jardinière* et la plupart des *Madones* qu'on trouve dans les galeries. » La *Madone de Saint-Sixte*, la dernière des Vierges créées par le génie de Raphaël, est aussi celle qui atteint au plus haut degré de perfection. « C'est cette *Madone*, dit Passavant, qui certaine-

ment a le plus contribué à faire qualifier de *divin* son sublime auteur.
Elle porte sur ses traits une incomparable expression de noblesse et
d'innocence, de douceur et de modestie. Elle ne ressemble même point,
dans sa partie technique, à aucun autre des ouvrages de Raphaël :
quoique son exécution soit d'une simplicité qui étonne, elle n'a rien de
ce matériel plastique qui n'est fait que pour charmer les yeux. Tout y
est vu à travers le prisme de l'enthousiasme. »

Devant les *Vierges* de Raphaël, il n'y a pas seulement des gens qui
regardent avec le plaisir des yeux, il y en a qui prient. Les douleurs
de la Passion sont encore loin : c'est l'impression heureuse qui domine
dans les toiles du charmant peintre d'Urbin. « Oui, c'est bien ainsi
que devait être aux premières lueurs de l'aube naissante, dans ce riant
pays de Galilée, la jeune Vierge un peu pensive, mais si tendre et si
bonne. » Qu'il s'agisse des tableaux de simple madone, où la Vierge
est seule avec l'Enfant-Jésus et quelquefois le petit saint Jean, comme
dans la *Belle Jardinière,* la *Vierge au Voile,* du Louvre, ou la *Vierge
à la Chaise,* du musée de Florence ; qu'il s'agisse des compositions plus
vastes qu'on appelle les *Saintes Familles,* comme la célèbre peinture
faite à l'adresse de François Iᵉʳ ; qu'il s'agisse enfin des toiles où la
Vierge, portée sur les nuages avec son divin Enfant, apparaît à de
saints personnages, telles que les Vierges de Foligno ou de Dresde,
partout se retrouvent réunies ces idées d'innocence, de pureté virginale,
de grâce et de noblesse, dont Raphaël a épuisé toutes les expressions.

\*
\*. \*

Nombreuses sont les toiles dans lesquelles Raphaël a représenté la
*Vierge Marie.*

On peut classer les *Vierges* de Raphaël en deux catégories : celles
des Vierges qu'il fit dans sa première jeunesse, et qui sont surtout
ingénues et riantes, et celles où il a ajouté l'expression de l'amour
maternel.

Les plus populaires de ces tableaux de madones sont : la Vierge de
la *Sainte Famille dite de François Iᵉʳ,* la Vierge appelée la *Belle*

*Jardinière*, la *Vierge au Voile* ou *Vierge au Linge*, qui se trouvent au musée du Louvre, et la *Vierge à la Chaise* de Florence.

La composition connue sous le nom de la *Belle Jardinière* nous montre la Vierge, l'Enfant-Jésus et le jeune saint Jean.

La Vierge assise, vue de trois quarts tournée à gauche, contemple l'Enfant-Jésus, qui est debout, appuyé sur elle, et la regarde ; le jeune saint Jean, à genoux devant le Christ, à droite, tient une petite croix de jonc. On aperçoit dans l'éloignement, du même côté, une ville et des clochers ; à gauche, une rivière qui coule au pied de montagnes élevées[1].

C'est en parlant de la *Belle Jardinière* que Charles Blanc a écrit : « Il peignait alors les enfants doux et tendres, pleins d'une sécurité naïve et d'une grâce ingénue. Leurs membres délicats, recouverts d'une carnation fraîche et potelée, ne présentaient pas encore ces formes ressenties, ces bourrelets, cette peau brune qu'il leur donna plus tard. Quel délicieux tableau ! Quelle idylle charmante ! Avec quel amour l'Enfant-Dieu presse les genoux de sa Mère, en posant un de ses petits pieds sur le pied blanc de Marie ! Avec quelle admiration le contemple le fils d'Élisabeth ! Dans le fond, c'est une campagne riante, où poussent des arbres légers, dont le feuillage laisse transparaître le ciel. Mais le regard est bientôt ramené vers ces trois figures si simplement groupées parmi les fleurs de la prairie, et qui respireraient tant de paix et de bonheur, si l'on ne croyait voir un air sérieux et pensif sur ce visage de Vierge, que n'effleure aucun sourire. »

La *Sainte Famille*, dite *de François Ier*, du musée du Louvre, a été popularisée par la gravure. La composition en est charmante. L'Enfant-Jésus s'élance de son berceau dans les bras de sa Mère assise à droite ; il est adoré par saint Jean, qui lui est présenté par sainte Élisabeth assise à gauche. Un ange répand des fleurs sur la Vierge, un autre se prosterne ; à droite saint Joseph, la tête appuyée sur la main, est absorbé dans la méditation[2].

---

1. Il existe un grand nombre de copies anciennes de ce tableau. On en voit au musée d'A-vignon, au palais de l'Escurial, dans les galeries de Dresde, de l'Ambrosine à Vienne.
2. Au sujet de ce tableau on trouve dans l'inventaire de Bailly (1709-1710) cette note :

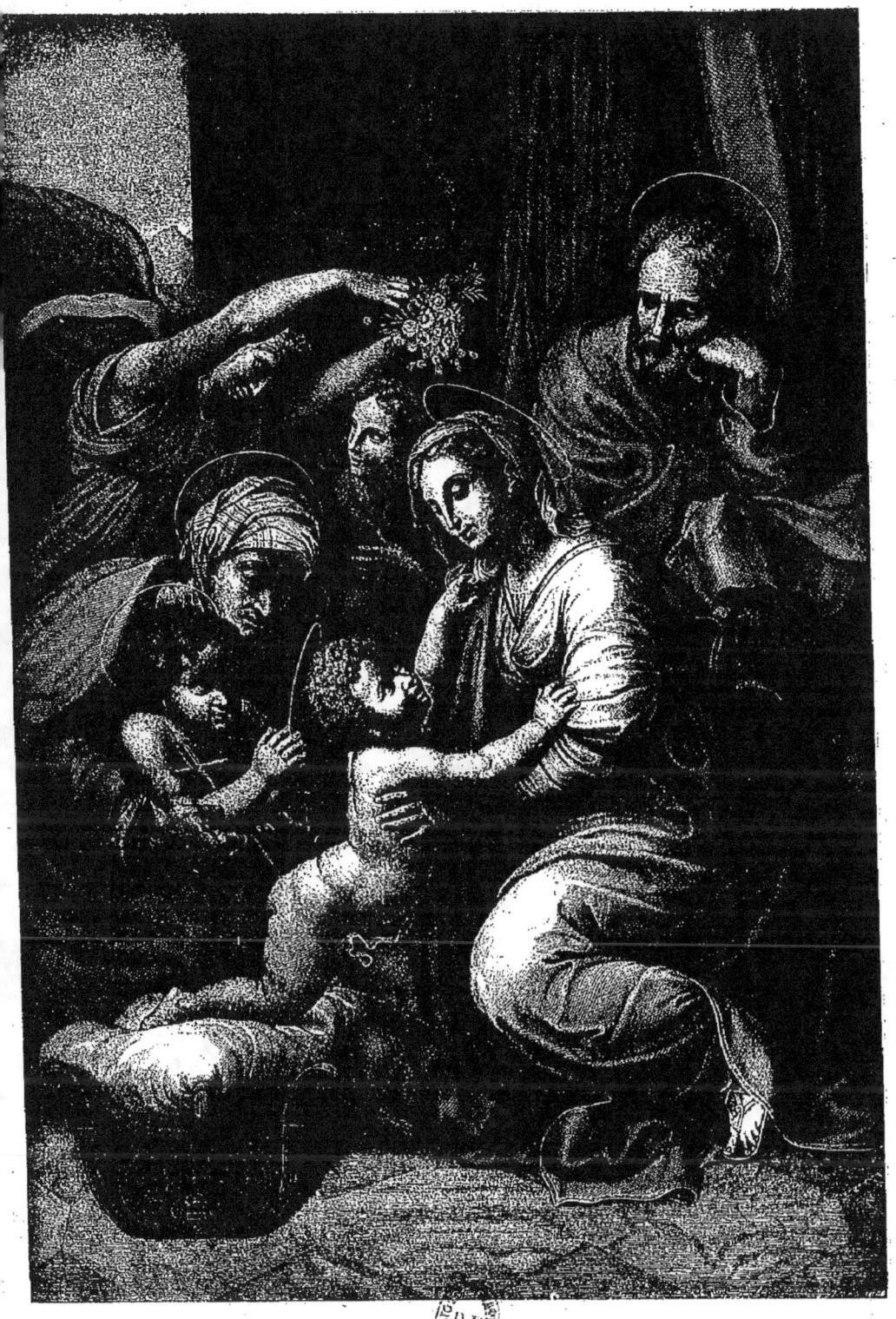

La Sainte Famille dite de François I<sup>er</sup>, d'après le tableau de Raphaël au musée du Louvre.
Seizième siècle.

Cette *Sainte Famille*, dite *de François I<sup>er</sup>*, fut exécutée par Raphaël à la plus haute époque de sa gloire et de son talent.

« Aucune autre de ses compositions, a écrit M. Guizot, ne porte un caractère si pur pour le style, si grave et si saint dans l'expression. Une pensée céleste semble animer tous les personnages. On dirait que l'amour maternel lui-même ose à peine approcher cette Vierge, uniquement occupée de l'enfant qu'elle a mis au monde, non pas pour elle, mais pour le monde. Elle ne laisse pas deviner si c'est comme mère ou comme servante du Dieu auquel elle obéit qu'elle a choisi cette attitude pieuse, à laquelle correspond l'expression de toute sa personne. Nulle part Raphaël ne l'a représentée si jeune, ni plus noble et plus sérieuse. Nulle part le caractère de la virginité consacrée n'a été plus empreint dans tout son maintien, ne lui a imposé autant de réserve ; ses paupières baissées voilent le regard qu'elle attache sur son enfant ; le sourire craint d'effleurer ses lèvres ; il semblerait qu'elle évite de se laisser trop aller au charme des caresses de ce fils adoré, mais qu'elle veut adorer comme l'ordonne le Seigneur, qui l'a chargée d'un si précieux dépôt. L'enfant, de son côté, ne lui a jamais montré une tendresse si vive, si complaisante ; sa grâce enfantine n'a pas l'air de demander des caresses, mais de les encourager. »

Le tableau dit de la *Vierge au Voile* nous montre la Vierge, l'Enfant-Jésus endormi, et le jeune saint Jean.

L'Enfant-Jésus repose sur un drap et un oreiller placé à gauche, sur une pierre ; la Vierge, vue presque de profil, le front ceint d'un diadème, accroupie et tournée vers son Fils, soulève le voile dont il est couvert pour le montrer. Saint Jean, représenté de profil, agenouillé à droite, et les mains jointes dans l'attitude de l'adoration. Dans le fond, des édifices en ruines.

On a désigné cette composition de plusieurs manières. Lépicié dit qu'elle est connue sous le nom de *Silence de la sainte Vierge*; d'anciens catalogues lui donnent le nom de *Vierge au Linge*; on l'a appelée

---

« Peint au bas et dans une bordure dorée avec deux volets doublés de velours vert, peint par-dessus d'ornements rehaussés d'or. » Ces volets ont dû être détruits à la Révolution et le tableau a été depuis transporté.

aussi la *Vierge au Voile*, *au Diadème*, ou le *Sommeil de Jésus*. On
sait peu de chose sur l'histoire de ce tableau, qui n'est pas cité par
Vasari. Voici ce qu'en dit Germain Brice (*Description de la Ville de
Paris ;* Paris, 1752, t. 1, p. 435), en parlant de l'hôtel bâti en 1620,
par Raymond Phélypeaux de la Vrillière, secrétaire d'État, acquis en
1713 par Louis-Alexandre de Bourbon, comte de Toulouse, prince légi-
timé : « L'on y a vu longtemps une suite d'excellents tableaux des
plus grands maîtres que ce grand ministre avait rassemblés, et qui
donnait une grande idée de la justesse de son goût. Un des principaux
était un beau tableau de Raphaël, représentant la sainte Vierge qui
considère l'Enfant-Jésus endormi, lequel a passé, en 1278, dans le cabinet du prince de Carignan, et dont on a une si belle estampe gravée
par François Poilly. »

Ce tableau est en effet porté sur l'état des peintures de la collection
du feu prince de Carignan, choisies par le peintre H. Rigaud et achetées
en 1742, pour le roi, par Noël Araignan, écuyer valet de chambre de
la reine.

La *Vierge à la Chaise*, *Madonna della Seggiola*, se trouve dans la
salle de Mars de la galerie Pitti, à Florence. C'est l'une des Vierges
les plus populaires de Raphaël et une des œuvres les plus célèbres,
non seulement de cet artiste de la peinture italienne, mais de l'art tout
entier.

« Trois personnes sont réunies, sont pressées dans un étroit cadre
rond, et malgré cette difficulté prodigieuse, que Raphaël sans doute
ne cherchait point et qui lui était imposée par une commande, l'arrangement est si naturel, si gracieux, si parfait, qu'on pourrait le supposer
du choix de l'artiste, et qu'au lieu d'y trouver la moindre raideur, le
moindre embarras, comme dans les difficultés vaincues, on y sent toute
l'aisance et toute la naïveté d'une création spontanée. Saint Jean, relégué
un peu dans l'ombre, adore timidement, humblement, celui dont il se
contentera d'être le précurseur. L'Enfant-Jésus, en qui éclatent l'intelligence et la bonté, mais qui paraît un peu pâle et souffrant, sourit avec
tristesse. Il me semble qu'on lit déjà, dans l'ineffable expression de
son visage, le sentiment de la victime résignée à un sacrifice qui lais-

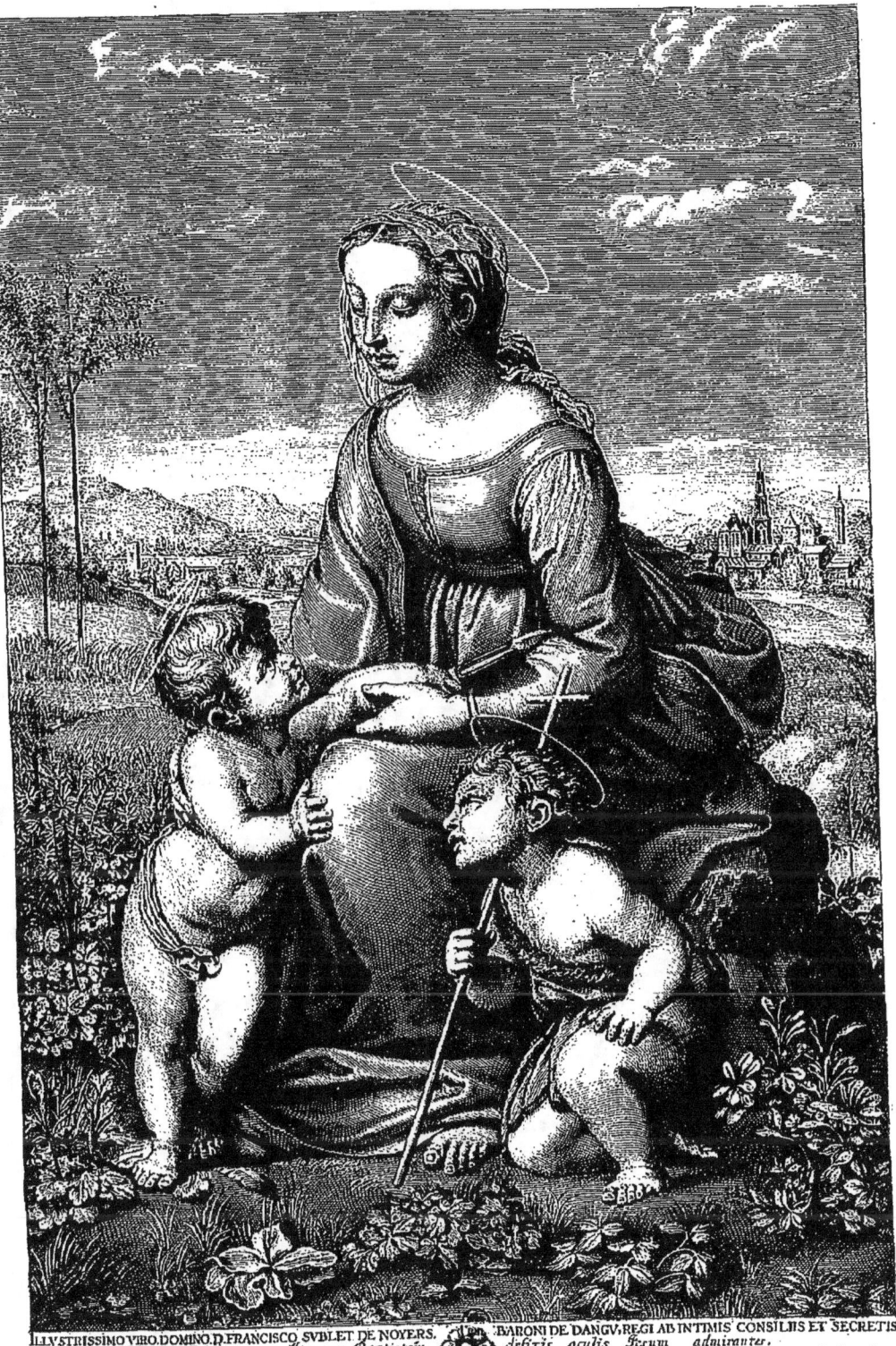

ILLVSTRISSIMO VIRO DOMINO D. FRANCISCO SVBLET DE NOYERS, BARONI DE DANGV. REGI AB INTIMIS CONSILIIS ET SECRETIS.
Mariam Virginem, et Joannem Baptistam, defixis oculis Ferum admirantes.
Qui a Raphaële Vrbinate picti, a Francisco primo in Regia Lupará collocati hodieque uisuntur, Sculpro Suo ad felicissimi
exemplaris imitationem expressos offert. Dicat, consecrat, Omni Officiorum genere mancipatus Clicus Aegidius Rousselet.

La Belle Jardinière; d'après le tableau de Raphaël Sanzio au musée du Louvre.
Seizième siècle.

sera, parmi les hommes qu'elle aura sauvés, plus d'ingratitude encore que de reconnaissance et d'amour. Quant à la Vierge, penchée et comme arrondie sur le corps de son enfant, qu'elle serre en ses bras, mais détournant le regard et le portant sur le spectateur, elle s'éloigne manifestement du type ordinaire des *Vierges* de Raphaël et de toute l'École qui l'avait précédé. C'est la seule de ses madones qui ne baisse pas les yeux, qui les jette autour d'elle. Plus belle encore que la *Vierge du Grand-Duc* et que la *Vierge au Chardonneret* et parée d'étoffes riches et brillantes, elle est le modèle de la beauté idéale[1]. »

C'est dans la galerie de Dresde que se trouve la *Vierge de Saint-Sixte,* la *Madonna di san Sisto* de Raphaël, une merveille.

Elle lui avait été commandée pour le maître-autel du couvent des Bénédictins de Saint-Sixte, à Plaisance, elle fut achetée en 1753, par l'électeur de Saxe et roi de Pologne Auguste III, moyennant 20 000 ducats[2]. C'est un rêve offert par l'artiste à l'admiration et à la piété des hommes. C'est une véritable *Apparition de la Vierge Marie.* On ne saurait vraiment dépeindre la beauté morale qui rayonne sur le visage de la Vierge-Mère, son regard profond, son front sublime, son air austère, chaste et doux.

C'est la reine incontestée de toutes les galeries du monde.

Cette *Vierge de Saint-Sixte* est plus qu'une simple *Madone*, qu'un portrait de Marie Immaculée, c'est une apparition de la Vierge.

En contemplant cet admirable chef-d'œuvre, M. Viardot a écrit : « La Vierge, n'est-ce pas un être céleste et radieux ? n'est-ce pas une apparition ? (Oui, c'en est une.) Quel œil humain pourrait se lever sur elle sans baisser la paupière? Aucun, j'en suis certain, même du plus ignorant ou du plus impie..... Et ce qui frappe ainsi, ce qui touche au fond de l'âme et des entrailles, ce n'est pas une savante combinaison de lumière et d'ombre..... c'est l'irrésistible puissance de la beauté morale qui rayonne sur le visage de la Vierge-Mère; c'est son regard profond, c'est son front sublime, c'est son air austère, chaste et doux. »

1. Viardot, *Musées d'Italie.*
2. Plus de 200 000 francs.

M. Viardot parle ensuite du saint Enfant-Jésus : « Quoi de plus étonnant, de plus surhumain que cet Enfant au front méditatif, à la bouche sérieuse, à l'œil fixe et pénétrant, cet Enfant d'aspect terrible qui sera le Christ courroucé de Michel-Ange !

« Quel recueillement, quelle piété, quelle sainteté dans la tête du pape Sixte I$^{er}$, couronné du nimbe des bienheureux ? Quoi de plus noble, de plus gracieux, de plus tendre que la sainte martyre de Nicomédie, à qui ne manque aucun genre de beauté, pas même ce *teint de froment*, si célèbre parmi les Pères de la primitive Église..... Enfin, quelle ineffable beauté de tout ce qui compose ce groupe, vieillard, enfant et femme..... Ce qui touche au fond de l'âme et des entrailles, répétons-le, c'est je ne sais quoi de primitif, d'inculte et de sauvage, qui marque la femme élevée loin du monde, dont elle ne connut jamais les fêtes, toutes les riantes et mensongères frivolités. »

Enfin, M. Viardot conclut en ces termes : « La *Madone de Saint-Sixte* est merveilleusement propre à ce double résultat : faire connaître et adorer Raphaël ; éveiller dans les âmes qui s'ignorent, l'instinct du beau, le goût des arts. Posséder ce chef-d'œuvre au centre des États germaniques est donc un bonheur, comme une gloire, pour l'Allemagne tout entière. »

« Il faut, a dit Charles Blanc en parlant aussi de la Vierge de Saint-Sixte, que Raphaël l'ait conçue dans un moment d'extase, qu'il ait été ravi en songe dans le ciel. La Vierge y est d'une beauté surhumaine ; son visage exprime une joie ineffable, une sévérité séraphique. Elle marche au milieu des chérubins, plus légère que les nues, et porte dans ses bras un enfant au regard fixe, profond, sincère. Ces deux figures agenouillées du pape saint Sixte et de sainte Barbe font encore éclater par leur caractère terrestre, et celle-ci par une désinvolture un peu mondaine, l'expression vraiment divine de la Vierge et de son enfant. Dans le fond, c'est une multitude confuse et lumineuse de visages éthérés.

« La sublimité du groupe supérieur reparaît dans les figures des deux chérubins attentifs et ravis, qui, en contemplant la Vierge, ramènent nos regards vers cette figure céleste..... Quand nous vîmes la *Madone*

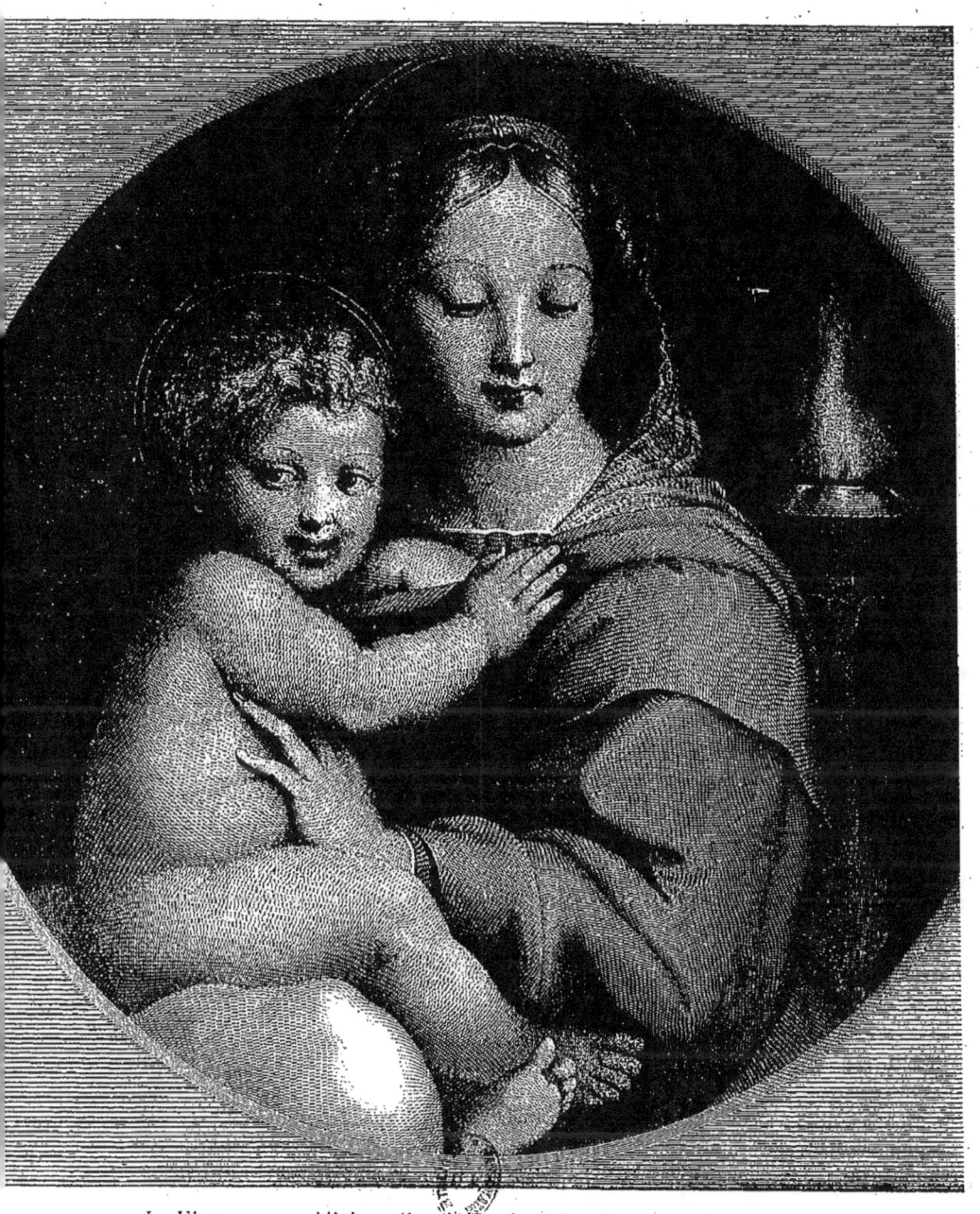

La Vierge au candélabre, d'après Raphaël Sanzio. — Seizième siècle.

*de Saint-Sixte* au musée de Dresde, après d'autres *Vierges* de Jules Romain et du Corrège, il nous sembla que nous ne respirions plus le même air, qu'une fenêtre venait de s'ouvrir sur le paradis. Nous passions du sentiment des choses réelles à l'intuition de ces régions idéales où s'éleva, dans un rêve d'or, le plus grand des peintres[1]. »

Or, comme on le voit, ce tableau est réputé pour sa grâce sans pareille.

La *Madone de Pescia*, plus connue sous le nom de la *Vierge au Baldaquin*, dut aussi être peinte en 1508. Ce sera toujours à elle, a dit Rio, que la palme sera décernée. Raphaël savait en y travaillant que cette image de la Mère de Dieu avec son Fils devait être placée dans la plus belle église de Florence, dans celle du Saint-Esprit, regardée comme le chef-d'œuvre de Brunelleschi. Pour une si grande destination, il fallait autre chose qu'une de ces Mères gracieuses de la Sainte Famille, avec lesquelles son pinceau était dès longtemps familiarisé. Il fallait une œuvre imposante et solennelle qui fût digne d'être l'objet d'une dévotion publique. Sous le rapport des dimensions, Raphaël n'avait encore rien entrepris de pareil. Il y conserva le style pur de l'École ombrienne qu'il savait alors parfaitement allier avec le large et le grandiose du dessin, et avec les progrès légitimes des parties techniques et subalternes de l'art. Jamais, pendant le séjour de Raphaël à Florence, le paganisme, qui cependant était bien en vogue parmi les graveurs et les artistes, ne souilla son pinceau ; et même il est remarquable qu'aucun biographe ne nous atteste clairement qu'il soit allé demander des inspirations et copier des modèles en présence des statues antiques qui avaient été transportées à grands frais dans les jardins de Médicis.

Le baldaquin qui surmonte le trône élevé où la Vierge est assise, est évidemment une imitation de Fra Bartolommeo, dont l'influence se fait d'ailleurs sentir dans plusieurs parties du tableau, traitées avec un goût de dessin beaucoup plus libre qu'à l'ordinaire. Peut-être aussi le carton de la guerre de Pise, terminé par Michel-Ange en 1506, commençait-il à produire son effet sur Raphaël[2].

1. *École Italienne.*
2. « Quand Raphaël composa ce tableau, dit Duchesne, il avait encore quelque chose de la

La *Vierge au Donataire* ou *Vierge de Foligno* est une des plus célèbres des Madones glorieuses et triomphantes dont le trône est entouré par des bienheureux en adoration.

On sait que ce tableau fut commandé au peintre d'Urbin par un camérier du pape Jules II, Sigismondo Conti. Raphaël, en reconnaissance, l'a d'ailleurs placé à genoux, dans le groupe de gauche, en face de saint Jean-Baptiste.

C'est un admirable portrait de vieillard, dont la saisissante réalité forme une très heureuse opposition avec le caractère si céleste donné à la Vierge Marie et à son Fils. De là vient le nom de la *Vierge au Donataire*. Ce tableau est aujourd'hui au musée du Vatican.

La *Vierge à la Perle* est une toile populaire. Parlant de *la Vierge à la Perle*, Émeric David a dit : « Le mot par lequel Philippe IV a exprimé la sensation que lui faisait éprouver ce tableau riant donne, en effet, une idée juste du genre de mérite qui le caractérise et de la perfection qui le distingue. Rien de plus achevé, rien de plus pur parmi les ouvrages de Raphaël. Nous y voyons réuni tout ce que le pinceau de ce maître avait de vérité, d'esprit et de délicatesse... Belle, douce et modeste, déjà la Vierge appartient au ciel autant qu'à la terre. Sur son visage pudique s'impriment, sans se confondre, les sentiments différents dont elle est animée. Elle chérit saint Jean, mais son amour n'est point celui d'une mère, elle y associe des idées de supériorité et de protection. En retenant son fils avec une tendre sollicitude, elle semble dire au Précurseur : Tu n'es point son égal. Le caractère que Raphaël a donné généralement à l'Enfant-Jésus est une des inventions les plus poétiques de ce grand peintre. Le type est celui d'un Hercule enfant. Les extrémités sont, toutefois, plus déliées et les contours plus fins. On voit dans les mouvements, comme dans les traits de cet être extraordinaire, une surabondance de forces qu'accompagne une grâce extraordinaire. Tel est ici l'Enfant divin, et sa joie paraît encore l'embellir... Malgré le choix de ses formes, saint Jean est loin de la beauté

manière simple du Pérugin, son maître, et il s'y trouve toute la naïveté et toute la grâce dont il perdit quelque chose en voyant les ouvrages de Michel-Ange. L'Enfant-Jésus est plein de charme ; les anges sont ravissants ; enfin les draperies sont étoffées avec un talent dont personne n'a pu approcher depuis. »

du Sauveur. La différence qui distingue ces deux enfants est la même dans toutes les *Sainte Famille* de Raphaël : l'un des deux paraît toujours le fils d'un homme, l'autre toujours un Dieu. Le costume de la Vierge nous offre la simplicité élégante que Raphaël n'oublie jamais. Les tresses de ses cheveux et le voile qui descend de sa tête en ondoyant sont ajustés avec autant de grâce que de dignité. Le coloris, quoique légèrement obscurci par le temps, conserve une vigueur, une finesse et une harmonie ravissantes. Il est des parties que les écoles vénitiennes n'auraient pas surpassées. Les teintes du corps de l'Enfant-Jésus sont aussi brillantes que les profils de cette figure sont purs, les mouvements vifs et gracieux. La délicatesse du pinceau tient ici du prodige chez un maître que l'élévation de ses pensées dut si souvent distraire des soins minutieux de l'exécution. Au milieu des ombres les plus fermes se fait admirer tout le relief de la nature. Le paysage, orné de petites figures, charme l'œil par la précision des détails et par la transparence des lointains, et jusque dans les profondeurs de l'édifice en ruine, où l'on aperçoit saint Joseph, circule une lumière douce et argentine. Chef-d'œuvre de goût, ce tableau enfin renferme tous les genres de perfection propre au sujet, et la critique la plus sévère y découvrirait difficilement quelque négligence. La composition, le dessin, l'expression, la couleur, offrent dans toutes les parties un mérite à peu près accompli. »

« A ceux que séduisent partout la grâce et le charme attrayant, dit M. Viardot, à ceux qui trouvent, par exemple, dans le Corrège le comble de l'art, il est permis de préférer cette *Vierge à la Perle* à toutes celles que se sont partagées les nations. Je ne sais trop d'où vient le nom qu'elle porte. Les uns prétendent qu'à la vue de ce tableau qu'il venait d'acheter, moyennant 3 000 livres sterling, de la veuve de Charles Ier d'Angleterre, qui le tenait lui-même des ducs de Mantoue, Philippe IV s'écrie : « Voici ma perle ! » D'autres ont découvert, au premier plan, un petit coquillage qu'on pourrait prendre à la rigueur pour une huître perlière. Mais laissons le mot, et venons à la chose.....
Au milieu du groupe ordinaire, à qui Raphaël, peignant tant de fois le même sujet, a donné un arrangement toujours heureux comme tou-

jours nouveau, se distingue la Vierge par sa beauté même exquise. »

La *Vierge au Poisson* qui se trouve au musée de Madrid est une grande toile. « C'est une de ces *Vierges glorieuses* auquel le peintre donne l'entourage qui lui plaît, de prophètes, de docteurs, de saints comme a fait Raphaël, après Fra Angelico, Francia, le Pérugin, les Van Eyck, Memling et tant d'autres. Soutenant le divin *Bambino*, qui se tient debout sur les genoux de sa mère, la Vierge de Madrid siège aussi sur un trône de gloire, d'où elle semble donner audience, comme ferait une reine régente au nom d'un enfant-roi.....

« La *Vierge au Poisson* est à la fois la plus grave et la plus touchante des Madones de Raphaël. Un adolescent, aux longs cheveux bouclés, le jeune Tobie, à ce que l'on croit, vient présenter à la Vierge le poisson miraculeux dont le foie a rendu la vue à son père. Dans sa ferveur respectueuse, il ose à peine s'approcher du trône, et il faut que l'ange qui lui sert de protecteur l'attire vers la Reine des cieux et, saisissant sa main, l'élève vers elle. Marie abaisse sur le jeune suppliant ses regards, dans lesquels la noblesse se mêle à la douceur, tandis que son fils, se levant sur ses genoux, étend la droite vers lui comme pour lui donner sa bénédiction. De la main restée libre, « le Bambino » couvre une page du volume dans lequel saint Jérôme était occupé à lire, et suspend ainsi les méditations du pieux solitaire, qui dirige à son tour ses regards vers le groupe de gauche. Telle est l'action dans toute sa simplicité et toute sa grandeur.

« On a beaucoup discuté sur la signification de la *Vierge au Poisson*. L'explication donnée par Passavant est, somme toute, la plus satisfaisante ; les maux d'yeux étaient très fréquents à Naples, on avait érigé une chapelle particulière, où les personnes atteintes de ce mal allaient prier. La Madone de Raphaël était destinée à cette chapelle ; il est donc naturel que l'artiste ait introduit dans la composition le jeune Tobie portant le poisson, instrument de la guérison de son père[1]. »

La *Vierge à la Verdure* de Raphaël se trouve à la galerie du Belvédère, à Vienne. L'authenticité de ce tableau est indiscutable. En voici d'ailleurs l'histoire :

1. Eugène Müntz, *Raphaël*.

Il fut offert en 1505 par Raphaël à Taddeo Gaddi, en souvenir de
l'hospitalité qu'il en avait reçue ; c'était là un royal présent : mais
quand même on n'en connaîtrait pas l'origine et la date, on affir-
merait Raphaël à la première vue, tant ce groupe est empreint de
grâce exquise et de délicate beauté.

Il appartient au meilleur temps de la seconde manière, et par sa
disposition rappelle la *Belle Jardinière* du Louvre. Il a tout ensemble le charme naïf et la simple inspiration de la jeunesse du maître,
la perfection tranquille de ses premiers travaux, une science plus
achevée cependant, une entente du mouvement et de la vie qui
attestent un art pleinement développé, une floraison complète dans
toute sa fraîcheur matinale. La Vierge est assise sur un tertre de
gazon, entourée d'une campagne verdoyante ; elle représente le type
accompli de la pureté paisible ; c'est une jeune fille et une jeune mère,
*tout l'idéal chrétien.* A ses pieds, l'Enfant-Jésus et le petit saint Jean,
tous deux nus, le premier debout, le second agenouillé ; je ne crois
pas avoir vu, dans aucun tableau de Raphaël, une symphonie de
lignes aussi pures, un accord aussi harmonieux de tous les contours ;
l'Enfant-Jésus marche à peine, sa mère le soutient doucement de ses
deux mains qui l'effleurent : le petit saint Jean, le genou en terre,
s'appuie sur une croix de bois : sa tête blonde et bouclée sourit avec
une incomparable grâce ; ces deux corps modelés sont en pleine
lumière et développent, dans la flexibilité correcte des lignes ondulées,
le relief moelleux et les formes légèrement rebondies de la première
enfance; les rondeurs s'effacent doucement dans les transparences de
la lumière ; les ombres vagues accusent les courbes suaves ; la finesse
d'un coloris non moins juste que sobre caresse le regard ravi; le
pied nu de la Vierge, étendu de profil, achève la gamme des tons
d'ivoire qui, du visage et du cou de la jeune mère, descendent sur les
corps des enfants ; la sévérité du paysage se fond avec la douceur
des figures et donne l'impression de la paix céleste. Le ciel bleu, les
horizons calmes, ces trois êtres charmants rayonnant d'une vie divine
et d'une innocence suprême, ces tons dont les valeurs douces savamment dégradées combinent leurs fraîcheurs amorties, la lumière voilée,

l'ensemble de cette scène souriante et printanière, sont comme une vision de béatitude profonde, c'est une jolie idylle sainte, un ineffable poème plein de recueillement, un rêve paradisiaque et terrestre où rayonne la souriante majesté des âmes ingénues.

La *Vierge du duc d'Albe* est une composition sérieuse, dont le caractère dominant décèle les inspirations immédiates de l'École ombrienne, qui savait si bien faire valoir les tristes pressentiments de l'âme.

Cet Enfant-Jésus qui passe le bras gauche autour du cou de sa Mère, et saisit de la main droite la croix de roseaux que lui présente à genoux le petit saint Jean, offre, dans une scène en apparence enfantine, l'image de la grande épreuve qui attend l'Homme-Dieu sur la Montagne des Oliviers : l'imagination saisit à l'instant même le contraste entre la douceur des caresses de la Vierge et l'ignominie du Calvaire ; et l'on peut dire que nul tableau n'est plus propre à exalter les âmes pieuses qui veulent méditer sur les mystères de la Passion [1].

Une des plus gracieuses Vierges de Raphaël qui se trouve à la galerie Pitti de Florence a été appelée *Madone du Grand-Duc* parce que le duc Ferdinand la portait toujours avec lui dans ses voyages. Quand la famille régnante était à Florence, elle restait dans la chambre de la Grande-Duchesse.

C'est certainement une des plus angéliques, des plus suaves créations de Raphaël, dans sa première manière ; c'est en quelque sorte l'expression la plus élevée où le style du Pérugin ait pu s'élever, et comme un dernier adieu plein de grâce à cette jeunesse de l'art, charmante de candeur et de simplicité, dont il va se dégager pour s'ouvrir une nouvelle voie vers un autre idéal.

N'oublions pas la *Sainte Famille* du musée de Bâle appelée la *Vierge à la longue Cuisse*, à cause de la position allongée de la jambe de la Vierge. Ce panneau peut être regardé comme une des perles du musée de Naples. Marie, vêtue d'une robe couleur groseille, est assise à terre, la jambe gauche allongée ; elle joint les mains et sourit avec

1. Rio. *Forme de l'art.*

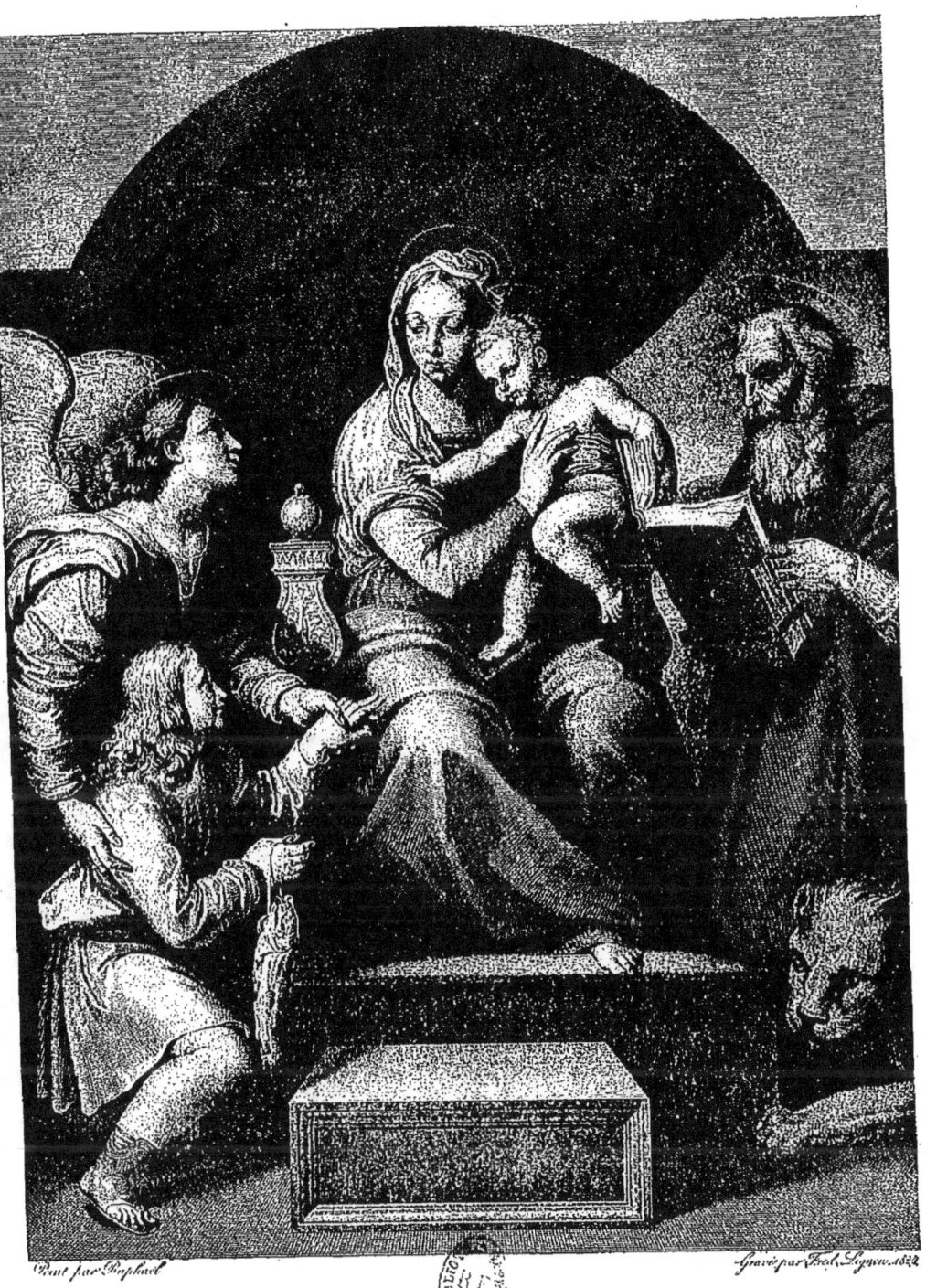

Gravé par Fredk Lignon 1822

La Vierge au poisson, d'après Raphaël, au musée de Madrid. — Seizième siècle.

une grâce ineffable. Le petit Jésus allonge ses doigts mignons pour bénir le petit saint Jean. « On ne sait ce que l'on doit le plus admirer, de la composition, du dessin ou du coloris. La charmante tête de la Vierge, lançant un de ces regards de côté que Raphaël sait rendre si expressifs, attire tout d'abord l'attention ; mais bientôt les yeux se portent et s'arrêtent sur le visage pâle et maigre de la sainte. C'est que d'autres madones rivalisent en beauté avec celle-ci, tandis qu'il est impossible de trouver ailleurs une femme âgée plus attrayante et résumant mieux toutes les qualités, toutes les grâces d'une âme bonne, honnête, dévouée. Et comme ce visage, quoique dans l'ombre, est vivant ! » Raphaël exécuta cette peinture vers 1512, pour Lionello Pio da Carpi ; plus tard, elle passa dans la galerie Farnèse, à Parme.

Nous avons gardé pour la fin le *Sposalizio* ou *Mariage de la Vierge* que l'on admire au palais Bréra de Milan. Ce tableau a été la première de ses œuvres importantes. Il n'avait pas encore vingt ans quand il l'acheva. Cette admirable toile était peinte pour la chapelle Alluzzini, dans l'église des Franciscains de Citta del Castello.

La scène se passe à Jérusalem devant le parvis du Temple. Le grand-prêtre préside à la cérémonie avec une imposante et douce gravité. Du côté de l'épouse, des juifs tiennent en mains une tige sèche tandis que celle de Joseph est fleurie. Il faut voir la grâce et la modestie que Raphaël a su exprimer sur le visage de la Vierge rougissante que ses compagnes regardent d'un œil rieur.

« On y trouve, dit Duchesne, quelque rapport avec la manière de composer du Pérugin ; mais on ne peut se dissimuler que toutes les têtes sont d'une beauté remarquable, que les attitudes et les ajustements de chaque personnage sont aussi variés que gracieux. On peut aussi admirer la noblesse de l'architecture du temple qui fait le fond du tableau, mais on devra penser à l'âge du peintre pour l'excuser d'avoir placé une cérémonie si auguste sur la place publique, et non pas dans le temple lui-même. » M. Viardot constate aussi l'imitation des fresques du Pérugin par Raphaël. « Mais, s'écrie-t-il, quel style déjà, même dans l'imitation ! quelle grâce, jusqu'alors inconnue, donnée aux attitudes, aux physionomies, aux ajustements ! quelle variété et quel bonheur d'expression dans la pudeur, dans la joie ou le dépit! quelle perfection de contours! quelle finesse de pinceau!... Raphaël indique son avenir jusque dans ce temple circulaire qui termine le dernier plan. A la science de la perspective, à la savante combinaison des lignes de cette architecture inventée, on reconnaît l'homme qui se serait montré aussi grand architecte que grand peintre. »

« Le gracieux sujet du *Sposalizio*, a dit aussi M. Armengaud, semble avoir exercé une sorte de fascination sur les artistes italiens. Nous le voyons, au musée Bréra, inspirant tour à tour Vittore Carpaccio et Bernardino Luini, et toujours heureusement, ce dernier surtout. Gaudenzio Ferrari subit son attrait mystérieux et profond : il consacre son pinceau à la reproduction du tableau de Raphaël qui est à l'Ambroisienne. »

Il faut admirer aussi comment saint Joseph a une attitude simple et noble en tenant modestement la verge fleurie, emblème de sa victoire. On ne saurait trop admirer la noblesse des attitudes et la variété d'expression des physionomies.

« A propos du temple circulaire que Raphaël plaça dans le fond de son tableau, Vasari écrit qu'il parvint à le rendre si admirablement, qu'il semble avoir cherché les difficultés pour le bonheur de les vaincre ; c'est pourquoi un critique moderne dit qu'à la science de la perspective, à la savante combinaison des lignes de l'architecture inventée de ce monument, on reconnaît l'homme qui se serait montré aussi grand architecte que grand peintre, si une mort précoce n'eût coupé, presqu'à leur début, les travaux importants qu'il avait entrepris.

Oh! oui, le Pérugin dut trouver dans cet ouvrage l'accomplissement précoce de la prophétie qu'il avait faite au sujet de Raphaël. Un jour qu'on lui parlait de ce jeune homme et de son génie naissant, il s'écria : « Qu'il soit mon élève, il sera bientôt mon maître. »

« Raphaël, a dit M. Rio, avait à peine vingt et un ans, quand il termina le *Sposalizio*, sujet particulièrement approprié à une imagination pure et poétique telle qu'était alors la sienne. C'était une légende que l'art du Moyen-Age avait mise en œuvre pour la première fois, et qui rentrait plus particulièrement dans le domaine des artistes ombriens, à cause de sa simplicité naïve et de son sens profond. Ghirlandajo en avait déjà fait la matière d'une de ses fresques dans le chœur de Santa Maria Novella; mais, en sa qualité de peintre naturaliste, il n'avait su placer que des bourgeois et des bourgeoises de Florence dans le cortège de saint Joseph et de la sainte Vierge. Quelle différence entre cette conception prosaïque et celle de Raphaël, qui a mieux aimé ne pas varier les types dans les têtes de ses jeunes filles et de recourir à des observations faites immédiatement sur la nature !

« Plus on examine cette œuvre, à la fois naïve et sublime, plus on sent qu'il a voulu, par les airs de tête, par les attitudes, par le choix si bien entendu des costumes, et par tous les autres détails accessoires, entourer ses deux principaux personnages de tout ce qui peut donner l'idée d'une pureté céleste [1]. »

1. De la *Poésie chrétienne.*

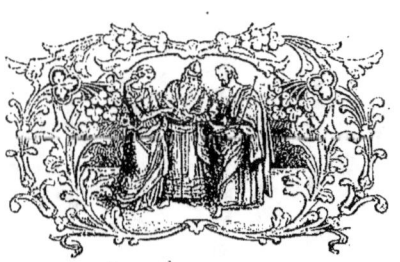

Le Mariage de la Vierge, d'après Raphaël.

# CHAPITRE VIII

# LES VIERGES DE MICHEL-ANGE

ICHEL-ANGE, qui fut à la fois grand artiste et grand chrétien, ne pouvait manquer de représenter l'image de la Vierge; il l'a fait avec la même hauteur de vue et la même grandeur avec lesquelles il a représenté Notre-Seigneur.

Voici la liste des œuvres de Michel-Ange représentant la Vierge Marie.

La *Vierge et les deux enfants*, à la collection Buonarotti.

*Sainte Famille*, bas-relief, ébauche en marbre, à la collection Campana.

La *Vierge aux deux enfants et quatre anges*, tableau peint à *tempera* [1] (1493).

*Pietà*, marbre grandeur nature, à Saint-Pierre de Rome (1498).

La *Vierge de la Tribune*, tableau rond peint à *tempera*, à la Tribune des Offices, à Florence (1503).

La *Vierge assise*, bas-relief marbre, forme ovale, au musée national de Florence (1503).

La *Vierge et l'Enfant-Jésus*, bas-relief en marbre de forme ronde, à l'Académie royale de Londres (1504).

La *Vierge assise*, en marbre de grandeur naturelle, à l'église Notre-Dame de Bruges (1506).

---

1. La peinture *à tempera* était une peinture à l'œuf et à la colle, appliquée soit sur des panneaux secs ou plâtrés, soit plus rarement sur toile.

La *Vierge*, bas-relief circulaire en bronze (ce bas-relief est perdu) (1502).

La *Vierge du tombeau des Médicis* (1530).

La *Vierge avec l'Enfant endormi*, carton, à la collection Blaise Castle (ce carton a été peint par Sébastien del Piombo).

L'*Annonciation*, carton, au palais Corsini, à Rome (ce carton a été peint par Marcello Venusti).

La *Vierge avec sept saints et deux enfants*, peinture à l'huile sur bois, grandeur naturelle, à la collection Buonarotti, à Florence.

La célèbre *Pieta* est une des plus belles *Vierges* qui ont été sculptées par Michel-Ange.

Une statue de l'artiste ayant été portée au cardinal de Saint-Georges, qui déclara que c'était une précieuse statue de l'antiquité, Michel-Ange montra qu'elle était de lui, et le cardinal émerveillé emmena l'artiste à Rome, où il exécuta cette *Notre-Dame de Piété* pour la chapelle du roi de France, à Saint-Pierre de Rome.

C'est d'ailleurs la seule statue que Michel-Ange ait signée; il a gravé sur la ceinture de la Vierge ces mots : Michael Angelus Bonarotus, Floren.

La Vierge tient son divin Fils assis sur ses genoux.

« La composition de ce groupe est pathétique. Quoique les figures ne soient guère de proportion naturelle, l'ensemble est imposant, et, sous tous les aspects, la masse est excellente. La Vierge soutient et montre le corps de son Fils couché sur ses genoux. La douleur et la méditation respirent dans toute sa personne. Elle est mère et reste Vierge; le Christ mort repose sur elle comme ferait l'Enfant-Jésus. Le visage, jeune, plein d'innocence et de candeur, exprime l'abdication mystique d'une âme absorbée en Dieu. C'est la douleur ou plutôt la gravité qui convient à la Mère de Celui qui doit ressusciter. Dans la figure de la Vierge, tout est pureté, oubli de soi et sainteté, mais sainteté d'un caractère si profond, si universel, qu'on en pourrait retrouver des équivalents jusque dans les images bouddhiques. En cela, Michel-Ange était bien éloigné de suivre l'exemple des maîtres florentins, et en particulier de Donatello, qui représentait Marie près du corps de son Fils, en proie à la désolation, au désespoir et aux cris.

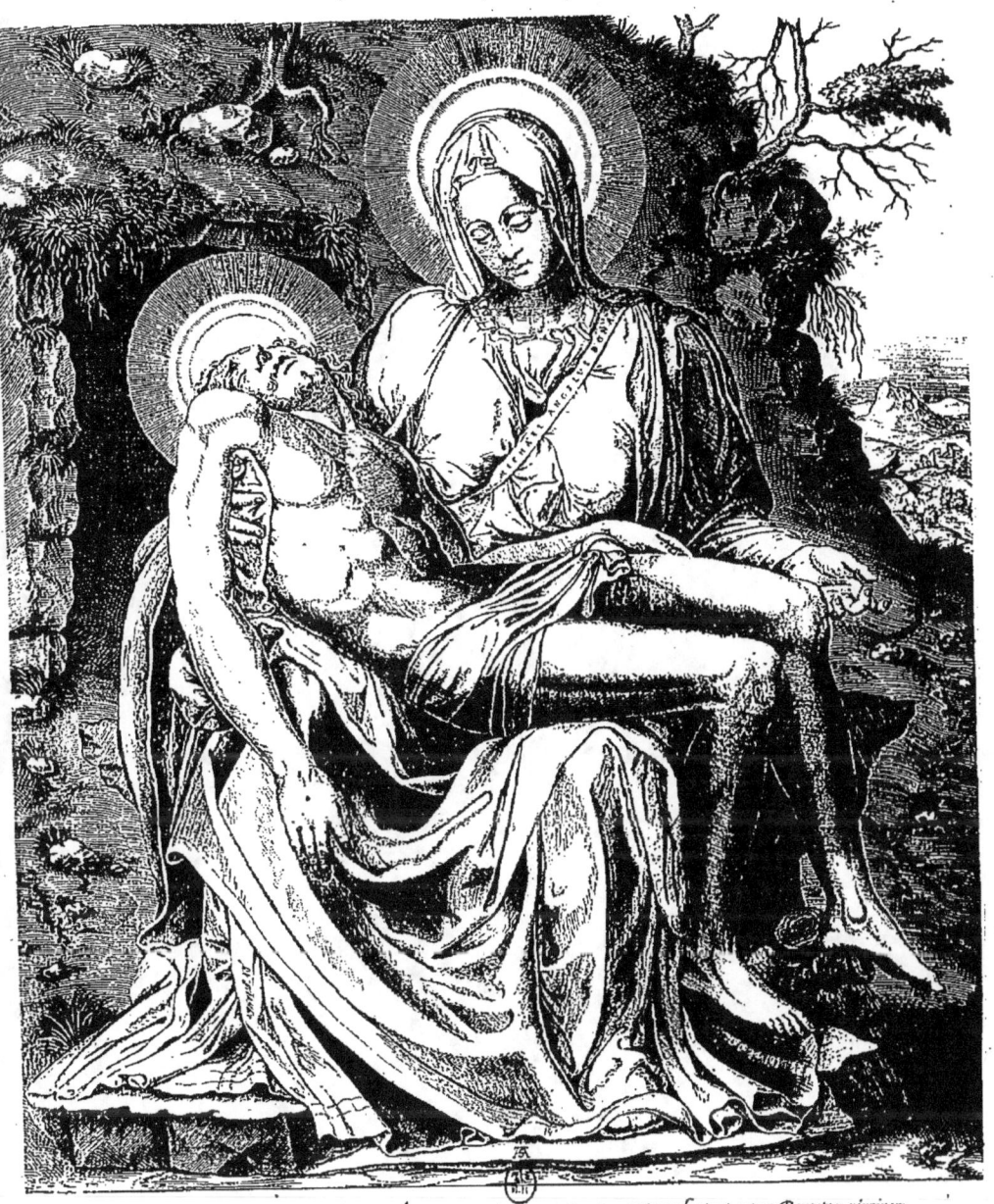

MICH·ANG BONAROTVS *signa hæc, quæ in vaticano visuntur, ita exacte perfecit, ut potius Parentem virginem extremo spiritu exanguem* J *con fectam. et nati corpus miserabile emortuum doleas; quam demarmore positum putes*

Forma Romæ ꝏ D· LXVI
Reg Ant Lafreri

La *Pieta* de Michel-Ange, à Saint-Pierre du Vatican. — Seizième siècle.

« Le Christ est d'une merveilleuse souplesse ; la tête, tournée vers le spectateur, repose avec sévérité ; il s'abandonne à la mort. Cette interruption dans sa vie corporelle, un article de foi nous le dit, il la consacre à descendre aux limbes et à délivrer les âmes des justes. Un air d'extase règne dans ses traits et sur sa bouche ouverte, souriante et pleine de tendresse et de miséricorde [1]. »

Comme on avait fait à Michel-Ange le reproche d'avoir représenté Notre-Seigneur, le divin Fils, trop vieux, et la Mère trop jeune, il répondit que la Vierge ayant été choisie pour être la mère illustre du divin Sauveur, elle était trop pure, trop vertueuse, trop chaste pour avoir vieilli, tandis que le Christ étant devenu homme, tout Dieu qu'il était, avait accepté toutes les infirmités de la nature humaine, et notamment celle de vieillir.

On peut aussi à propos de cette *Pieta* faire une juste remarque : c'est que Michel-Ange exécutait toujours les têtes plus petites par rapport à la longueur des corps, il imitait en cela l'antique ; ses statues sont aussi toujours plus grandes que nature ; tout le monde sait qu'une statue grande comme nature paraît toujours plus petite, et chez Michel-Ange l'exagération de la grandeur a augmenté toujours heureusement l'expression et le sentiment.

« Michel-Ange a produit de plus grandes choses, dit E. Montégut, il n'en a pas produit de plus parfaites, ni qui parlent aussi doucement au cœur. » Nul contraste plus étonnant que celui de cette vierge et du douloureux fardeau qu'elle tient sur ses genoux. La Vierge, d'une beauté ravissante, est aussi de la plus extrême jeunesse ; pour elle le temps s'est arrêté, c'est une idée immortelle par sa forme comme par son essence. On sait la réponse de Michel-Ange à un ami qui lui faisait remarquer que cette vierge était trop jeune pour avoir un fils de l'âge du Christ ! « Ne sais-tu pas que les femmes chastes se conservent beaucoup plus que celles qui ne le sont point ? » Combien n'est-ce pas plus vrai pour une Vierge qui n'eut jamais le moindre désir lascif qui pût altérer son corps ! Ainsi la beauté et la jeunesse de cette Vierge sont le revêtement d'une belle idée qui s'est cherché une forme correspondant à son essence. D'origine

[1]. Eugène Guillaume, de l'Institut, directeur de l'académie de France à Rome.

plus métaphysique encore, s'il est permis de parler ainsi, est l'expression de son visage. Nulle tristesse sur cette physionomie, car il ne faudrait pas prendre pour de la tristesse l'air de sévérité qui s'y laisse voir. Une haute pensée occupe l'âme de la Vierge, un sentiment d'une grandeur étrange occupe son cœur, et tous ceux qui ont l'habitude de la vie méditative savent que de la contemplation des grandes vérités naît une émotion de recueillement austère qui donne au visage une expression de sérieux confinant presque à la tristesse. Cette Vierge, au lieu de s'abandonner en proie à la douleur maternelle, s'absorbe dans la méditation des secrets de l'éternité auxquels elle est initiée, et voilà d'où il vient que sur son visage on ne lit qu'intense austérité. Elle sait que son fils n'est pas cette dépouille qu'elle tient sur ses genoux ; elle sait que ce qui fut vraiment lui habite au sein de l'immortalité. Et, en effet, c'est là ce qu'exprime d'une manière merveilleuse le cadavre du Christ. Il est étendu transversalement sur les genoux de la Vierge, la tête et les jambes pendant en demi-cercle, maigre à l'excès, ou plutôt comme vide de chair, souple comme un ruban, me disait quelqu'un qui a regardé ce groupe d'un œil intelligent, ce cadavre n'a pas de substance intérieure ! Cela ressemble à la coque que laisse le papillon lorsqu'il sort de la chrysalide, à la peau que laisse le serpent lorsqu'il renouvelle son enveloppe au printemps ; ce cadavre, c'est un logement désert, un costume séparé de son maître ; si la mort tenait réellement en sa possession celui qui l'animait, cette misérable dépouille serait mieux remplie, ce logement n'en serait pas réduit à évoquer ces paroles dénudées : « L'hôte vit donc encore, mais il a changé de séjour. » Voilà ce qu'affirme ce cadavre avec la plus originale éloquence et ce qu'exprime la sévérité sereine de cette Vierge pour qui cette assurance est certitude absolue. Cette même pensée, Michel-Ange l'a variée, comme on dit en langage musical, dans un petit groupe en bas-relief qui se voit à l'Albergo dei Poveri, à Gênes. Dans ce groupe, la nuance de la maternité est accusée plus fortement que dans la *Pieta* de Saint-Pierre. La Vierge est plus âgée, elle semble moins regarder dans l'éternité, elle conserve un vestige d'espérance terrestre. Cette dernière pensée est marquée avec génie par la façon dont les doigts pressent le cadavre à

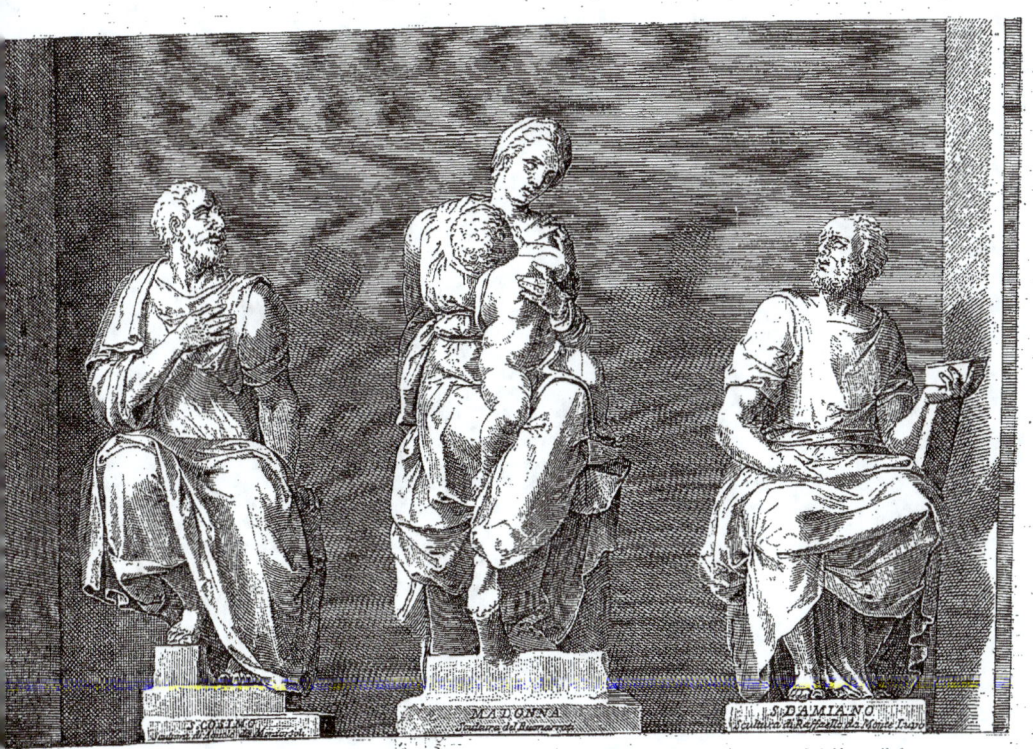

La Vierge entre saint Côme et saint Damien, groupe de Michel-Ange Buonarotti, au Vatican. — Seizième siècle.

la place du cœur comme pour chercher s'il ne reste pas encore une étincelle de vie. L'authenticité de ce groupe a été contestée, mais il suffit du détail énergique de cette auscultation de la main maternelle pour faire reconnaître le grand artiste. Cependant l'impression qui reste de cette œuvre est la même que laisse la *Pieta*, celle d'une mère qui connaît la nature de son fils et qui est rassurée sur son sort; seulement, ici, il se mêle à cette confiance une ombre de sentiment terrestre [1]. »

En parlant de Michel-Ange, n'oublions pas aussi l'admirable *Madone* qui se trouve dans l'enfoncement de la muraille de la *Chapelle des Tombeaux* (capella deposito), *Chapelle des Médicis*, à Florence.

La *Vierge* est une des plus belles figures que l'artiste nous ait laissées; elle est sévère, très fière, c'est bien une jeune mère dans toute la plénitude de sa force : elle n'a rien de gracieux, d'efféminé comme les Vierges de Raphaël, le Florentin recherchant plutôt l'expression dans la force, dans la grande tournure que dans la grâce. L'Enfant-Jésus, qui est sur les genoux de sa divine Mère, se retourne avec la brusquerie de la force pour la regarder [2].

Parlant de cette *Vierge à l'Enfant* [3] de la Chapelle des Médicis, l'éminent sculpteur et esthéticien M. Eugène Guillaume a dit : « Elle est assise, la main droite qui pose sur le siège sert de point d'appui au

1. *Michel-Ange à Rome.*
2. La construction de cette chapelle est tout entière de Michel-Ange, les quatre murs sont pleins, il n'y a pas de croisées latérales, le jour vient par une coupole et un lanternon central, qui ont été imités de la coupole de Sainte-Marie-des-Fleurs de Florence, Michel-Ange ayant déclaré qu'on ne pouvait faire mieux que de reproduire l'œuvre de Brunelleschi.

La salle est haute et carrée, un peu plus longue que large, d'une grande simplicité. Cette grande simplicité, l'absence de jour sur les côtés, la teinte unie et monotone des statues, le caractère de froideur et d'austérité des personnages, tout cela vous communique une émotion réelle, dont on ne peut se défendre en entrant dans cette chapelle funéraire.

Les tombeaux situés sur les deux côtés longs de la sacristie sont séparés au pied de la salle par une sorte de niche à angles droits, au milieu de laquelle est posée la *Madone* entre deux saints : saint Côme et saint Damien. Ces deux saints devraient accompagner le tombeau de Laurent de Médicis.

Le sculpteur Falconnet disait devant ces statues : « J'ai vu Michel-Ange, il est effrayant. »

3. Michel-Ange est là lui-même, sinon tout entier, du moins avec ses propres aspirations. Cette Vierge, dans son silence ombrageux et hautain, a la fierté d'âme, l'âpreté du caractère du maître lui-même. Il lui manque le trait essentiel et évangélique qui fait de Marie la plus belle et la meilleure des femmes : elle n'a pas l'humilité. On la regarde avec respect, on ne va pas à elle avec amour. (Gruyer.)

corps qui se porte en avant. La tête suit le même mouvement, elle se penche et les yeux s'abaissent tristement sur l'enfant. Celui-ci, assis de face sur les genoux croisés de sa mère, se retourne vers elle avec un mouvement violent et s'attache à son sein. Traditionnellement, le sujet de la *Madone* est traité par les maîtres italiens avec une mise en scène fort différente et dont la caractéristique est très simple. La royauté de la Vierge-Mère s'y montre avec une grandeur qui est tempérée par la tendresse maternelle et par l'amour des hommes, auxquels l'Enfant-Jésus offre un visage plein de bonté. Il y a toujours dans ces représentations une majesté qui résulte de la grâce des lignes, de la simplicité des attitudes et de la pureté des ajustements. Ici, la tradition a perdu sa sévérité ; la grandeur reste, mais unie à la force et à une étrange et profonde mélancolie. La pose et le visage de la Vierge expriment l'angoisse. L'enfant nous dérobe son visage. Il se détourne de nous et cache sa figure dans le sein qu'il paraît épuiser. La puissance de son jeune corps et l'énergie de son action annoncent le terrible Christ du jugement dernier, et la Vierge semble penser avec tristesse, que celui qu'elle allaite, après avoir été le Sauveur miséricordieux, sera l'implacable justicier. »

L'église Notre-Dame de Bruges possède, sur son maître-autel, une célèbre *Madone* dite de Michel-Ange, mais qui serait, suivant des critiques, l'œuvre de son rival, le sculpteur Torregiani, auquel, dans un combat d'enfants, Michel-Ange brisa le nez d'un coup de poing. C'est un très beau groupe, d'un style élevé, noble, saint.

« A tout prendre, il faut consentir à donner à ce beau groupe le nom trop prodigué de chef-d'œuvre [1]. »

1. L. Viardot. *La Sculpture italienne.*

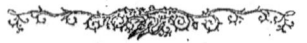

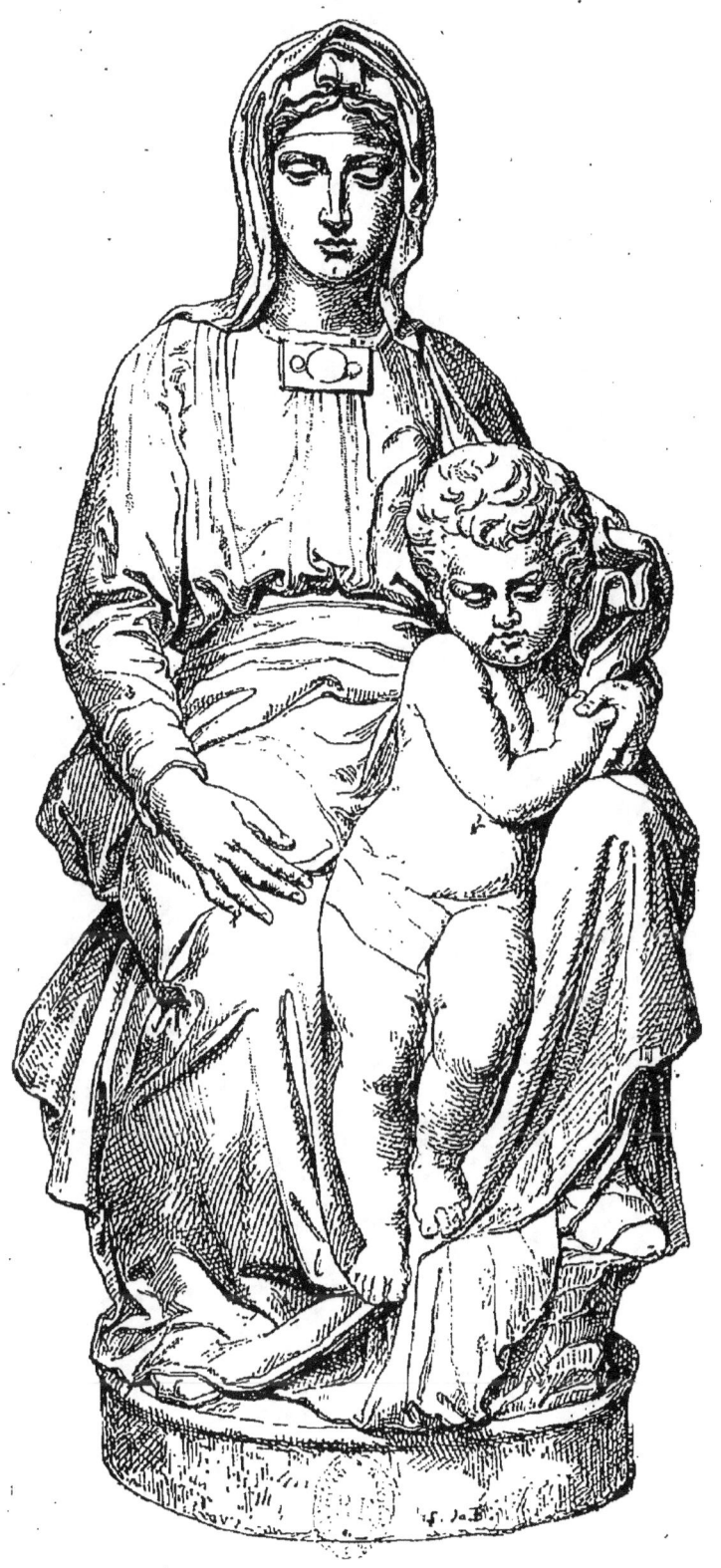

La sainte Vierge et l'Enfant-Jésus,
groupe de Michel-Ange Buonarotti. — Seizième siècle.

# CHAPITRE IX

## LA SAINTE VIERGE

### DANS

# L'ART ALLEMAND ET DANS L'ART FLAMAND

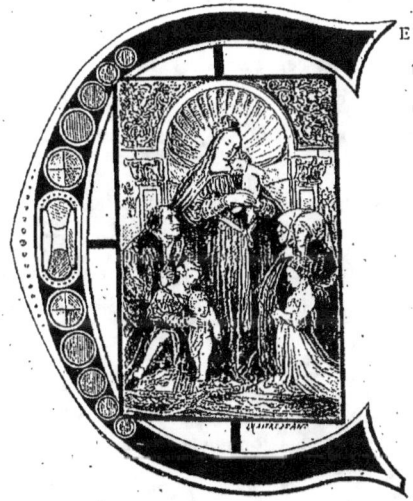

La Vierge de la famille Meyer. D'après Holbein.
Quinzième siècle.

ETTE exubération d'inspiration artistique chrétienne que nous venons de voir en Italie devait bientôt déborder du sol de la péninsule et se répandre en Allemagne, dans les Flandres, et par delà les monts en Espagne.

Les artistes de ces pays, invinciblement attirés vers cette terre bénie des arts, gardaient au retour de leurs voyages en Italie comme une empreinte indélébile, et portaient dans leur cœur la vision des chefs-d'œuvre que leurs yeux éblouis avaient contemplés.

Cette éducation de la pensée, fécondée et modifiée par l'influence du milieu où elle était apportée, devait produire une autre moisson de *Vierges*, d'un caractère tout autre, ayant leur genre de beauté à part.

C'est vers la fin du quatorzième siècle que commencèrent à se montrer les premiers maîtres de l'art allemand : maître Wilhelm et maître Stéphan. Leurs œuvres respirent un sentiment religieux qui passe singulièrement les bornes de la piété vulgaire.

On lit dans tout ce qui est sorti de leurs pinceaux l'innocence, l'émotion intime, la tendresse et la chaleur d'une âme profondément aimante. C'est à peine si ces idéales figures semblent tenir par quelque lien à la terre; elles se détachent sur un fond d'or qui nous transporte avec elles en des régions éthérées où tout est pureté céleste.

Maints tableaux sont comme les miroirs des visions qu'avaient les mystiques; là, point de terreurs; tout est gai, riant et serein. C'est à peine si ces maîtres représentent parfois la Passion du Sauveur ou les Scènes du Jugement dernier, et lorsqu'ils touchent ces sujets, c'est d'ordinaire avec peu de succès. Un de leurs sujets favoris, c'est la *Madone aux Roses* : la Vierge entourée d'anges ou de saintes, le petit Jésus sur ses genoux, est assise sous un bosquet, sur un tapis de verdure et de fleurs.

Les fleurs ne manquaient pas dans ces peintures; mais la plus charmante idylle qui nous soit connue, c'est un tableau à la façon de maître Wilhelm, conservé au musée de Berlin, *la Vierge au Panier*. Le petit Jésus, assis sur les genoux de sa mère, tire du panier que lui offre sainte Dorothée des roses et des œillets qu'il sème tout à l'entour. Sainte Catherine, qui est assise au premier plan, cherche à rattraper des fleurs. Le plus beau tableau de toute l'École est celui de maître Stéphan; c'est une *Madone aux Roses* que garde le musée de Cologne. Comme un petit roi, l'Enfant-Jésus trône sur les genoux de sa mère. Marie a revêtu ses plus beaux atours et son regard s'attache avec une expression de tendresse profonde sur les traits de son Fils. Au premier plan sont assis quatre anges; ils célèbrent les louanges de Jésus sur la lyre; d'autres lui tendent des fruits et des fleurs.

Dans les créations de maître Wilhelm, le corps est flottant encore et faiblement dessiné; il semble n'être qu'un accessoire et comme l'instrument de l'âme.

Étienne Lothener fut aussi un des maîtres chrétiens primitifs dont l'École allemande est fière.

Il naquit à Constance vers 1410.

Il a laissé surtout deux œuvres; il a admirablement représenté la Vierge Marie.

La *Présentation au Temple*, du musée de Darmstadt, nous montre

devant un autel chrétien le grand-prêtre des Juifs posant le petit
Emmanuel sur un manteau, dont il couvre la table de communion. Au
milieu du fond d'or apparaît Dieu le Père, entouré d'anges ; Marie,
agenouillée, offre les colombes sacramentelles ; Joseph, tenant une bourse
ouverte, compte la somme destinée aux Lévites. Une troupe d'hommes,
de femmes et d'enfants, qui portent des cierges dans leurs mains, assis-
tent à la cérémonie.

La *Vierge* du même musée, assise au milieu d'un pré fleuri, dans

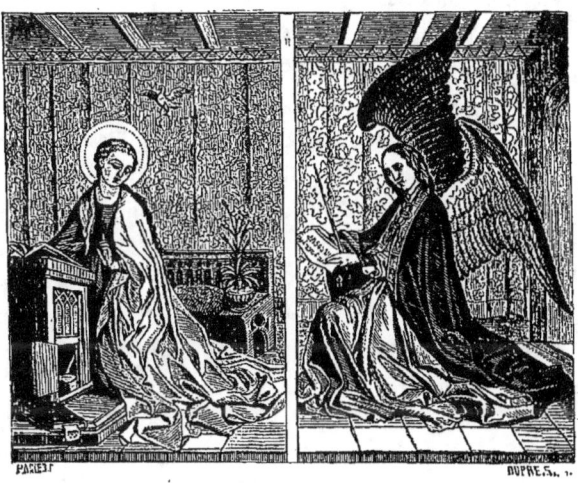

La Salutation angélique, d'après maître Stéphan. — Quatorzième siècle.

une attitude gracieuse, tient son Fils entre ses genoux ; une treille de
rosiers déploie son élégant feuillage. Des petits anges adorent le Christ,
quelques-uns lui offrent des pommes, d'autres jouent de la musique.
Sur des nuages d'or trône Dieu le Père. La Vierge est belle et idéale ;
l'Enfant est gai, ingénu. Quand on examine les visages, le maintien des
petits anges, on y voit la naïveté de l'enfance unie à un sentiment
profond.

*
* *

Un grand maître de l'art allemand, Martin Schœngauer, a laissé un
nombre considérable d'œuvres religieuses en peinture et en gravure.

Une des pages les plus belles et les plus achevées de Martin Schœn-gauer est la *Vierge au Buisson de roses* (*Maria am Rosenhaag*), qui se trouve aujourd'hui dans la sacristie de l'église Saint-Martin, de Colmar. Marie tient l'Enfant-Jésus dans ses bras. Elle est assise au milieu d'un buisson vert, plein de fleurs de roses, et deux petits anges tiennent une couronne au-dessus de sa tête. Le fond d'or relève l'éclat des teintes où dominent des nuances rouges, magnifiques et gaies. Quant à l'expression du visage de la Madone, il est d'une onction et d'une pureté vraiment célestes.

Ce n'est point la suave et aristocratique beauté raphaélesque aux lignes grecques, aux teintes tendrement harmonieuses, c'est un type plus humble et plus austère, mais où la piété recueillie et la douceur sont exprimées d'une manière saisissante. Les têtes des anges sont charmantes; les accessoires, tels que les fruits et les fleurs qui entourent la Vierge, et les plantes qui grimpent le long du feuillage, sont traités avec une exquise délicatesse.

Wimpfeling, dans son *Epitome rerum germanicarum*, dont la pre-mière édition parut à Strasbourg en 1505, dit que les peintures de Schœngauer étaient si remarquables, qu'elles étaient recherchées en Italie, en Espagne, en France, en Angleterre et dans tous les lieux du monde.

Martin fut en relation avec Albert Dürer et le Pérugin, et tout porte à croire que Raphaël dut admirer, dans l'atelier du doux Vanucci, les belles estampes de ce maître.

Il ne faut pas oublier une délicieuse toile, peu connue, que nous avons pu admirer au musée de Soleure. C'est la *Madone dans les Fraises*, qui porte la date de 1420. Ce nom lui vient de ce que de jolies fraises poussent sur les pieds de la Madone. La Vierge, dont le visage est d'une véritable beauté, tient à la main une fleur qu'elle a cueillie et qu'elle donne à son divin Fils, qui, debout dans le gazon parsemé de jolies fleurs, tend vers elle une de ses mains mignonnes. La scène est charmante et tout empreinte de la délicate poésie que les primitifs ont su mettre dans leurs œuvres à la fois si naïves et si touchantes. On reste sous le charme à contempler ce gracieux tableau, qui est un des plus ravissants de ceux que le maître nous a donnés.

L'œuvre gravée de Martin Schœngauer est très considérable.
L'*Annonciation* est l'une de ses gravures les plus populaires. L'adorable Vierge est à genoux ayant
un lis à sa droite. Elle se retourne gracieusement vers l'ange
qui se prosterne[1].

\* \*

Après ces artistes, il nous reste
à parler des deux grands représentants de l'art allemand, Hans
Holbein et Albert Dürer.

Les biographes ne sont pas
d'accord sur le nom de la patrie de Hans Holbein. Les uns
veulent qu'il soit né à Anvers,
les autres à Grunstadt (dans
le Palatinat), d'autres à Augsbourg, et enfin le plus grand
nombre à Bâle (en Suisse). Son
père, qui portait comme lui le
prénon de Hans ou de Johann,
était d'Augsbourg, et, en 1499,
c'est-à-dire dans l'année qui
suivit celle de la naissance de
son fils, il y finissait une peinture pour le monastère de
Sainte-Catherine. Enfin, des recherches récentes prouvent d'une

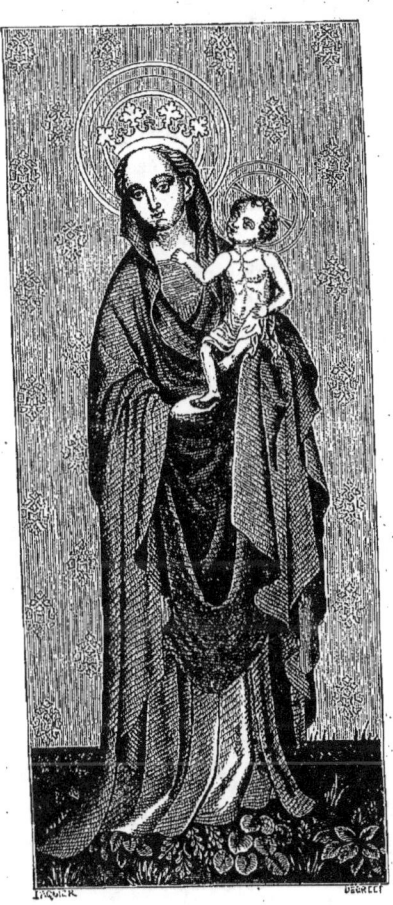

La sainte Vierge et l'Enfant-Jésus,
d'après Wilhelm de Herle. Quatorzième siècle.

1. Schœngauer fut aussi un nielleur consommé. Il exécuta pour les églises des plaques
d'argent gravées, connues sous le nom de paix ou d'*Agnus Dei*. La bibliothèque de Bâle possède plusieurs de ces *Agnus* provenant du trésor de l'ancienne cathédrale. Schœngauer les
avait gravés au burin pour les nieller, mais l'émail noir ou nigelle n'a pas été incrusté dans
les sillons de la gravure. Les plaques de Bâle représentent des sujets tirés de la vie du
Christ, de la Vierge et des Apôtres.

manière presque certaine qu'Holbein naquit aussi à Augsbourg. Il fit
bien, en 1513 et en 1516, deux séjours de peu de durée à Bâle, mais
il ne s'y établit réellement pas et ne fut admis dans la corporation des
peintres de cette ville qu'en 1519; c'est en 1520 qu'il reçut le titre
de citoyen de Bâle, titre qu'il a souvent joint à son nom, comme le
prouve l'inscription : IOANNES HOLPENIVS BASILEENSIS SVI IPSIVS EFFIGIATOR
Æ XLV, placée sur son portrait de la galerie de Florence, inscription
qui sans doute a pu contribuer à faire croire que Bâle était sa patrie.

C'est le musée de Bâle qui possède un des chefs-d'œuvre de la
peinture chrétienne allemande, la *Vierge de la famille Meyer*, d'Hans
Holbein le jeune. La Vierge Marie, debout dans une niche, soutient
des deux mains le petit Jésus qui s'appuie sur son épaule et étend la
main pour bénir la famille du bourgmestre Jacques Meyer, agenouillée
sur un tapis.

« Cette Vierge aux longs cheveux d'or, dont la tête réunit la plus grande
vérité à une simplicité extrême, à une pureté et à une humilité dégagée
de toute prétention, est le plus beau triomphe du réalisme allemand, dit
Waagen ; c'est la perfection de l'individualisation du type. Grâce à ce
cachet si original, si personnel, Marie paraît bien plus digne encore
de porter, comme la Reine des cieux, le riche diadème qui orne son
front. La pose simple et naturelle de ses belles mains est en harmonie avec cette expression. Malheureusement le peintre ne s'est guère
élevé au-dessus de son modèle quand il s'est agi de figurer le Christ ;
c'est un enfant vulgaire, qui n'a rien d'attrayant et d'un aspect malin-
gre. Quant aux membres de la famille Meyer, l'artiste s'est fait une loi
de les représenter avec la plus scrupuleuse exactitude; il sacrifie impi-
toyablement la beauté à la fidélité, par exemple dans la *Jeune fille au
rosaire*, dont le torse se projette en avant. La tête du bourgmestre et
celle des trois femmes respirent une expression de placidité et de sereine dévotion fort heureusement rendue. La peinture est fraîche et
moelleuse ; les tons des chairs sont d'un brun chaud[1]. »

Charles Blanc en a fait cette charmante critique : « Debout dans une
niche, Marie porte sur cheveux d'or une riche couronne. Elle tien

1. Il existe une répétition de ce tableau au musée de Dresde.

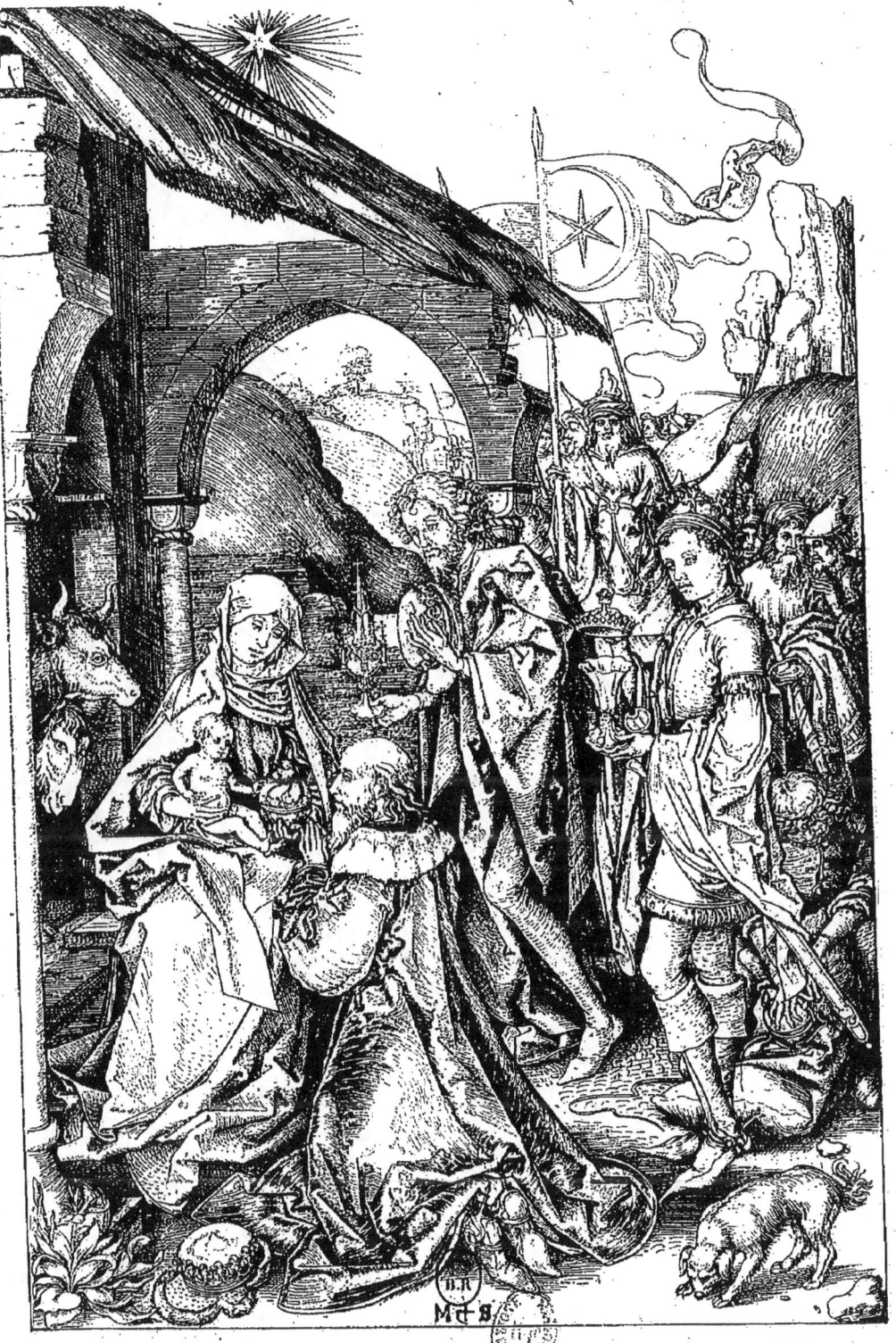

Adoration des Rois Mages, d'après Martin Schœngaüer. — Quinzième siècle.

l'Enfant dans ses bras et laisse tomber un doux regard sur la famille du bourgmestre, rangée à ses pieds, la mère et les filles d'un côté, le père et les fils de l'autre. Quand on a vu ce tableau dans la même galerie où resplendit la *Madone de Saint-Sixte*, il est aussi impossible de ne pas se souvenir de Holbein que d'oublier Raphaël. En présence de ces deux chefs-d'œuvre, nous avons pu mesurer toute la distance qu'il y avait, au seizième siècle, entre la peinture religieuse telle que la concevait le génie méridional, et l'art chrétien tel qu'il était senti par le génie du Nord.

« La Vierge de Holbein est tendre, humaine, presque familière; la Vierge de Raphaël est sérieuse, imposante et divine. Tout ce que le naturalisme germanique pouvait produire de plus attachant et de plus précieux se trouve en regard de tout ce qu'il y a de plus grand dans l'idéalisme italien. Voyez avec quelle simplicité, quelle adorable bonhomie la Madone du peintre allemand est entrée dans la maison du digne bourgmestre. Elle ne s'assied pas sur un trône au-dessus des donateurs, elle est dans leur demeure, elle foule de ses pieds leurs tapis. Eux ont mis leurs plus beaux habits pour la recevoir. Il n'est guère possible de pousser plus loin l'individualité des physionomies et le rendu des choses réelles, en même temps que l'expression morale du sentiment qui anime ces cœurs naïvement dévots, ces âmes simples, plus ravies qu'étonnées de la visite que leur rend la Vierge, la Vierge en personne[1]. »

Il existe une autre œuvre remarquable de Hans Holbein, une *Vierge et l'Enfant-Jésus*, au musée de Soleure (Suisse). Cette merveilleuse peinture nous montre la Vierge (sous les traits de la femme même du peintre), entre un évêque et un chevalier armé qui porte une bannière. C'est certainement une des œuvres les plus complètes de Holbein, et le Louvre lui-même ne possède rien de semblable. Elle fut trouvée il y a peu d'années et par hasard. Un amateur se promenant aux environs de Soleure entra dans une chapelle que des maçons étaient en train de réparer. Ces maçons, pour arriver jusqu'au plafond, étaient montés sur un panneau placé sur des tréteaux. En examinant le pan-

----

1. *Jean Holbein.*

neau en dessous, l'amateur aperçut une peinture qui lui parut fort belle; il le fit descendre, le paya aux ouvriers et s'en alla avec. L'œuvre fut restaurée à Munich, et donnée au musée de Soleure dont elle est une des perles[1].

Dans l'œuvre de l'un des grands maîtres de l'art allemand, Albert Dürer[2], la vraie piété n'existe plus. Il y a de la poésie sauvage, de la vie, de l'originalité, mais le charme poétique des premiers maîtres a complètement disparu chez lui. L'élément religieux ne tient une grande place qu'au point de vue de la quantité. On compte dans son œuvre dix-sept figures de *Vierge*, parmi lesquelles la *Vierge au Singe*, devenue populaire. Sa religion devient presque de la froideur protestante, ainsi que le témoignent sa *Vierge à la Paix*, du musée de Vienne, et son *Assomption*, du musée de Francfort.

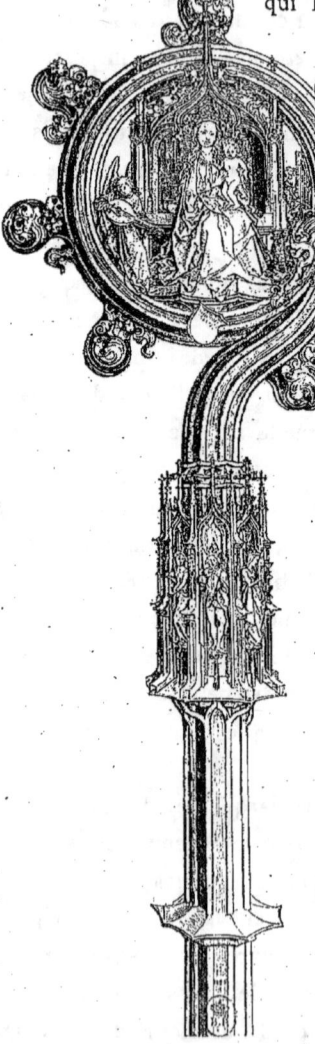

Crosse, d'après
Martin Schœngauer.
Quinzième siècle.

1. Le musée de Munich avait offert jusqu'à 100 000 fr. de ce panneau.

2. On a plusieurs figures de la Vierge gravées sur bois ou sur cuivre par Dürer, et qui sont connues sous les titres de : la *Vierge à la Poire* (1511), la *Vierge à la Couronne d'étoiles* (1508), la *Vierge au Singe*, la *Vierge aux Cheveux longs*, la *Vierge allaitant l'Enfant-Jésus* (1503), la *Vierge assise au pied d'une muraille* (1514), la *Vierge au Sceptre* (1516), la *Vierge couronnée par un ange* (1520), la *Vierge à la Porte* (1520), l'*Éducation de la Vierge*, etc. La *Vierge au Songe* a été copiée par Zoan Andrea, Sig. Holbein, Agostino Veneziano, J. Wierix, etc. Des Vierges peintes par Dürer appartiennent aux musées des Offices, du Belvédère; à la galerie royale de Windsor, etc.

Si, à partir de ces derniers artistes, la Vierge ne fut plus représentée ou le fut mal dans l'art allemand, il faut aussi en accuser la Réforme. « Les nouveaux dogmes du protestantisme, a dit M. Eugène Müntz, ont eu pour résultat de proscrire une foule de sujets. La glorification de la Vierge, celle des saints cessent de tenter le pinceau des peintres protestants. La révolution opérée par Luther ouvrit-elle, en échange, à l'art des horizons nouveaux? Nous ne le croyons pas... La stérilité de l'art allemand pendant toute la seconde moitié du seizième siècle, celle de l'art anglais, sont là pour nous révéler les funestes conséquences de cette révolution...[1] »

L'image de la Vierge n'a pas été représentée de la même façon dans les Flandres qu'en Italie, et il y a en cela une raison primordiale de tempérament, de caractère, d'aptitude.

Comme les Italiens, au quatorzième siècle, les Flamands éprouvaient aussi le besoin de traduire en images l'Histoire sacrée. Ils ne représentaient pas les personnages des scènes sacrées comme vivant à l'époque même où se passaient ces scènes, mais comme des personnages contemporains, tels qu'ils étaient dans leur pays au moment où ils les peignaient ou les sculpturaient. Aussi, au lieu de peindre comme les précurseurs ou les maîtres de la Renaissance italienne de jolies Madones aux traits classiques, tout empreintes de la grâce et de la vivacité méridionales, ils traduisirent par le pinceau ou le ciseau des Vierges non moins pures, non moins suaves, non moins tendres souvent, mais d'un type au visage moins régulier, d'une santé moins fragile, très florissante au contraire.

En parcourant les musées, on voit de suite la différence et on peut distinguer facilement à première vue une robuste *Vierge flamande* d'une gracieuse et svelte *Vierge italienne*. L'air divin, la tendresse y existent toujours, mais sans ce cachet d'élégance, de poésie raffinée que l'artiste italien a su donner toujours à ses madones. Il y a plus de réalisme, plus de force terrestre dans les œuvres des Flamands.

M. Taine[2] a admirablement bien défini ce caractère religieux, mais nouveau, de la peinture flamande :

1. *Études sur la peinture et l'iconographie religieuses.*
2. *Philosophie de l'art.* La Peinture dans les Pays-Bas. Tome II, p. 20, 21, 22, 23, 24.

« Une renaissance flamande, sous des idées chrétiennes, a-t-il écrit, c'est là, en effet, le double caractère de l'art sous Hubert et Jean Van Eyck, Roger van der Weyden, Hemling [1] et Quentin Massys; et de ces deux traits suivent tous les autres. — D'un côté, les artistes prennent intérêt à la vie réelle; leurs figures ne sont plus des symboles, comme les enluminures des anciens psautiers, ni des âmes pures, comme des madones de l'École de Cologne, mais des personnages vivants et des corps. L'anatomie y est observée, la perspective y est exacte, les moindres détails des étoffes, de l'architecture, des accessoires et des paysages y sont marqués; le relief en est saisissant, et la scène entière s'impose à l'œil et à l'esprit avec une force et une solidité d'assiette extraordinaire; les plus grands maîtres des époques futures n'iront pas au delà, et même n'iront pas jusque-là. Il est clair qu'en ce moment on découvre la nature; les écailles tombent des yeux : on vient de comprendre presque tout d'un coup tout le dehors sensible, ses proportions, sa structure, sa couleur.

« Bien plus, on l'aime; considérez les magnifiques chappes lisérées d'or et brodées de diamants, les soies brochées, les diadèmes fleuronnés et éblouissants dont ils ornent leurs personnages divins et leurs saintes [2].

« Ce sont toutes les pompes de la cour de Bourgogne; voyez leurs eaux transparentes et calmes, leurs gazons illuminés, leurs fleurs rouges et blanches, leurs arbres épanouis, leurs lointains ensoleillés, leurs admirables paysages [3].

« Remarquez leur coloris, le plus fort et le plus riche qui fût jamais, les tons purs et pleins posés l'un à côté de l'autre comme dans un tapis persan et reliés par leur seule harmonie, les superbes cassures des manteaux de pourpre, les enfoncements d'azur des longues robes tombantes, les draperies vertes comme une prairie d'été pénétrée par le plein soleil, l'étalage des jupes d'or chamarrées de noir, la puissante lumière qui échauffe et brunit toute la scène; c'est un concert où chaque instru-

---

1. Ou Memling.

2. Dieu le père et la Vierge, par Hubert Van Eyck; la Madone, sainte Barbe et sainte Catherine, de Memling; l'Ensevelissement du Christ, de Quentin Massys, etc.

3. Saint Christophe, le Baptême de Jésus-Christ, de Memling et de son école; — l'Agneau mystique, des Van Eyck, etc.

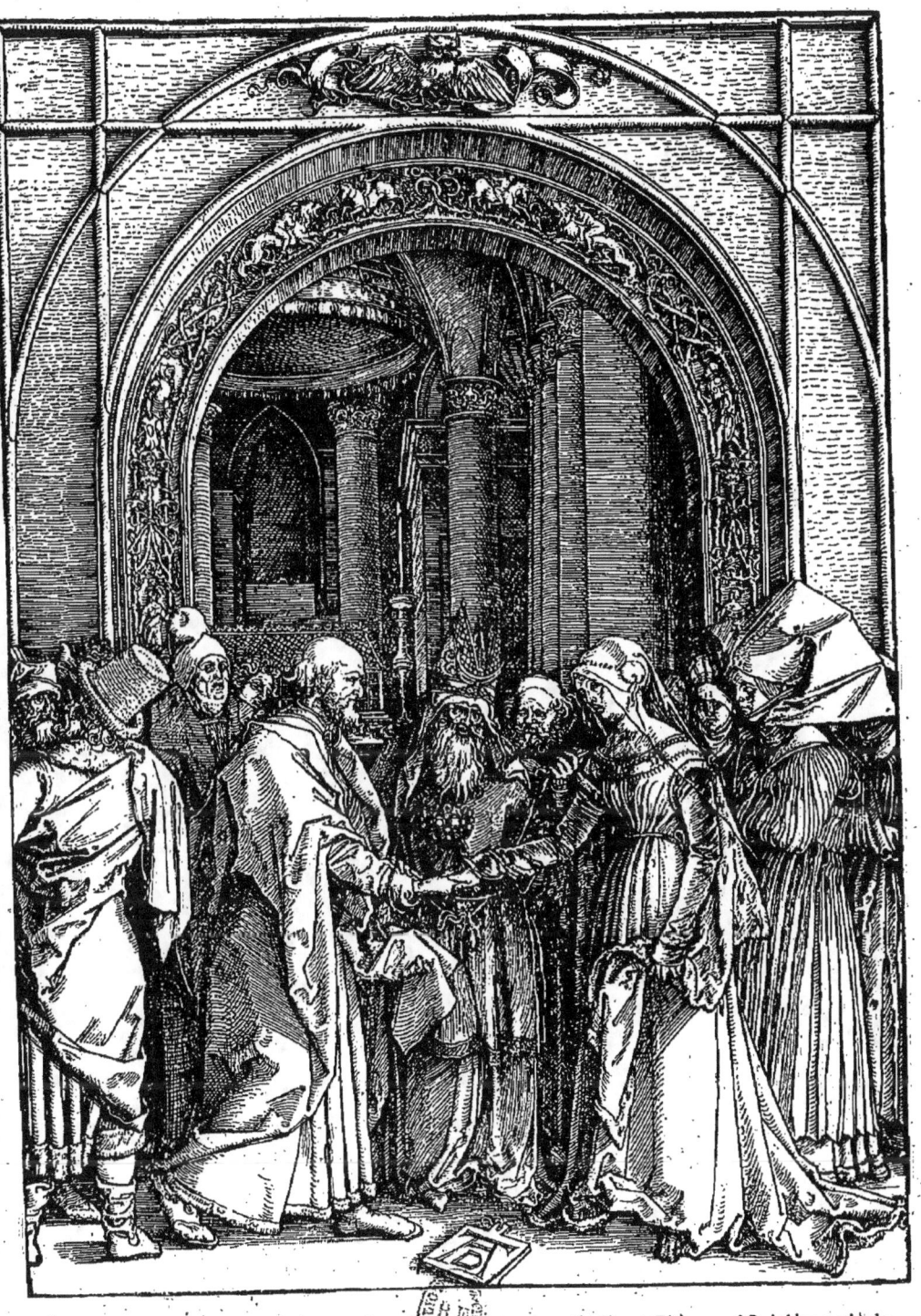

Le Mariage de la sainte Vierge, d'après une estampe d'Albert Dürer. — Seizième siècle.

ment donne toujours le son dont il est capable, d'autant plus juste qu'il est plus éclatant. Ils voient le monde en beau et ils en font une fête, une fête réelle, semblable à celle du temps, éclairée par un plus généreux soleil, non pas une Jérusalem céleste toute pénétrée d'une clarté surnaturelle, comme en peint Beato Angelico.

« Ils sont Flamands, ils restent sur la terre; ils copient avec un minutieux scrupule le réel et tout le réel, les orfèvreries d'une armure, les luisants d'un vitrail, les ramages d'un tapis, les poils d'une fourrure[1], le corps déshabillé d'une Ève et d'un Adam, l'énorme face plissée et débordante d'un chanoine, la carrure épaisse, le menton saillant, le nez proéminent d'un bourgmestre ou d'un homme d'armes, les jambes grêles d'un bourreau, la tête trop grosse et les membres trop minces d'un petit enfant, les costumes et l'ameublement du siècle. En tout cela, leur œuvre est une glorification de la vie présente. — Mais, d'autre part, elle est une glorification de la foi chrétienne. Non seulement presque tous leurs sujets sont religieux, mais encore ils sont remplis d'un sentiment religieux qui, dans l'âge suivant, manquera aux mêmes scènes. Leurs plus beaux tableaux ne représentent point un événement réel de l'Histoire sacrée, mais une vérité de la foi, une somme de la doctrine; Hubert Van Eyck conçoit la peinture à la façon de Simone Memmi ou de Taddeo Gaddi, comme un exposé de la théologie supérieure; ses figures et ses accessoires ont beau être réels, ils sont aussi symboliques.

« La cathédrale où Roger van der Weyden représente les sept Sacrements, est à la fois une église matérielle et l'église mystique, car le Christ y saigne sur son gibet en même temps que le prêtre y dit la messe à l'autel. La chambre ou le portique où Jean Van Eyck et Memling mettent leurs saints à genoux fait illusion par son détail et son fini; mais la Vierge, sur son trône, et les anges qui la couronnent montrent au fidèle qu'il est dans un monde supérieur. Une symétrie hiérarchique groupe les personnages, raidit les attitudes. Le regard est fixe et le visage impassible. Chez Hubert Van Eyck, c'est l'éternelle immobilité de la vie divine; au ciel, tout est accompli, le temps ne s'écoule plus.

---

1. La *Vierge au Donataire avec Saint Georges* de Jean Van Eyck; le *Triptyque d'Anvers*, de Q. Massys, et l'*Adam et Ève*, de Hubert Van Eyck, à Bruxelles.

« D'autres fois, chez Memling, c'est la placidité de la croyance absolue, la paix de l'âme conservée dans le cloître comme dans un bois dormant, la pureté immaculée, la douceur triste, l'obéissance infinie de la vraie religieuse qui vit absorbée dans son rêve, et dont les grands yeux ouverts regardent sans voir.

« En somme, ces peintures sont des tableaux d'autel ou d'oratoire : elles ne parlent pas, comme celles des âges suivants, à de grands seigneurs qui viennent à l'église par routine, et veulent retrouver, jusque dans les histoires religieuses, des pompes païennes et des torses de lutteur ; elles s'adressent à des fidèles, pour leur suggérer la figure du monde surnaturel par les émotions de la piété intime, pour leur montrer la sérénité immuable des saints glorifiés et l'humilité tendre des âmes élues. »

En tête des peintres flamands qui ont reproduit l'image de la Vierge, il faut placer Jean Van Eyck ( 1390-1441 ).

A Bruges se trouve l'un des chefs-d'œuvre de Van Eyck, par qui fut illustré le nom de cette ville. C'est la *Vierge glorieuse*, datée de 1436, peinte à la manière du Pérugin, de Francia et des maîtres de la Renaissance. A gauche de la Madone, qui siège sur son trône, se tient saint Donat[1], en grand costume d'archevêque ; à droite, saint Georges, couvert d'une riche et complète armure. Un peu derrière lui se voit, agenouillé, le *commettant* du tableau, de qui lui vient son nom populaire, *le Chanoine de Pala* (Georges van der Paele), vieux et gras. La composition est très vaste, car les personnages sont de demi-nature[2].

Ce tableau porte la date de 1436 et provient de l'ancienne église Saint-Donatien, démolie aujourd'hui. Le bon chanoine fut le donateur du tableau, et le fit exécuter par Van Eyck. On n'oublie pas, après l'avoir vu, le gras visage du prêtre, sillonné de veines et où les chairs pendent flasques et molles ; c'est d'un admirable naturalisme et d'une scrupuleuse vérité.

Les deux figures de saint Georges et de saint Donatien ont un aspect

1. Donatius.
2. Le musée d'Anvers possède une répétition de cette toile.

hiératique, une rigidité que Memling ne donnera pas à ses personnages. Saint Georges est un gardien immobile; c'est un soldat à la lourde armure gothique, qui veille sur le chanoine; la *Vierge* est grave; elle n'a

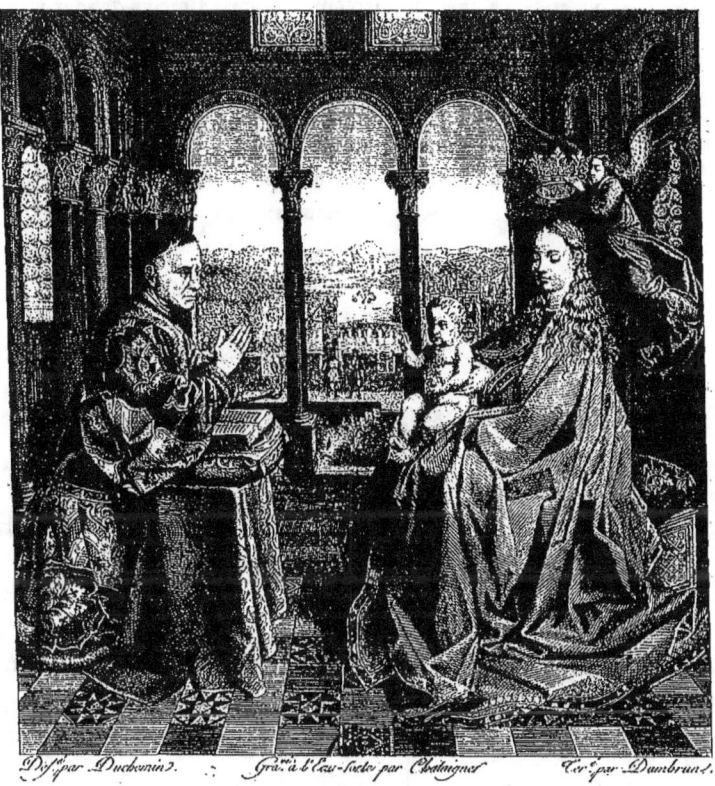

La Vierge au Donataire, d'après Van Eyck. — Quinzième siècle.

point le charme, mais l'austérité; elle tient sur ses genoux l'Enfant-Jésus, qui caresse un perroquet, et elle lui présente un bouquet de fleurs.

La dévotion qui vient de la grâce, même dans un sujet religieux, manque à cette page austère; mais ce tableau agissait sur les fidèles du Moyen-Age par son austérité même[1].

1. « Jean Van Eyck a créé l'art flamand, dit M. A. Wauters. Il l'a créé vivant, réel, profond,

Le musée du Louvre possède de Van Eyck la *Vierge au Donataire*, un autre chef-d'œuvre.

Sous un très riche portique, terminé dans le fond par trois arcades couvertes, et pavé de carreaux à compartiments de marbres de diverses couleurs, la Vierge est assise à droite, la tête nue, les cheveux dénoués et retenus seulement sur le front par un mince ruban noir. Elle est enveloppée d'un ample manteau rouge bordé de galon d'or, enrichi de perles et de pierreries. Au-dessus de ce galon, une deuxième bordure renferme des passages de l'Écriture, brodés en or et interrompus par les plis ; sur la partie du manteau qui touche les dalles, on peut lire cependant ces mots : *Exultata sum in Libano....* Un petit ange, vêtu d'une longue robe bleue, en ailes semées d'yeux, vole derrière la Vierge, et va poser sur sa tête une riche couronne d'or couverte de perles et de pierreries. Marie tient, assis sur ses genoux, le petit Jésus, qui porte de la main gauche le globe du monde en cristal, surmonté d'une croix en or et en pierres précieuses, et lève la main droite pour bénir un donateur agenouillé en face de lui. Ce donateur, vêtu d'une robe de brocart brun et or, garnie de fourrure, a les mains jointes et s'appuie sur un prie-Dieu où sont posés un coussin et un livre d'heures ouvert. Les chapiteaux des pilastres du fond de la salle représentent des sujets de l'Histoire sainte sculptés en bas-relief. A travers les trois arcades, on aperçoit un jardin avec des touffes de lis, de roses, de glaïeuls, et terminé par une terrasse garnie de créneaux. Des paons, des oiseaux, se promènent dans le jardin, et un homme, appuyé sur sa canne, se tient debout près d'un autre personnage qui se penche

énergique, physionomique et somptueux. Il a inventé le paysage et la perspective aérienne, il a donné la première forme vraie et belle aux hommes, aux animaux, aux fleurs, à tous les accessoires. Son dessin est serré, patient, concis, fouillé, sa couleur pleine, abondante, forte et d'une vibrante gravité ; sa facture magistrale et savante, inimitable de modelé, de simplicité, de fermeté. Sa mise en scène revêt toujours un caractère solennel, profondément imposant. Ses *madones*, ses anges et ses saintes présentent un mélange de rêverie élégante et de naturalisme qui déroute ; ses donateurs et ses donatrices sont des merveilles de physionomie, des portraits vrais jusqu'à la rudesse. Les grandes cathédrales ou les petits oratoires dans lesquels il nous les montre, sont tout entiers baignés dans un clair obscur ingénu, d'une tonalité chaude, transparente, puissante et dorée, qui lui est restée tout à fait personnelle. En vérité, comme l'a dit Fromentin, il semble que sous le pinceau de cet homme l'art de peindre ait dit son dernier mot et cela dès sa première heure. »

pour regarder par un des créneaux. Au delà du jardin, une rivière avec un pont défendu par une tour, et des îles. A droite, une ville avec des églises; à gauche, des faubourgs, et, dans le fond, une chaîne de

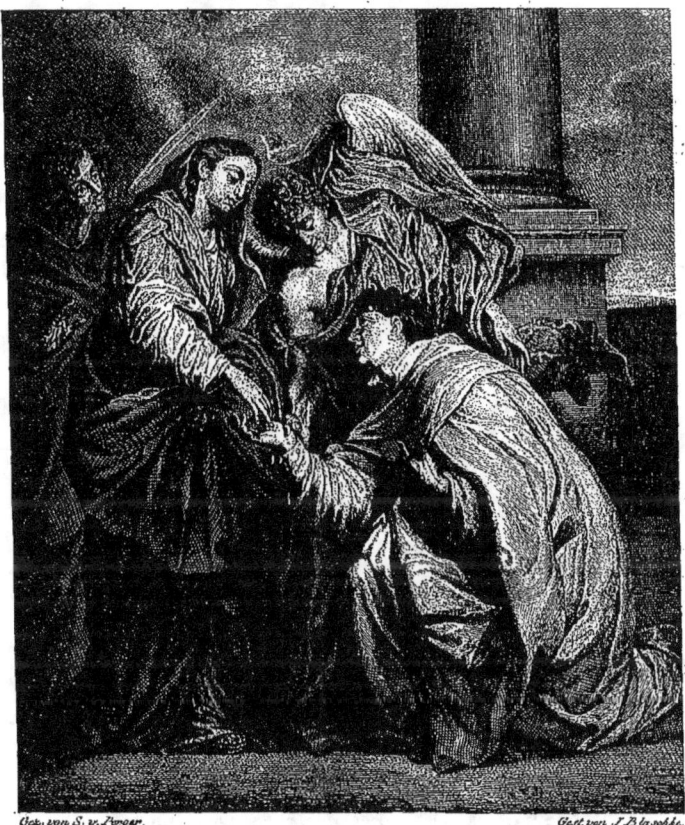

*Cab. von S. v. Digge.*                          *Gest. von J. Blaschke.*

Mariage mystique du bienheureux Joseph Hermann, d'après Van Dyck.
Dix-septième siècle.

montagnes. On croit reconnaître Lyon dans la ville représentée dans le fond du tableau, et le chevet de la cathédrale de Saint-Étienne placée sur les bords de la Saône. On voit près de deux mille personnages au fond du tableau.

Un autre artiste flamand, peu connu, Jean Bellegambe, a laissé une *Immaculée Conception*, d'une grande délicatesse, qui se trouve au musée de Douai.

Jean Bellegambe est né à Douai, vers 1478, et est contemporain de Jean de Maubeuge. Ce maître a sa place dans l'histoire de la peinture flamande, à côté des Primitifs du quinzième et du seizième siècle. Il appartient à une époque de transition, s'inspirant encore des derniers maîtres gothiques qui perpétuent la tradition des Van Eyck, et annonçant déjà, par la fermeté de la touche, les coloristes de la Renaissance. Jean Bellegambe fut fort apprécié de son temps ; Guicciardini l'a cité parmi les meilleurs artistes des Pays-Bas, et ses compatriotes de l'Artois et de la Flandre, pour lesquels il exécuta de nombreux travaux, lui donnèrent le surnom de *Maître des couleurs*.

On voit aussi de lui au musée d'Arras une *Adoration des Mages*, triptyque, où dans le panneau central il a rappelé la candeur de Memling, et fait preuve d'une extrême délicatesse en représentant la Vierge, qui reçoit l'hommage d'un des rois orientaux, qui vient de s'agenouiller à ses pieds, en lui présentant un calice d'or. La Vierge, dont le type est bien flamand, a une grande douceur d'expression.

Un autre Flamand, van Orley (Bernard), dans son *Mariage de la Vierge*, du musée du Louvre, s'est montré l'imitateur de Raphaël, ainsi que Franz Floris, dans sa *Vierge* du musée de Vienne.

Hans Memling[1] a été aussi un peintre ému de la Vierge. Les commandes de tableaux religieux lui étaient venues de tous côtés : non seulement, à Bruges, le doyen de la corporation des enlumineurs, Guillaume Vryland, lui commandait les *Sept Douleurs de la Vierge* (aujourd'hui à la Pinacothèque de Turin) ; le juré de la corporation des tanneurs, les *Sept Joies de la Vierge* (aujourd'hui à la Pinacothèque de Munich) ; Jean Floreins, boursier de l'hôpital Saint-Jean, l'*Adoration des Mages*, peinte en 1749 ; Jacques Floreins, la *Vierge aux Donateurs* (légué au musée du Louvre par le comte Du Châtel), où il figure avec sa femme, leurs saints patrons et ses dix-neuf enfants ; mais les

---

1. Un des élèves de Memling, Jean Gossaert (1470), a peint un charmant tableau de *Saint Luc peignant la Vierge*, qui se trouve au musée de Prague.

princes, les étrangers et les représentants des nations faisaient encore appel à son savant pinceau. L'Anglais sir John Chiffard, Jeanne de France, duchesse de Bourbon, le chanoine Henri Greverade de Lubeck lui commandaient des triptyques et diptyques, aujourd'hui en la possession du duc de Devonshire, à Chatsworth, du duc d'Aumale, à Chantilly; Charles le Téméraire, lui-même, lui commandait le célèbre triptyque de l'*Adoration des Mages*, devenu par la suite l'*oratoire portatif de Charles-Quint*, et passé au musée du Prado, à Madrid.

Dans ses tableaux où il a représenté la *Vierge*, Memling s'est montré réaliste déclaré en même temps qu'idéaliste délicieux.

Quand il a peint, pour la chapelle de la corporation des tanneurs, les *Sept Joies de la Vierge*, il prit un plaisir évident à faire mouvoir, dans les fonds où s'étalent les prairies diaprées de fleurs, les rivières, les villes et les remparts, des artisans et des laboureurs, des piétons et des cavaliers, des pèlerins et des manœuvres, des animaux de toute sorte, et derrière le doux, le mystique, le rêveur Memling, derrière l'artiste et le poète ému qui semble ainsi évoquer, dans un élan de pieuse allégresse, le mystère rédempteur de la *Pentecôte,* on découvre un animalier très précis, un paysagiste très accusé. Le peintre idéaliste de la *Vierge* se montre en même temps peintre réaliste.

Les grands maîtres de l'art flamand, Van Dyck et Rubens, n'ont point non plus dédaigné de peindre la *Vierge*.

Une des meilleures compositions de Van Dyck, c'est le *Mariage de la Vierge avec le bienheureux Joseph Herman*. « Un bel ange, à la chevelure ondoyante, se penche pour prendre la main du pieux chanoine, qui ose à peine l'avancer. La Vierge, ainsi escortée, met sa main pure dans la main du bienheureux, ou plutôt elle ne fait que la toucher du bout de ses doigts divins. Mais quelle dignité charmante! que de grâce et de délicatesse dans l'attitude de cette Reine des cieux, descendue de son trône, radieuse et couronnée, pour se prêter aux imaginaires fiançailles d'un moine dévoré par l'amour mystique[1]! »

L'un des plus grands chefs-d'œuvre qui ont le plus illustré le nom de Rubens se trouve au musée du Belvédère, à Vienne. C'est un vaste

---

1. Charles Blanc, *École Flamande.*

triptyque, réunissant à un premier sujet, qui en fait le centre, les
portraits des donateurs ou commettants peints sur les volets avec leurs
saints patrons. Ce chef-d'œuvre, c'est l'*Apparition de la Vierge à
saint Ildefonse*, lorsqu'elle apporte des cieux au nouvel archevêque de
Tolède ses habits sacerdotaux ; les commettants sont l'infante Clara-
Isabel-Eugenia, fille de Philippe II, abbesse des Clarisses, et Albert
d'Autriche, gouverneur des Pays-Bas pour l'Espagne. Tous deux,
faisant face à la vision extatique de saint Ildefonse, sont agenouillés,
elle auprès de sainte Claire en abbesse, lui auprès de saint Albert en
cardinal.

Jamais Rubens n'a su unir plus de noblesse à plus de vérité, et
jamais son pinceau n'a su montrer plus d'éclat que dans cette vision.

« On chercherait vainement, dans l'œuvre innombrable de sa vie
entière, une page supérieure à ce triptyque célèbre, et c'est à lui
qu'on décernera la palme suprême. »

Une autre perle de Rubens, une *Madone* d'un pied de haut, se
trouve au *museo del Rey*, à Madrid. C'est un divin chef-d'œuvre de
délicatesse, une perle parmi ses petits tableaux. La Vierge est adorée par
un groupe de quinze saints ou saintes : Madeleine, Thérèse, Sébastien,
Georges, Pierre et Paul, les deux patrons du peintre.

Rembrandt a peu souvent représenté la figure de la Vierge Marie.
Ce sujet le tentait peu. « Une fois cependant, Rembrandt a su donner
au type de la Mère de Dieu une expression de tendresse si profonde,
qu'on éprouve devant elle une émotion d'un genre particulier. Il en
a fait une vulgaire enfant du peuple, portant avec tristesse dans ses
bras le fruit de ses entrailles; mais la beauté des *Madones* de Raphaël
ne touche pas plus le cœur que la laideur de cette pauvre femme,
transfigurée par l'amour maternel[1]. »

On voit encore au musée du Louvre un curieux tableau anonyme
de l'art flamand qui doit appartenir à l'École française.

---

1. Lecoy de la Marche.
Le musée de l'Ermitage possède une *Sainte Famille*, de Rembrandt, conçue dans le même
sentiment (1645). « Le calme bonheur du foyer domestique, dit Waagen, est rendu ici avec
un sentiment que relèvent encore la profondeur et la puissance d'un clair-obscur d'une
chaleur telle que Rembrandt en a rarement mis autant dans ses œuvres. »

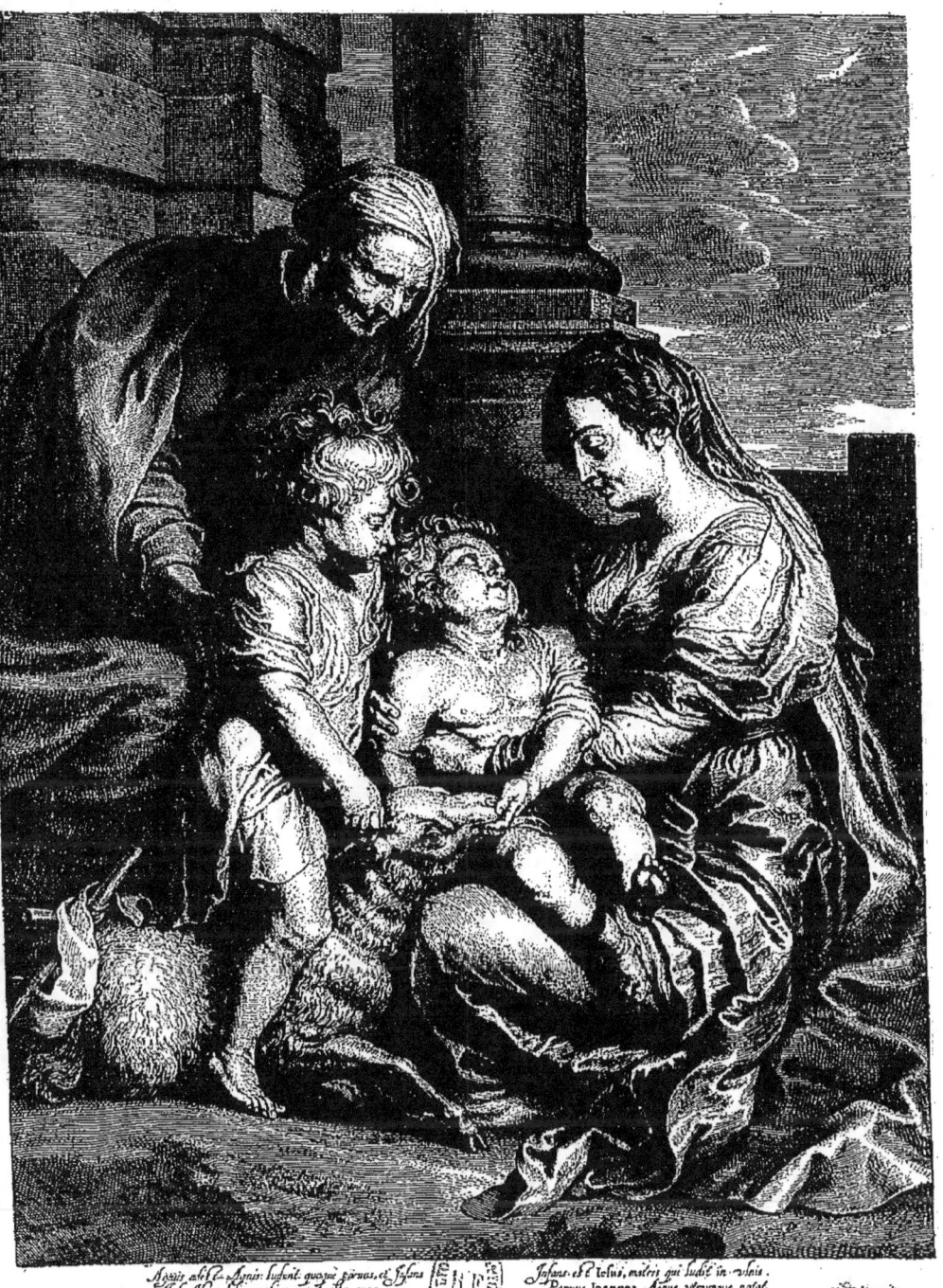

La sainte Vierge et l'Enfant-Jésus, sainte Anne et saint Jean-Baptiste, d'après Rubens.
Dix-septième siècle.

La Vierge, assise, tient sur ses genoux l'Enfant-Jésus nu, debout et
portant dans la main gauche la boule du monde. Il est adoré par deux
anges à genoux, dont l'un à droite joue de la viole, et l'autre à gauche
de la basse. Les fleurs qui entourent le médaillon sont peintes sur un
fond noir. Le coloris en est fort joli.

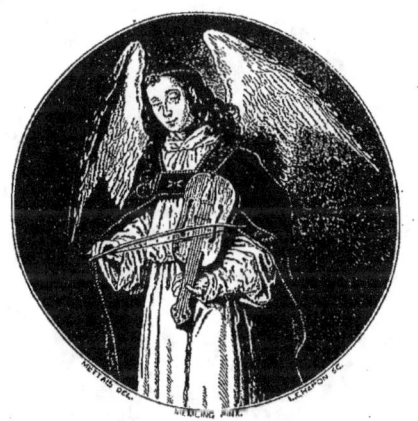

Ange jouant du violon, d'après Memling. -- Quinzième siècle.

## CHAPITRE X

## LA SAINTE VIERGE

## DANS L'ART ESPAGNOL

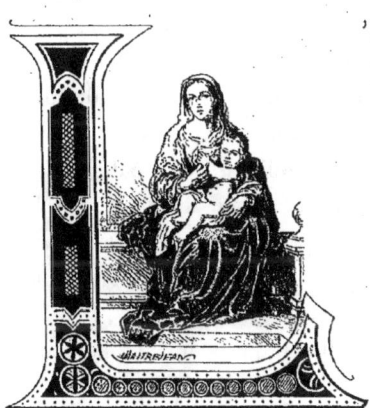

La Vierge et l'Enfant-Jésus, d'après Murillo.
Dix-septième siècle.

'Ecole espagnole a tenu une grande place dans l'art religieux pendant plusieurs siècles. La foi du peuple espagnol, ses tendances mystiques eurent une grande influence sur les artistes et leurs œuvres.

L'Art chrétien en Espagne commença par être sous la dépendance des artistes des Pays-Bas.

« Les arts, dit M. de Laborde [1], furent, en Espagne et en Portugal, pendant le quinzième et presque tout le seizième siècle, sous la domination exclusive des artistes flamands. Au commencement même de la découverte du procédé de la peinture à l'huile, les Flamands avaient introduit en Espagne des spécimens de leur peinture. L'arrivée en Portugal, en 1428, de Jean Van Eyck [2] eut une grande influence.

« Dès ce moment, ajoute M. de Laborde, l'influence flamande est tellement prononcée, tellement exclusive dans toute la péninsule, qu'il

1. *Les Ducs de Bourgogne*, tome Ier, p. cxxvi.
2. Jean Van Eyck avait accompagné l'ambassade que le duc de Bourgogne avait envoyée à la cour de Portugal pour demander la main de la princesse Isabelle. Van Eyck visita avec les ambassadeurs la Galice, l'Andalousie, la Castille.

faut admettre une émigration incessante des œuvres et des artistes des Pays-Bas dans l'Espagne et le Portugal.

On trouve les noms de plusieurs d'entre eux dans les archives de Madrid et de Lisbonne : *Gil Eaunes* (1465), *Christophe d'Utrecht* (1490), *Jean de Bourgogne* (1495), *Antoine de Hollande* (1495), *Olivier de Gand* (1496), *Juan Flamenco* (1499), dont le talent se rapproche de celui d'Hans Memling et qui a décoré de peintures murales la Chartreuse de Miraflores, près de Burgos.

« L'influence flamande se reconnaît en Espagne surtout dans les œuvres de *Jacques de Valence*, de *Gallegas*, de *Pierre de Candone*, de *Pierre Nunez*.

« Pour apprécier le caractère de l'art espagnol indépendant, il faut se rappeler que la lutte du catholicisme contre les infidèles était profondément nationale. « La pensée que Philippe II avait essayé de faire triompher par tous les moyens, l'art espagnol en a été l'expression visible ; il a donné une forme au catholicisme militant de la nation. La Renaissance italienne avait trouvé l'expression idéale du christianisme, en le ramenant aux conditions de l'art antique et n'empruntant au dogme que ce qu'il a de plus élevé, de plus général et de plus humain. Mais depuis la Réforme, la guerre était allumée entre les consciences, et il fallait que l'art lui-même s'armât pour la bataille ; il quitta donc les hauteurs idéales où l'avait placé l'école italienne, il descendit dans l'arène et se mêla aux passions déchaînées. Il se fit protestant en Hollande, monastique en Espagne, réaliste des deux côtés. L'art protestant, reniant la forme païenne, cherche le divin dans la lumière, traduit en langue vulgaire les scènes bibliques et trouve dans le peuple les modèles des patriarches et des apôtres. L'art catholique traduit les rêves ascétiques du cloître et les légendes des saints en images violentes dont il trouve les modèles dans les auto-da-fé de l'inquisition.

« On distingue dans l'art espagnol les quatre écoles de Valence, de Tolède, de Madrid et de Séville. Considérée dans son ensemble, l'école espagnole suit la même marche que les écoles de Venise et des Flandres ; elle débute par des maîtres consciencieux, corrects, un peu secs, arrive ensuite à une manière grande et large, et cherche surtout la vérité et l'éclat de la couleur, puis elle s'éteint presque subitement.

« L'Italie donna à l'Espagne les premières notions de la peinture. Lorsque les guerres de Charles-Quint eurent établi entre les deux pays des rapports fréquents, plusieurs artistes italiens vinrent s'établir en Espagne, en même temps qu'un grand nombre d'Espagnols allaient étudier l'art en Italie [1]. »

Les premiers grands artistes chrétiens de l'Espagne furent des apôtres. Comme l'a dit Stirling, « il y avait à peine un d'entre eux qui n'eût passé une partie de sa vie dans les couvents et les cathédrales, et c'est ainsi que s'écoula l'existence d'un grand nombre. Les pieuses leçons dont ils ornaient les murs des églises avaient plus d'attraits que les discours d'un moine; et le peintre, connaissant, sentant toute la dignité de sa tâche, s'y appliquait avec toute la ferveur du moine le plus pieux. Joanès avait l'habitude de recourir à la prière, au jeûne et à la communion pour se préparer à entreprendre un nouvel ouvrage. Luis Vargas y ajoutait l'infliction de la discipline, et il avait près de son lit un cercueil dans lequel il s'étendait parfois pour méditer sur la mort. Nicolas Facta, franciscain de Valence, fut aussi connu pour son mérite comme peintre que pour la sainteté de sa vie; celle-ci fut telle qu'il obtint la canonisation. »

Un de ces peintres épris de mysticisme, Luis de Moralès, donne à ses Vierges une expression poignante.

Il naquit à Badajoz en 1508 (il mourut en 1586). On ne sait de qui il fut l'élève. Les Espagnols lui ont donné le surnom de *Divin*, parce qu'il peignit surtout des sujets de sainteté, entre autres le Christ mort dans les bras de la Vierge, des Notre-Dame-des-Douleurs, etc. Les tableaux incontestables de Moralès sont rares, peints sur cuivre ou sur bois, et généralement de petites dimensions; ils ne représentent qu'une tête, un buste, une figure à mi-corps.

Moralès savait exceller dans l'expression de la douleur. Pendant sa jeunesse il avait été fort riche. Philippe II l'ayant demandé pour travailler à la décoration de l'Escurial, Moralès y déploya un tel luxe que le roi en prit ombrage et il tomba en disgrâce.

1. Louis et René Ménard, *l'Art en Espagne.*

La misère vint frapper à sa porte, et quand, en 1581, Philippe II
passa à Badajoz, il retrouva le vieux maître dans la peine : « Tu es
bien vieux, Moralès, lui dit-il. — Oui, Sire, reprit le peintre, et bien
pauvre. » Le roi, touché, lui fit une pension de 300 ducats.

Les types favoris de Moralès ont été les *Mères de douleur*. L'une
d'elles est un vrai chef-d'œuvre. C'est celle du musée de Madrid. La
Vierge, vue à mi-corps, serre avec tendresse dans ses bras la poitrine
de son divin Fils bien-aimé, dont la tête se renverse et dont le côté
répand encore un ruisseau de sang [1]. La tristesse de la Vierge ne
saurait être rendue avec plus de pathétique [2].

Le *peintre des Madones de l'Espagne,* le Raphaël de ce pays, a été
Bartholomé Esteban Murillo (né à Séville en 1618, mort en 1682).
Dans la peinture des sujets mystiques il a été l'égal des plus grands
maîtres.

« Bartholomé Esteban Murillo a été souvent regardé comme le plus
grand peintre de l'école espagnole. Ses premières années furent très
dures ; avant d'arriver à la fortune il passa par tous les échelons de la
misère, peignant à la douzaine de petites vierges de pacotille qu'on
expédiait dans le Nouveau-Monde. Il réussit enfin à venir à Madrid,
où Vélasquez lui facilita les moyens de pénétrer dans l'Escurial et d'é-
tudier les tableaux des grands maîtres que les rois d'Espagne y avaient
rassemblés. Les œuvres de Murillo sont très nombreuses et fort inégales,
parce qu'aussitôt qu'il eut un nom célèbre la spéculation fit revenir en
Europe d'anciennes peintures qu'il avait faites pour un morceau de
pain. Murillo a eu trois manières que les Espagnols appellent chaude,
froide et vaporeuse ; il ne les a pas employées successivement à différentes époques de sa vie, mais toutes les trois dans le même temps,
selon les sujets qu'il avait à traiter. Il chercha tour à tour l'idéal et
la vérité pittoresque, et ses mendiants crasseux deviennent aussi
beaux, à force de réalité, que ses vierges immaculées qui s'enlèvent dans

1. Les miniaturistes du Moyen-Age ont aussi représenté souvent le Christ de cette
façon.

2. « Il a su mettre un grand soin à bien rendre toutes les gouttelettes de sang qui tombent du front de ses Christs couronnés et les larmes des Vierges peinées de douleur. » (Paul
Lefort, *École espagnole.*)

une atmosphère de vapeurs lumineuses. Dans la sainte Elisabeth lavant
et pansant de pauvres teigneux, Murillo a pu réussir les deux aspects
de son talent. Cette belle jeune femme, qui sous le voile de la nonne

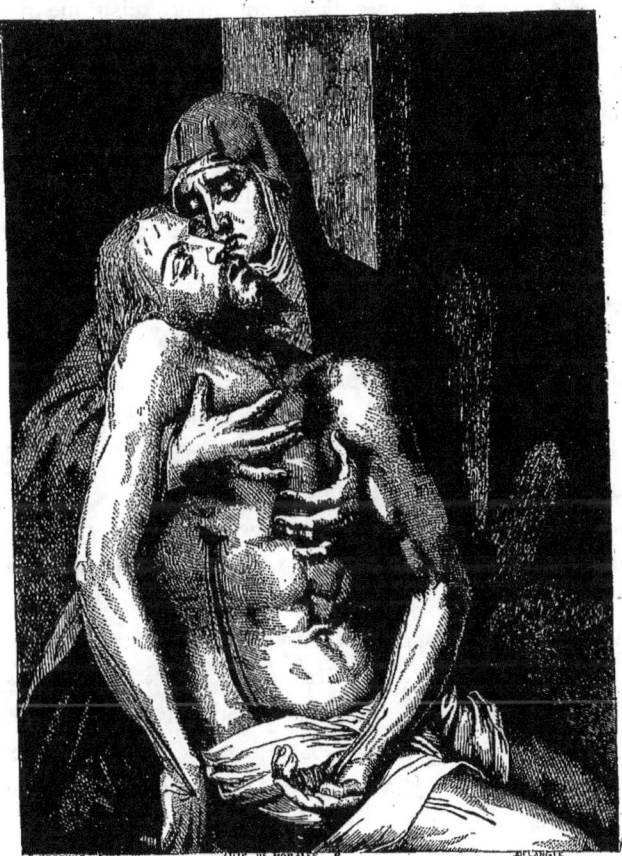

La Vierge de douleur, d'après Luis de Moralès. — Seizième siècle.

porte la couronne de reine, contraste admirablement avec les enfants
rachitiques et malingres qui grattent leur tête sans cheveux, avec la
vieille décharnée et le lépreux qui étale ses plaies [1]. »

1. Louis et René Ménard, *Tableau historique des beaux-arts.*

Il avait commencé à apprendre la peinture à Séville avec son parent Juan del Castillo.

En 1643, Murillo vint à Madrid, se mit sous la direction de Vélasquez; il retourna à Séville en 1645.

Depuis cette époque jusqu'à sa mort, il produisit une quantité innombrable d'ouvrages qui lui valurent une immense réputation.

Appelé à Cadix en 1681, pour peindre au-dessus du maître-autel d'un couvent, il tomba du haut d'un échafaudage, revint à Séville, et mourut des suites de cette chute.

Murillo est un des peintres les plus féconds qui aient jamais existé.

Murillo, épris de l'idéal, affectionnait les sujets religieux, les compositions mystiques, les extases des saints, les apparitions célestes, les madones.

Les vierges, dont il a emprunté le type à la race andalouse, ont été poétisées. Il n'a jamais voulu qu'une seule pensée profane pût effleurer ces ravissantes figures de madones, et jamais, par exemple, il n'a laissé voir, comme les Italiens, les pieds nus de la Mère de Dieu.

Murillo a su, dans les compositions extatiques, admirablement varier son expression, et il enfanta en ce genre des prodiges. Dans ses *Conceptions*, il a donné à ses *Vierges* une expression grandiose et inespérée.

« Murillo, dit Charles Blanc, monta facilement à la première place dans Séville. De toutes parts on venait lui demander des tableaux de *Vierges*, des moines en prières, des Jésus et autres sujets de dévotion. Il les peignait si bien dans le sentiment passionné des Espagnols! Pas une communauté de Capucins, d'Augustins, de Franciscains qui ne voulût avoir l'image de son saint patron de la main de Murillo; pas un maître-autel de cathédrale, pas une chapelle de couvent qui ne fût réservée à quelqu'une des innombrables *Conceptions* si vite composées par Murillo et tant de fois variées. On eût dit que ce brillant miracle éclairait continuellement son imagination. La Vierge ravie lui apparaissait toujours vêtue de blanc et de bleu, invariable ajustement qui sans doute dans la pensée du peintre unissait les deux couleurs de la pureté et du ciel. »

« On raconte, dit un critique, que, pour la plus grande commodité

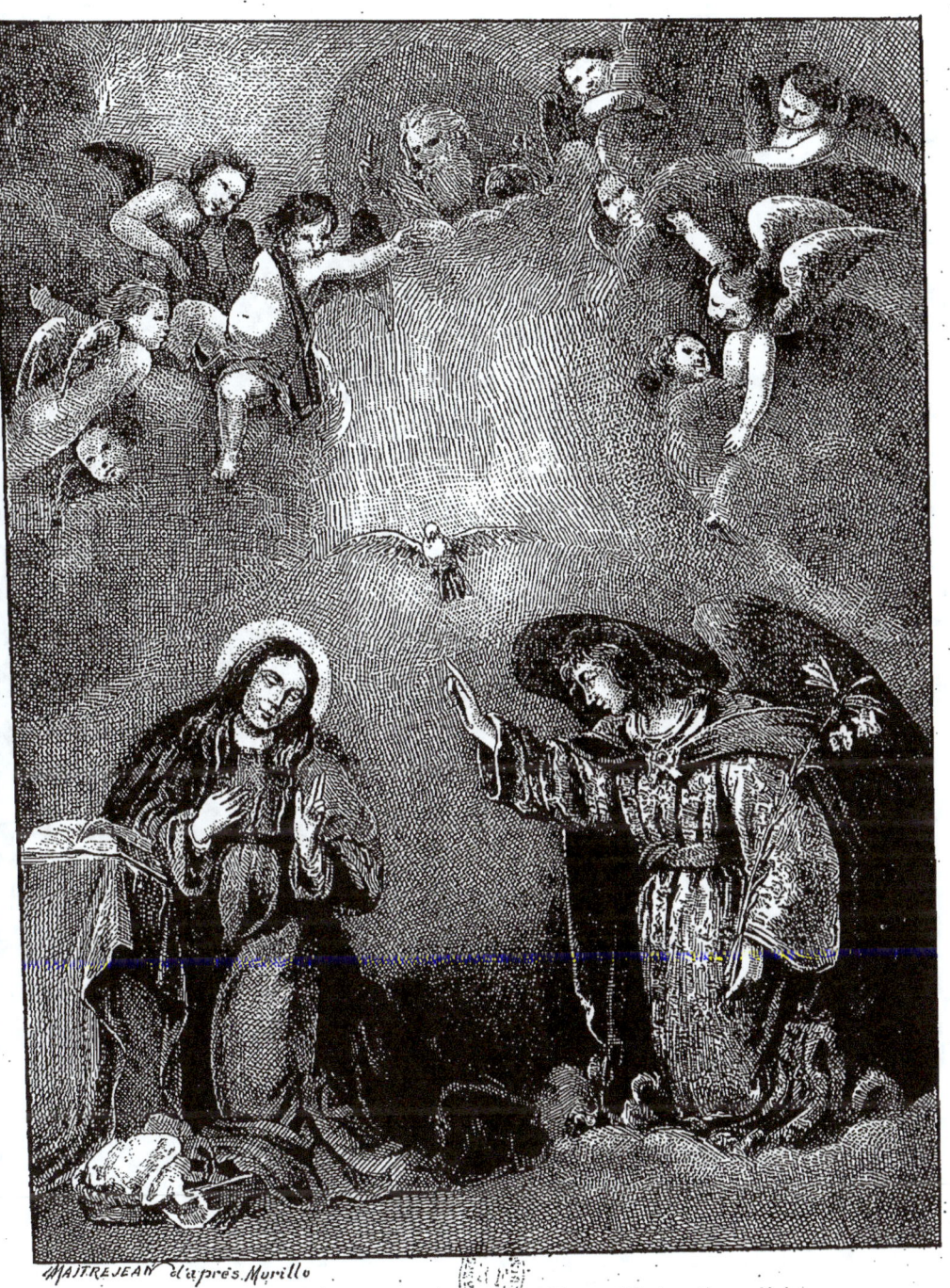

L'Annonciation, peinture d'après Murillo. — Dix-septième siècle.

(L'original, qui est de la même grandeur que cette gravure, appartient à M. Tolra.)

de son travail, il avait distingué lui-même en trois catégories tous les
sujets possibles de tableaux, et que pour chacun de ces genres il avait
adopté une manière de peindre différente. Ainsi les *Assomptions,* les
*Annonciations,* tous les sujets où il entrait une part de rêve et où il
s'agissait de rendre aussi poétiques que possible des figures féminines,
étaient classés par lui dans le genre *vaporeux ;* et, si l'on veut se rendre
compte de ce qu'il entendait par ce mot, il suffit de voir au Louvre
l'*Immaculée Conception* du salon carré, avec la pureté de ses formes et
la suavité de ses couleurs tendres, l'expression douce et mystique du
visage de la Vierge, et la coquetterie de cette guirlande de petits anges,
qui forment autour du tableau comme une vapeur d'encens. Les scènes
de la vie des saints, très nombreuses dans l'œuvre de Murillo, étaient
traitées par lui dans le genre *chaud.* Le *Miracle de saint Diego,* com-
munément appelé la *Cuisine des Anges,* et la *Naissance de la Vierge* au
Louvre, sont des modèles parfaits du genre chaud de Murillo, avec le
mouvement de leur composition, l'intensité des oppositions de lumière
et d'ombre, la vigueur du coloris. Enfin, Murillo classait dans le genre
*froid* les innombrables tableaux où il représentait des mendiants, des
paysans, des petits bohémiens [1]. »

Avec la *Naissance de la Vierge,* le musée du Louvre possède un de
ses chefs-d'œuvre : l'admirable *Assomption,* qui a aussi pour titre : la
*Conception immaculée de la Vierge.*

La Vierge Marie est debout, entourée de groupes d'anges. Les cheveux flottants, les mains croisées sur la poitrine, les pieds posés sur le
croissant de la lune, dont les pointes sont tournées en haut, elle s'élève,
portée sur les nuages, dans l'immensité des cieux.

« Le coloris, a dit M. de Mercey, est admirablement approprié à
la pensée. La Vierge est comme enveloppée d'une atmosphère transparente et dorée, empruntée au ciel, au milieu de laquelle les anges et les
chérubins s'agitent comme dans un élément qui leur est propre. La
lumière rayonne de leurs yeux, se joue sur leurs membres souples et
soyeux, et semble émaner de chacun des points de cette toile éblouissante,
sans dissonance, sans que rien altère la solidité de ton de chaque objet

1. Wyzewa et Perreau, *la Peinture espagnole.*

peint dans la pâte la plus puissante, et que, par endroits seulement, l'artiste a légèrement surglacée à la vénitienne. »

Il fallait vraiment qu'on considérât ce tableau comme un merveilleux chef-d'œuvre pour que le Gouvernement français le payât 615 300 francs à la vente du maréchal Soult, le 19 mai 1852. Le maréchal Soult avait reçu cette merveilleuse œuvre d'art pour prix de la grâce de deux moines espagnols qui allaient être pendus comme coupables d'espionnage.

Dans un rapport fait au Corps législatif en 1852, au nom d'une commission parlementaire chargée d'examiner le projet de loi portant ouverture d'un crédit extraordinaire pour solder le montant de cette acquisition, M. Giron de Buzareingues, député, s'exprima ainsi :

« La galerie du maréchal Soult avait une grande réputation, et la *Conception* de Murillo était considérée comme la plus belle toile de cette collection : c'est ce qui explique pourquoi plusieurs puissances, et notamment l'Espagne, étaient désireuses d'acquérir ce tableau et ont poussé très haut les enchères. Il est difficile d'assigner le prix réel des objets d'art, qui est très variable ; mais dans cette occasion tout exceptionnelle, il était d'un grand intérêt pour la France de ne pas laisser passer à l'étranger cette belle composition, dont elle était depuis longtemps en jouissance. »

M. Henry Robert a raconté d'une façon très intéressante, dans le *Moniteur* du 20 mai, les péripéties de la lutte qui s'engagea entre les représentants des divers gouvernements pour l'acquisition de ce chef-d'œuvre : « Un frémissement, dit-il, a couru sur l'assemblée au moment où M. Georges (un des commissaires experts) a proclamé que la célèbre *Conception* de Murillo allait être soumise aux enchères. La mise à prix de 150 000 francs, la plus élevée qu'ait jamais présentée aucune vente publique, a été accueillie par d'unanimes applaudissements. Puis un rapide roulement d'enchères de 1 000 francs a bientôt porté le chiffre à 400 000 francs. Cet hommage rendu au chef-d'œuvre de Murillo a été accompagné d'une nouvelle salve d'applaudissements. Le silence rétabli, les enchères se précipitent par 1 000 francs encore jusqu'à 500 000 francs. Ici, un des combattants, dont le feu est éteint, semble avoir battu en retraite. On aperçoit dans

les groupes lord Hertford (célèbre amateur) souriant; M. le comte de
Nieuwerkerke, directeur des Musées, calme sur sa banquette, semblait
étranger à la lutte. Le seul concurrent visible était un étranger, petit
de taille et vêtu de noir, placé sur les premiers degrés de l'échelle du

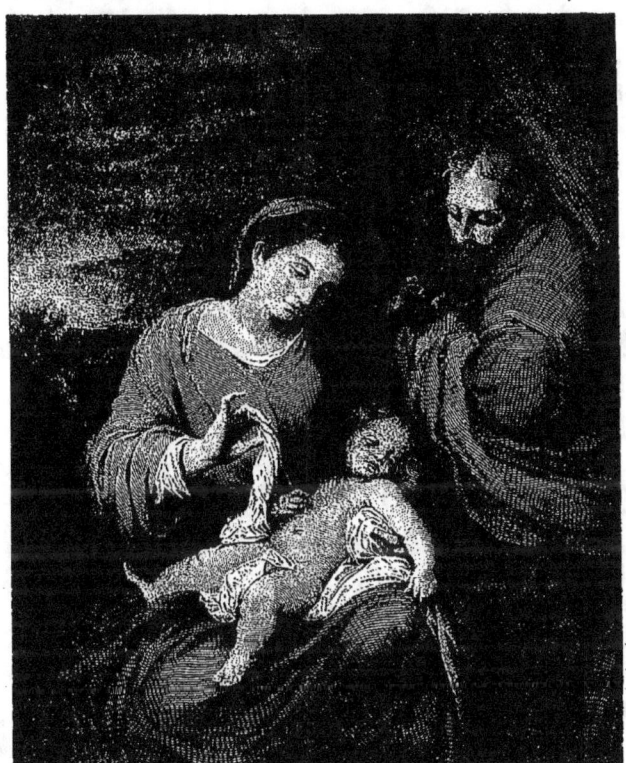

La sainte Vierge couvrant Jésus endormi, d'après Murillo.
Dix-septième siècle.

crieur. M. de la Neuville (agissant au nom de la direction des Musées)
semblait chercher dans la petite rotonde les signes de son client invisible. A partir de 500 000 francs, un feu croisé d'enchères de 1 000 francs
s'établit quatre-vingt-cinq fois de suite entre M. de la Neuville et
l'étranger vêtu de noir. Un temps d'arrêt se fait. M. de la Neuville,

interpellé par M. Bonnefond de Lavialle, commissaire-priseur, demande à respirer un moment. Après avoir cherché un signe, il fait entendre 586 000 francs (non compris les frais). Alors tous les regards se reportent vers l'étranger qui, tenant son mouchoir à sa bouche, semblait en proie à une terrible angoisse. Interpellé à son tour, il baisse la tête, et, d'une voix éteinte, s'avoue vaincu. A peine le marteau de M. de Lavialle a retenti, et à peine a-t-on entendu : *Adjugé à 586 000 francs*! que tout à coup M. de Nieuwerkerke se lève en jetant ces mots : « A la France, Messieurs! » Décrire l'émotion qui accompagne ces paroles serait impossible. De toutes parts on s'élance, on serre les mains de M. de Nieuwerkerke, et on le félicite d'avoir conservé à la France le plus célèbre tableau de Murillo. »

Il y a encore au Louvre une autre belle *Conception immaculée de la Vierge* de Murillo. Marie est debout, portée aussi sur les nuages et entourée de chérubins, les mains jointes. A droite, dans les airs, deux anges tiennent une banderolle sur laquelle on lit : *In principio dilexi eam.*

Ce tableau, acquis en 1817, provient de la collection du roi Louis XVIII. La manière dont la Vierge est représentée ici demande quelques explications. Marie vint au monde exempte du péché originel et sans tache. C'est son Immaculation et non sa Conception que l'Église célèbre le 8 décembre. Les peintres, et surtout les artistes espagnols, pour symboliser cette pieuse croyance, reconnue solennellement en 1854 comme article de foi, se sont inspirés de ce passage du douzième chapitre de l'*Apocalypse* : « Il parut un grand prodige dans le ciel; une femme qui était revêtue du soleil, qui avait la lune sous ses pieds, et sur sa tête une couronne de douze étoiles. »

Quelques artistes, surtout les Espagnols, ont placé un serpent sous les pieds de la Vierge, et ont substitué avec plus de raison le globe terrestre au croissant, puisque c'est sur la terre que la Vierge Marie a triomphé du démon.

La *Naissance de la Vierge* qui se trouve aussi au même musée provient encore de la galerie du maréchal Soult.

Au milieu d'une grande salle, une femme âgée et une jeune fille

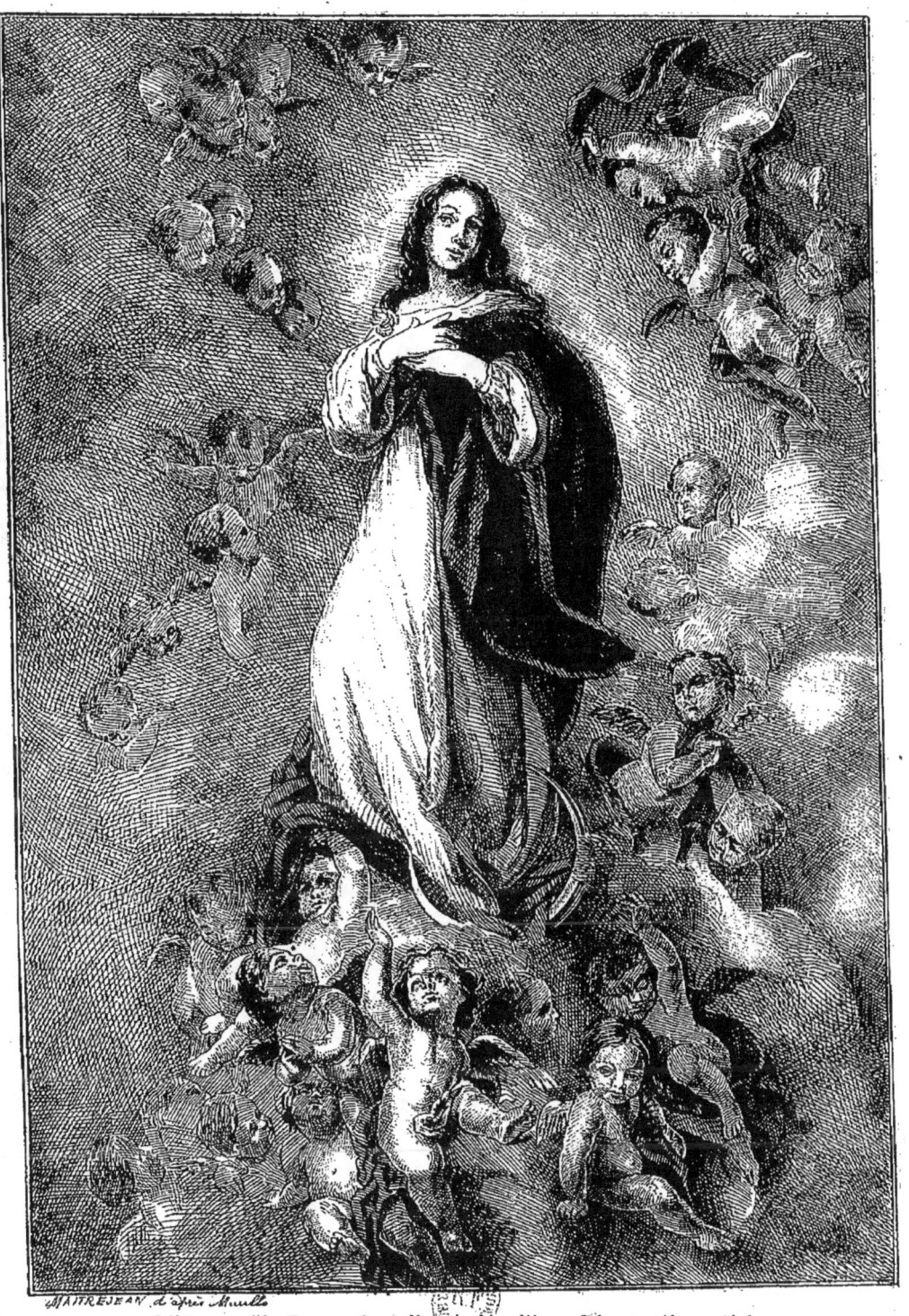

L'Immaculée Conception, d'après Murillo. — Dix-septième siècle.

agenouillée soutiennent dans leurs bras la Vierge qui vient de naître
et qui élève ses petites mains vers le ciel. Deux anges debout, derrière
la vieille femme, se penchent respectueusement pour contempler l'enfant.
Deux autres petits anges présentent des linges qu'ils tirent d'une
corbeille : l'un d'eux se retourne et regarde un chien à longues soies
blanches. En avant, une femme, accroupie auprès d'un bassin de cuivre,
se retourne pour parler à une servante qui apporte des langes. Tout
ce groupe est éclairé par l'auréole qui ceint la tête de l'enfant. A
gauche, dans le fond de la chambre, sainte Anne à demi couchée sur
un grand lit à baldaquin et à rideaux rouges. Elle reçoit la visite de
deux de ses parents, introduits par saint Joachim.

En haut, un groupe de chérubins et d'anges saluent la naissance
de la Vierge Marie.

Le célèbre critique Théophile Gauthier a laissé de ce tableau une superbe et charmante description : « La *Nativité de la Vierge*, dit-il, est
pleine de cette grâce familière des peintres vraiment catholiques, qui
mêlent aux choses sacrées les détails de la vie commune avec une candeur parfaite. Il y a dans ce tableau deux côtés bien distincts et qui
pourtant s'harmonisent de la façon la plus heureuse ; d'abord une scène
d'accouchement telle qu'elle se passerait au fond d'un humble logis de
campagne, puis l'intervention miraculeuse d'êtres célestes assistant à la
naissance de celle qui doit, tout en restant vierge, devenir la mère du
Sauveur. Dans un coin, sous le baldaquin de serge d'un lit rustique,
on aperçoit sainte Anne, auprès de qui s'empressent des parents amenés
par saint Joachim ; à l'autre coin, des femmes chauffant des langes à la
flamme d'une cheminée; au milieu, une vieille femme et une jeune
servante, vue de dos, tenant la nouveau-née, qui élève vers le ciel ses
petites mains roses. Voilà le côté réel, voici le côté légendaire ; le corps
mignon rayonne d'une lumière surnaturelle qui éclaire tout le groupe
et les objets environnants ; des anges d'une beauté céleste se penchent
derrière la vieille femme pour adorer la Vierge naissante, et des chérubins tirent des linges d'une corbeille, cherchant à se rendre utiles;
dans le haut du tableau voltige un chœur de petits anges. Personne dans
la chambre ne paraît se douter de la présence de ces hôtes divins, pas

même le bichon de la Havane à longues soies blanches. Tout le groupe
central, illuminé par l'auréole de la Vierge, est d'une incomparable
fraîcheur; c'est un vrai bouquet de tons délicats et lumineux comme
des fleurs[1]. »

Dans un autre tableau, donné au musée du Louvre par l'empereur
Napoléon III, la *Vierge entourée d'une gloire céleste* est représentée
presque enfant. On croit que Murillo a voulu représenter sous les
traits de la Vierge ceux de sa fille morte à huit ans. Marie est entourée
de chérubins et d'anges dans l'attitude de la vénération.

Une autre gracieuse création du même artiste, peu connue mais
cependant charmante, qui se trouve aussi au Louvre, c'est la *Vierge
au Chapelet*. Marie est représentée assise sur un banc de pierre, tenant
sur ses genoux le petit Jésus qui joue avec un chapelet. Ce tableau
avait été rapporté d'Espagne.

Au musée de l'Ermitage de Saint-Pétersbourg, en Russie, on admire
une *Annonciation* de Murillo, si charmante et si parfaite qu'elle peut
rivaliser avec les meilleures œuvres de cet illustre maître.

On connaît encore de Murillo d'autres œuvres représentant la
Vierge. Citons : à Vienne, une *Vierge glorieuse;* au musée de Dresde,
une *Madone assise*, une *Sainte Famille;* à la cathédrale de Séville,
une belle *Conception de la Vierge;* à l'hôpital de la Charité de la
même ville, une *Annonciation;* au musée de Madrid, une *Sainte
Famille*, une *Annonciation*, etc.[2]

\*\*\*

Un artiste espagnol, Gaspar Becerra[3], qui fut à la fois grand sculp-

1. Nous rattachons à cette même période de la vie du peintre, 1665 à 1670, la *Vierge à
la ceinture* (*la Virgen de la faja*), autrefois dans la galerie espagnole du roi Louis-Philippe,
et à présent au palais du duc de Montpensier, à Séville; le *Saint Ildefonse recevant la cha-
suble des mains de la Vierge* et la *Vierge au Rosaire*, du même musée.

2. En terminant la liste des œuvres de Murillo consacrées à la Vierge, il ne faut pas oublier sa *Vierge à la serviette*, qui se trouve au musée Provincial de Séville. La légende veut
que cette Vierge ait été peinte sur une serviette de table et ait été offerte au frère portier du
couvent des Capucins, pendant le séjour qu'y fit l'artiste. Rappelons aussi que Murillo,
comme presque tous les peintres de l'École espagnole, s'est essayé dans la gravure à l'eau-
forte. On connaît de lui en ce genre un *Saint François d'Assise* et une *Vierge et l'Enfant-
Jésus*.

3. 1520-1570.

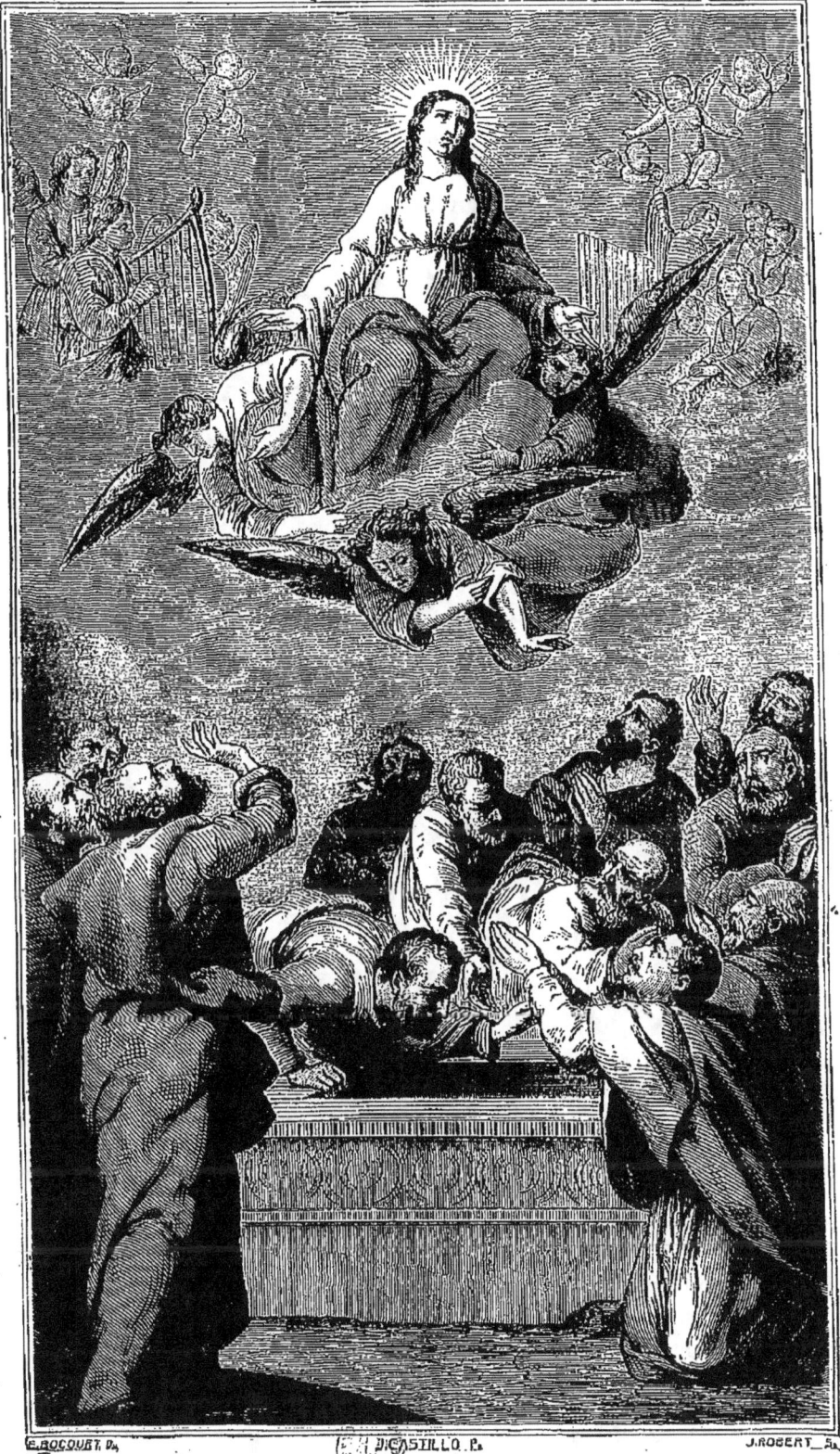

L'Assomption de la sainte Vierge, d'après Juan del Castillo. — Dix-septième siècle.

teur et grand peintre, nous a aussi laissé en sculpture un morceau qui passe pour un chef-d'œuvre. C'est une statue de *Nuestra Senora de la Soledad*, *Notre-Dame de la Solitude*, qui lui fut commandée par l'infante dona Isabel de la Paz, fille de Philippe II, et placée dans la chapelle du couvent des Frères minimes, à Madrid. Dans cette admirable statue l'artiste a su exprimer à la fois la tendresse, la douleur, la résignation. On raconte d'ailleurs à son sujet plusieurs histoires miraculeuses que le moine Fray Antonio de Arcos a recueillies dans un livre publié exprès en 1640.

D'autres artistes de l'École espagnole ont encore figuré l'image de la Vierge.

Voici les principaux d'entre eux :

PABLO DE CESPEDÈS (1538-1608), auquel on doit une *Assomption de la Vierge*, à l'Académie de San Fernando, à Madrid, tableau où il y a beaucoup de poésie.

FRANCISCO RIBALTA (1550-1628), lequel n'a guère fait que des sujets religieux et des portraits. Comme chef de l'École de Valence, il a joint le tempérament mystique de l'École espagnole aux formes grandioses de l'École italienne. On lui doit les œuvres suivantes, ayant rapport à la Vierge Marie :

La *Vierge en Buste et les mains jointes;*

La *Vierge, le Petit Jésus et sainte Anne,* au musée de Saint-Pétersbourg;

L'*Assomption de la Vierge* et la *Conception,* au musée de Valence;

La *Vierge et le petit Jésus,* au musée de Berlin.

Dans ces œuvres il faut louer, avec la correction du dessin, le rendu du sentiment.

JUAN DE LA CRUZ (1551-1610), auquel on doit la *Naissance de la Vierge*, du musée de Madrid, œuvre où il faut louer la simplicité des poses et surtout la vérité des expressions.

JUAN DE LAS ROÉLAS (1557-1625), qui sut, dans ses tableaux religieux,

donner aux figures une expression juste dans une tonalité attendrie
en s'appropriant le coloris de l'École vénitienne.

On lui doit :

Une *Conception,* au musée de Dresde;

Une autre *Conception,* à l'Académie de San Fernando, à Madrid;

Une *Assomption,* au musée de Séville;

Une *Vierge glorieuse,* au musée de Berlin.

VINCENZIO CARDUCCI (1578-1638), dont le musée royal de Madrid
possède une *Salutation angélique,* la *Naissance de la Vierge,* la *Sainte
Vierge et sainte Anne* et la *Présentation au temple,* œuvres d'un charmant coloris dont les têtes de vierge ont une belle expression.

JOSEPH RIBERA, dit l'ESPAGNOLET (1588-1656), parce qu'il était chétif.
Il fut l'un des maîtres de l'École espagnole. Peintre terrible des scènes
violentes, il s'attendrit quand il peint la Vierge. Il semble alors avoir
subi l'influence du Corrège dont il vit les œuvres à Parme à l'un de
ses voyages.

La galerie de Dresde possède de lui une *Sainte Famille* dont la
Vierge est d'une grande beauté, et la *Vierge tenant le petit Jésus endormi sur ses genoux,* œuvre d'une couleur admirable et d'une douceur ineffable.

FRANÇOIS ZURBARAN (1598-1662), un autre grand maître de l'École
espagnole, a su poétiser la résignation et la douleur d'un pinceau
mâle et vaillant. Lui qui a si bien peint l'ascétisme du cloître, il a
su allier dans ses peintures de la Vierge une curieuse fierté d'allure
à un grand charme : il a mis à la fois de la hauteur et de la grâce.

Dans sa *Vierge dans une gloire,* sa *Vierge et l'Enfant,* sa *Vierge
et le petit Jésus entourés de moines en prières à leurs pieds* (superbe
tableau d'autel), Zurbaran a su donner une fière expression à ses têtes
de Vierge et satisfaire son merveilleux talent pour les draperies, talent
que Paul Véronèse lui-même n'a pas pu surpasser.

La Pinacothèque de Munich possède de François Zurbaran une belle
*Vierge* accompagnée de saint Jean sur le Golgotha, ainsi qu'une
ravissante *Madone.*

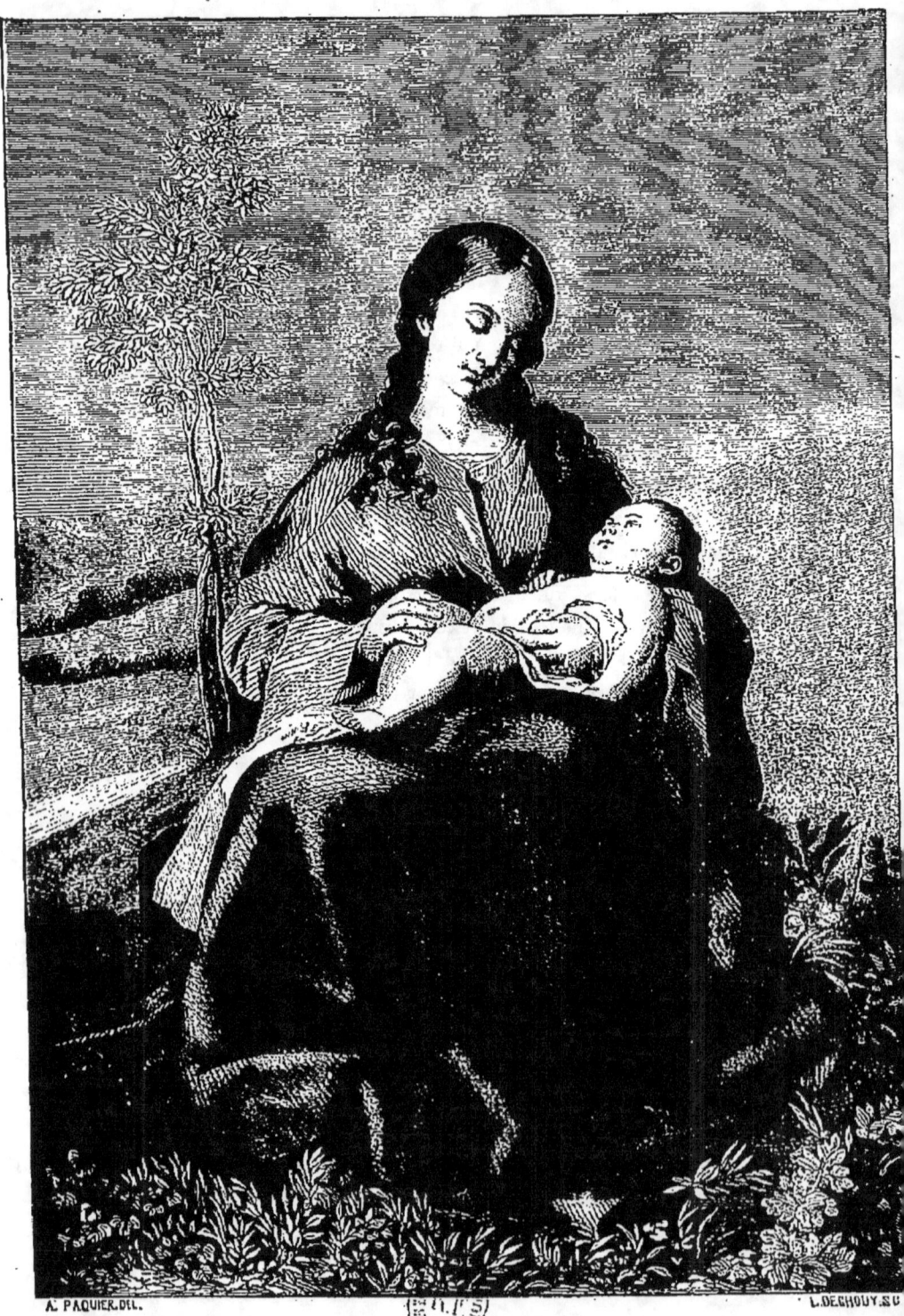

A. PAQUIER. DEL.                    L. DEGHOUY. SC

La sainte Vierge contemplant l'Enfant-Jésus, d'après Alonzo Cano.
Dix-septième siècle.

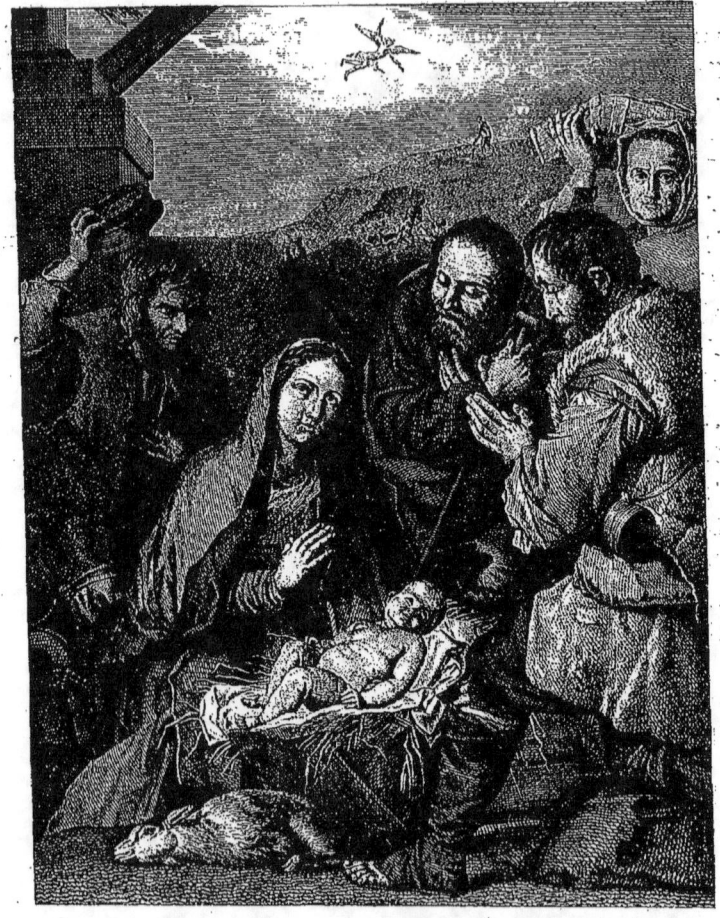

L'Adoration des Bergers, d'après Ribera. — Dix-septième siècle.

ALONZO CANO (1601-1607), le peintre au style correct, sage et tempéré qui semble avoir étudié les statues antiques dont il a rendu la sobriété, de gestes et la simplicité des attitudes.

On lui doit :

La *Vierge apparaissant à saint Antoine de Padoue*, à la Pinaco-thèque de Munich ;

La *Vierge et l'Enfant-Jésus* (ancienne collection du maréchal Soult), charmant tableau où l'on voit la Vierge regardant tendrement son divin Fils couché sur ses genoux; il y a là une suavité d'expression qui laisse sous le charme.

Les trois frères CASTILLO :

AGUSTIN DEL CASTILLO ( 1565-1626 ); JUAN DEL CASTILLO ( 1584-1640) et ANTONIO DEL CASTILLO ( 1603-1607 ), ont aussi peint la Vierge Marie.

On doit à Juan del Castillo :

Au musée de Séville : L'*Assomption* (Vierge entourée d'anges dont plusieurs jouent de la musique );

L'*Annonciation* ;

La *Visitation* ;

Le *Mariage de la Vierge*, belle composition imitée de l'Italien;

Le *Sommeil de la Vierge*, au musée du Louvre.

On possède d'Augustin del Castillo :

Une *Conception*, à la cathédrale de Cordoue ;

La *Vierge et le petit Jésus*, à la cathédrale de Cadix.

On doit à Antonio del Castillo :

La *Vierge présentant à saint Dominique de Guzman le portrait de saint Dominique de Silos;*

La *Vierge au Rosaire*, dans la chapelle de la cathédrale de Cordoue;

L'*Assomption de la Vierge*, fresque de la porte du Pardon;

Le *Couronnement de la Vierge*, à l'hôpital de Jésus Nazaréen.

DON JUAN CARREIRO DE MIRANDA ( 1614-1685), qui a souvent possédé la douce harmonie de Murillo et l'élégance de dessin de Van Dyck, a peint quelquefois la Vierge.

Citons :

Une *Assomption*, à l'Eglise paroissiale d'Alcorion ;

Une *autre Assomption*, à l'Église paroissiale d'Orgaz;

Une *Madone,* à l'Église paroissiale d'Almeida.

JUAN DE SÉVILLA ( 1627-1695), qui a passé sa vie à peindre dans les églises, chapelles et couvents de Grenade, a laissé des *têtes de*

*Vierge* au musée de Grenade, et une *Conception* à la cathédrale de Grenade.

Juan de Valdès Leal ( 1630-1691 ), au coloris brillant et à la surprenante imagination.

On voit de lui :

Au musée de Madrid : une *Présentation de la Vierge ;*

Au musée de Séville : une *Conception entourée d'anges*, une *Apparition de la Vierge à un moine* et une *Assomption*.

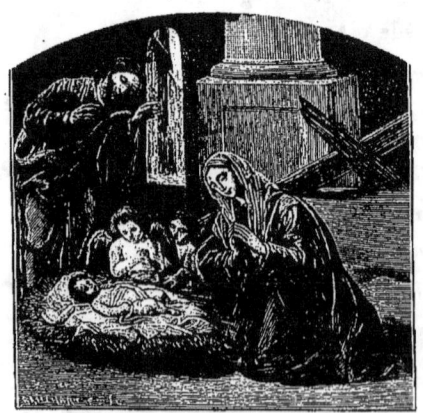

L'Adoration des Anges, d'après Murillo. — Dix-septième siècle.
( L'original sur cuivre appartient à M. Tolra.

# LA SAINTE VIERGE

## L'ART MODERNE ET CONTEMPORAIN

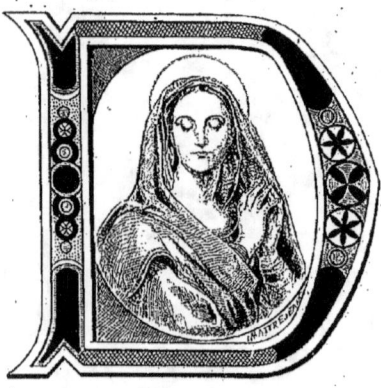

La Vierge à l'Hostie, d'après Ingres.
Dix-neuvième siècle.

U dix-septième au dix-neuvième siècle, les peintres français ont peint un grand nombre de *Vierges*. Nous signalons en tête celles de Nicolas Poussin. Ses figures de Marie ont un caractère à la fois élégant et noble, plus imposant en général que gracieux.

On voit de Poussin au musée du Louvre : la *Vierge et l'Enfant-Jésus,* la *Sainte-Famille,* l'*Assomption de la Vierge,* la *Vierge et l'Enfant-Jésus,* l'*Apparition de la Vierge Marie à saint Jacques le Majeur*[1]. Sur la gauche de ce tableau, la Vierge, dont un ange soulève un pan du manteau, assise sur des nuages au-dessus d'une colonne de jaspe, tient l'Enfant-Jésus sur ses genoux, et montre à saint Jacques le Majeur et à ses compagnons, dans l'attitude de l'adoration, l'endroit où une chapelle doit lui être consacrée. Sur le devant de la composition, un des compagnons du saint est prosterné le visage contre terre.

1. Collection de Louis XIV. — Félibien (t. II, p. 257) dit que ce tableau fut peint en 1630 et envoyé en Flandre, d'où il passa ensuite dans le cabinet du roi. — C'est sans doute de cette peinture que veut parler M. de Tincourt dans sa lettre sur les tableaux et dessins du roi placés au Luxembourg, où il dit qu'on y voit un *ex-voto* de Poussin connu sous le nom de *Notre-Dame au Pilier.*

Les légendes qui rapportent ce fait ajoutent que saint Jacques le Majeur fit construire une chapelle où l'on conserva pieusement la colonne de jaspe.

Le peintre René Mignard (1610-1690), un des rivaux de Lebrun (le peintre officiel de la Cour), a peint des tableaux d'une grande finesse. Ses séduisantes *Madones*, qui ont reçu le nom de *Mignardes*, lui avaient fait une grande popularité. C'est à qui en voulait posséder pour sa galerie ou sa chapelle particulière. Du reste, une de ses plus belles œuvres, c'est précisément une *madone*, la *Vierge à la Grappe*, du musée du Louvre, dont on ne saurait trop louer la grâce et la fraîcheur du coloris. La Mère de Jésus tient à la main une grappe que le petit Jésus va égrener.

La *Vierge à la Grappe* du Louvre était autrefois à Versailles dans le cabinet des tableaux. On lit dans la *Biographie de Mignard*, par l'abbé Monville (p. 114): « Le comte de Matignon avait dans sa collection une *Vierge aux Raisins*, que Mignard avait faite à Rome et qui est de sa meilleure manière. Ce tableau passa ensuite dans le cabinet du duc de Valentinois son fils[1].

A côté de Mignard, il faut placer Jacques Blanchard, un artiste épris de l'art italien et qui sut donner à ses Vierges un air naïf et touchant. C'est à qui voulait posséder de ses Vierges dont la fraîche carnation enchantait les regards.

Un autre Français, Jacques Stella, adorait peindre de son pinceau délicat des scènes de la *Vie de la Vierge*. Le petit tableau du musée du Louvre représentant *Jésus recevant sa mère la Vierge Marie dans les cieux* est d'une piété sincère[2].

« Il n'avait ni santé, ni énergie ; mais le feu sacré le dévorait et il passait de longues soirées d'hiver à raconter, avec son pinceau délicat comme sa personne, la *Vie de la Vierge...* Le talent de Stella était fait pour le type idéal et suave de la Mère de Dieu. Un jour qu'il avait été jeté en prison à Rome, sur une accusation fausse, il des-

---

1. On peut voir dans l'église Saint-Roch le buste de Mignard par Desjardins.

2. Ce tableau curieux a été peint sur marbre, et les veines du marbre ont servi pour simuler des nuages d'or ou des rideaux.

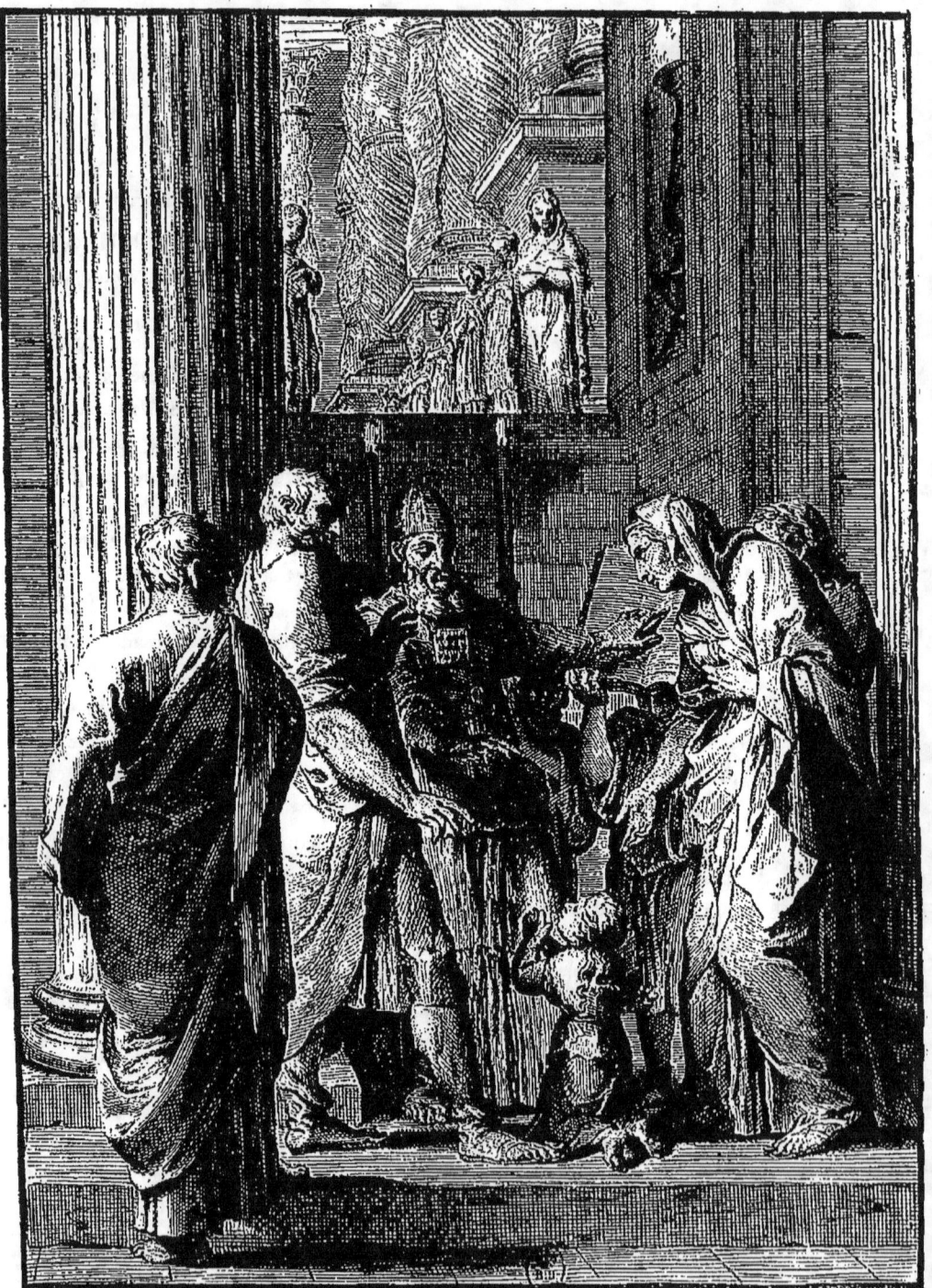

*Ducta Hierosolymis in Templo Domini conservata est usque ad quartum decimum annum, jejuniis, et orationibus serviens die, ac nocte, et virginitatem suam vovens, quod ante Virgo ulla non fecerat.* D. Fulbertus Episc. Carnotensis Serm. de natir. V. M.

*Nic. Poussin inv.* IV *F. Polanzani sculp. S. Ia.*

Entrée de Marie au Temple à l'âge de trois ans, d'après Poussin. — Dix-septième siècle.

sina au charbon sur le mur de sa cellule une *image de la Vierge*
tenant son Fils dans ses bras ; elle fut trouvée si belle, qu'un cardinal vint la voir, et que les prisonniers prirent l'habitude de faire
leurs prières devant cette simple esquisse, en face de laquelle on
alluma une lampe[1]. »

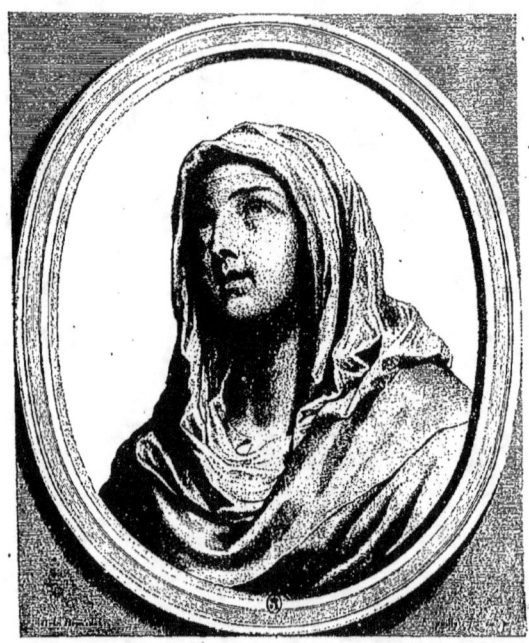

La sainte Vierge, d'après Mignard. — Dix-septième siècle.

Les *Vierges* de Sébastien Bourdon comptaient au nombre des meilleures de l'ancienne École française. Il existe de lui au musée du
Louvre une *Sainte-Famille* ou *Vierge à la colonne brisée*. Dans cette
gracieuse composition popularisée par la gravure, la Vierge, assise et le
bras gauche appuyé sur une colonne brisée, tient sur ses genoux l'Enfant-
Jésus à qui le jeune saint Jean, posant un genou en terre, offre une
colombe, que le divin *bambino* essaye de saisir avec sa petite main.

1. L. de La Marche.

« Une colombe, deux enfants qui la caressent, et dont l'un repose auprès du sein qui le nourrit, ces douces images, dit Emeric David, rappellent ces paroles de l'Évangile : « Soyez simples comme des « colombes. » L'action de Jésus est vive et naïve ; celle de saint Jean est spirituelle et gracieuse ; la pose de la Vierge exprime bien la méditation, mais le coloris est peu soigné. » — « Dans cette toile, qui se fait remarquer par l'élégance de sa composition, dit M. Viardot, Sébastien Bourdon se montre, comme Gaspard Dughet, l'heureux imitateur du peintre des Andelys. Avec moins de réflexion, de calme et de noblesse, il en rappelle la science éclairée, la correction et le sentiment. Que dire de plus pour son éloge ? »

Le musée du Louvre possède du peintre délicat Eustache Le Sueur une *Salutation angélique.*

Ce tableau provient de l'église de Mitry, près de Paris, qui l'échangea, en 1804, contre un tableau de Doyen, représentant l'Adoration des Rois. En 1826, sur la demande du curé de Mitry, on fit faire pour l'église une copie de cette peinture par M. Chabord. Le curé, dans une lettre adressée à M. le comte de Forbin, dit « que ce tableau avait été exécuté par Le Sueur pour le sanctuaire de l'église de Mitry, et cela comme un témoignage de l'amitié que portait cet artiste à M. Durand de Linois, propriétaire à Mitry, chez lequel il venait passer une partie de la belle saison ». (Archives du musée du Louvre, 1826.)

Nous ne parlerons pas des *Vierges* coquettes, prétentieuses et fades des peintres du dix-huitième siècle ; ce siècle était trop perverti par les philosophes et les écrivains galants pour que la peinture religieuse pût y fleurir avec honneur.

\*
\* \*

Arrivons maintenant au dix-neuvième siècle.

Le peintre allemand Overbeck est le représentant le plus autorisé de l'art chrétien allemand du dix-neuvième siècle.

Overbeck (Frédéric) naquit à Lubéck en 1789, et mourut à Rome en 1869.

Overbeck est avant tout un peintre religieux ; il avait embrassé avec ardeur le catholicisme. Au reste, l'abjuration de plusieurs artistes alle-

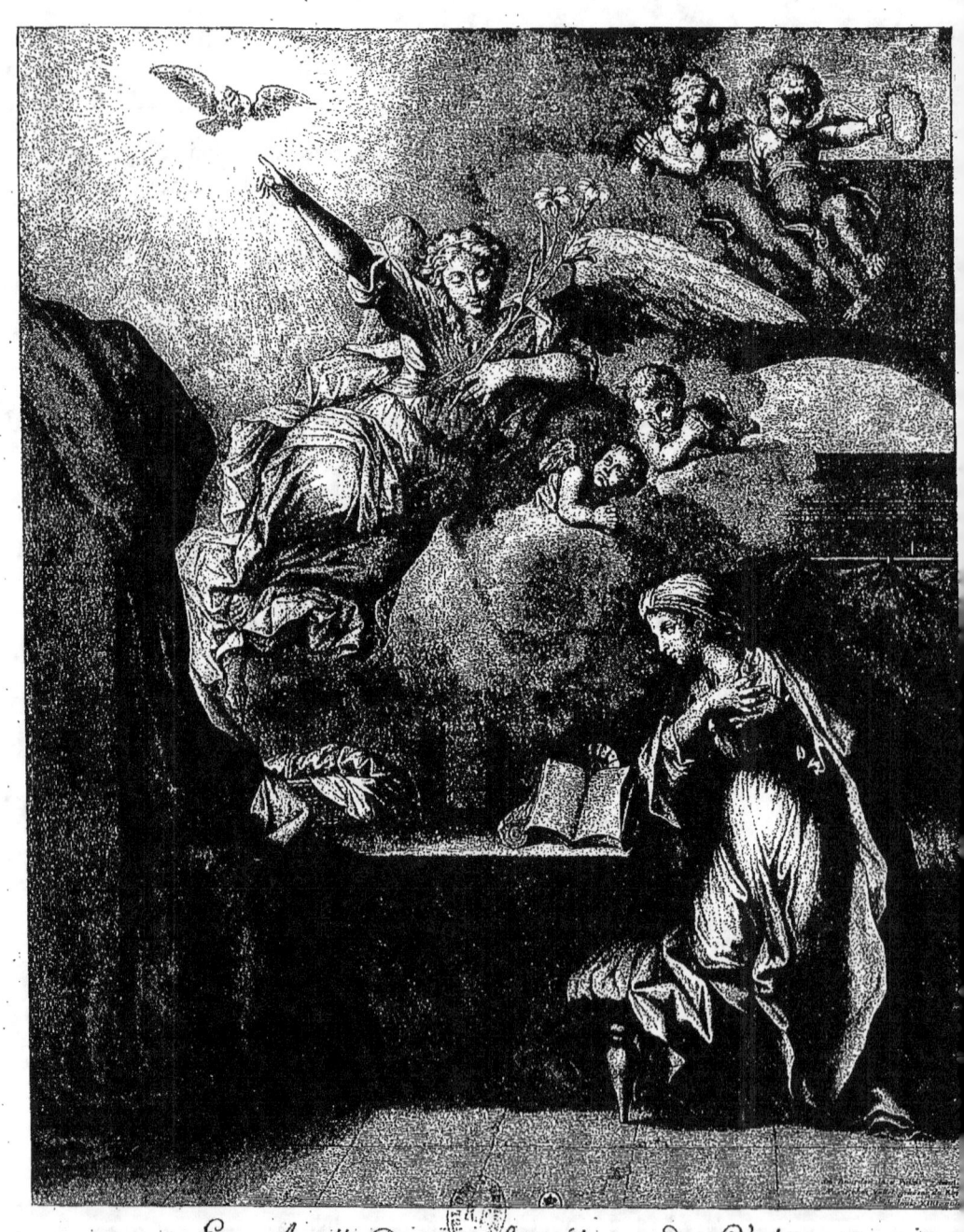

*Ecce Ancilla Domini, fiat mihi secundum Verbū tuum.* Luca Cap.1ª

D'après Sébastien Bourdon. — Dix-septième siècle.

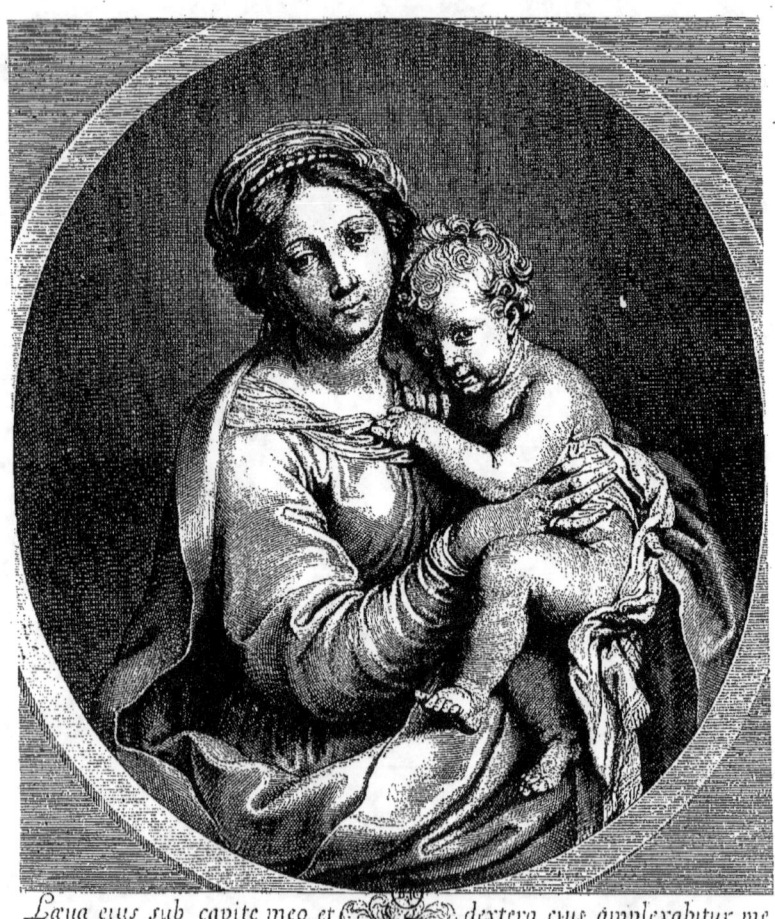

*Læua eius sub capite meo, et ⟨⟩ dextera eius amplexabitur me*
*Illuſtri admodum ac nobili viro D.D. ⟨⟩ Simoni Picques Regio consiliario Chris*
*ad Summum Pontificem Oratoris ⟨⟩ primario a Secretis Grati animi moni-*
*mentum dicat conſecratq ⟨⟩ Franciſcus de Poilly s.*

P. Mignard Pinxit Romæ                              Superior. licentia cũ priuil Regis Chrif.

La Vierge tenant Jésus embrassé, d'après Mignard. — Dix-septième siècle.

mands, qui se firent catholiques après avoir été élevés dans le culte
protestant, se rattache à des causes où l'art a une grande part. Overbeck, pour qui le sentiment artistique était subordonné au sentiment
religieux, s'aperçut bientôt que ce n'est pas Raphaël qui est une date,

mais Luther; il trouva que l'art, qui avait grandi jusqu'à la Réforme,
s'arrête à ce moment fatal et qu'il meurt absolument dans les pays qui
ont adopté le protestantisme. Ceux qui restent catholiques semblent
mieux partagés au premier abord; mais les discussions qu'amène la
Réforme y sème le fléau du scepticisme, et l'art, qui a perdu la foi,
perd en même temps la pensée et ne subsiste plus que par la valeur de
l'exécution. Pour lui, l'art et la religion ne faisaient qu'un, ou plutôt l'art
n'était, dans ses idées, qu'un moyen que Dieu a donné aux hommes
pour enseigner la vérité. C'est là le point de départ de sa doctrine.

Overbeck a laissé une grande composition intitulée : *Les Arts du
Moyen-Age et de la Renaissance sous la protection de la sainte Vierge*.
C'est une charmante et juste idée qu'a eue ce grand peintre de représenter la sainte Vierge inspirant et animant les arts. Son tableau est divisé
en deux parties : le ciel et la terre. Dans le ciel, la Vierge Marie trône
sur les nuages, entourée des anges et des saints de l'ancien et du
nouveau Testament; tels que Moïse, l'architecte du Tabernacle, David,
le poète, saint Luc, le peintre artiste, sainte Cécile, la musicienne, etc.
Au milieu de la région terrestre est une fontaine à deux bassins superposés, un jet d'eau s'élance du bassin supérieur vers le ciel. Cette
fontaine représente l'inspiration. Cimabué, Giotto, Masaccio, Léonard
de Vinci, Raphaël, Dante, etc.; regardent le bassin supérieur, tandis
que les peintres coloristes tels que Titien, Paul Caliari dit Véronèse,
Tintoret, examinent dans le bassin inférieur les effets prismatiques de
la lumière ; seul, assis sur les marches de la fontaine, on voit Michel-
Ange, absorbé en lui-même, et s'inspirant de son propre génie. Sur le
devant du tableau est Charlemagne tenant en mains un modèle d'église
gothique; saint Grégoire, le grand inventeur du chant grégorien ; un
architecte du Moyen-Age donnant une leçon à de jeunes élèves.

On peut encore citer d'Overbeck les *Fiançailles de la Vierge*, appar-
tenant à la famille Raczinski, une belle *Sainte-Famille* de la galerie
Schœnbœn, et sa suave composition de la *sainte Vierge contemplant
Jésus endormi*[1].

---

1. « Overbeck, a dit Maxime Du Camp, a de la foi et ne rêve que la reconstruction de l'art
purement, idéalement chrétien. Ses grands maîtres sont Fra Bartolommeo et Fra Angelico. »

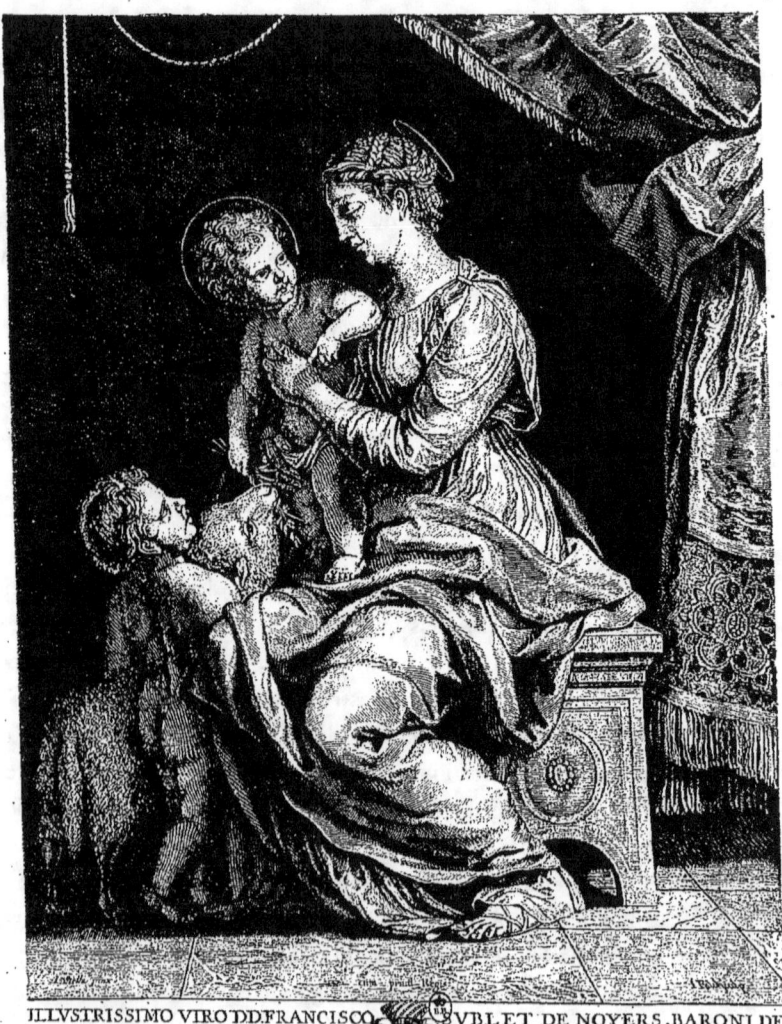

ILLVSTRISSIMO VIRO DDFRANCISCO⚜VBLET DE NOYERS .BARONI DE
DANGV, REGI AB INTIMIS CONSILIIS ET SECRETIS
hanc Deiparæ Virginis cum Chrifto et D. Ioanne Baptifla. Imaginem . a I.Stella juctam futuræ fuæ obfervantiæ &c.
perennitas monumentum , O . D . C . denotionis ac. feruitutis nomine addictiffimus cliens. I.Falck
à Paris de L'Imprimerie de Florent Elzen.

La sainte Vierge, Jésus et saint Jean-Baptiste, d'après Jacques Stella. — Dix-septiéme siècle.

Pour la France, parmi les artistes qui ont représenté la Vierge,
nous pouvons citer d'abord Ingres.

Une des plus belles créations d'Ingres, c'est sa *Vierge à l'Hostie,* dont il a exécuté plusieurs reproductions. M. l'abbé Hural a parlé en ces termes de cette belle toile : « Véritablement, ces visages si purs, avec leur recueillement mystique et leur adoration silencieuse, ces mains jointes qui prient, cette attitude un peu solennelle, et je ne sais quel reflet de lumière intérieure, impressionnent. Les anges s'y montrent les premiers sensibles ; on en voit qui tiennent leurs regards fixés sur la Vierge, comme pour s'unir à son oraison et adorer par son esprit, aimer par son cœur. Certes, si le hasard a fait rencontrer à l'artiste cette pensée théologique de la prière et de l'adoration par la Mère de Dieu, le hasard est quelquefois bien intelligent. »

Hippolyte Flandrin, le grand peintre français religieux du dix-neuvième siècle, n'a guère représenté la Vierge, si ce n'est dans la *Nativité* qui se trouve à Saint-Germain-des-Prés. « L'enfant est né. Sa mère, couchée dans ses vêtements aux plis réguliers sur un lit improvisé, se soulève légèrement, et, les mains jointes, contemple en l'adorant, dans la crèche où il repose, le Verbe fait chair. » L'expression du visage de la Vierge Marie est d'une douceur charmante, et c'est certainement une belle création de l'artiste. On ne peut que regretter que Flandrin n'ait pas plus souvent représenté la Vierge Marie.

N'oublions pas l'admirable peinture (trop peu connue) d'Eugène Delacroix, une *Pieta* qui se trouve dans l'église de Saint-Denis du Saint-Sacrement, rue de Turenne. Malheureusement, cette œuvre qui est vraiment un des chefs-d'œuvre de la peinture religieuse et décorative de ce siècle, est plongée dans l'obscurité et peu de Parisiens même la connaissent.

Paul Delaroche, le peintre romantique et dramatique surtout, n'a pas non plus oublié la Vierge Marie, qu'il a représentée pendant les scènes de la Passion. Dans un premier tableau il avait représenté la Vierge, la Madeleine, les Apôtres se pressant aux fenêtres d'une maison pour voir passer Jésus montant au Golgotha.

Dans un second tableau que la mort lui a empêché de terminer, il nous a montré *l'Évanouissement de la Vierge Marie*. Le cortège qui accompagne le Christ s'est éloigné ; le bruit des pas pesants, les clameurs confuses de la foule ont cessé de retentir ; le divin sacrifice

s'accomplit sur le sommet du Calvaire; les amis de Jésus, les parents
demeurés dans la maison où nous les avons vus tout à l'heure, s'aban-

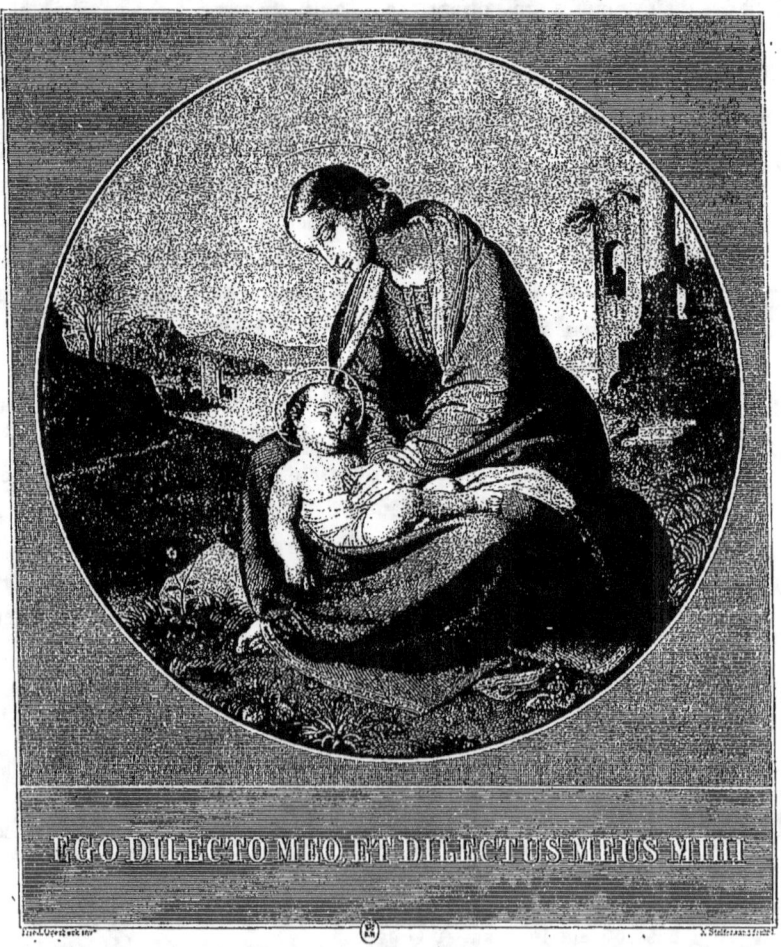

EGO DILECTO MEO, ET DILECTUS MEUS MIHI

La sainte Vierge contemplant Jésus endormi, d'après Overbeck. — Dix-neuvième siècle.

donnent au désespoir. La Vierge, anéantie par la douleur, s'est affaissée
sur un siège, et saint Jean soutient sa tête. Les saintes femmes s'empressent autour de Marie : la Madeleine est agenouillée à ses pieds;

d'autres femmes et d'autres disciples sont dans le fond de la salle [1].

En 1885, un des jeunes maîtres de l'art français, M. Dagnan-Bouveret, a exposé un tableau la *Vierge* qui appartient aujourd'hui à la Pinacothèque de Munich. Coiffée d'un voile blanc et vêtue d'un manteau brun, une jeune femme assise tient sur ses genoux l'Enfant divin dont elle cache la tête lumineuse sous un pan de son vêtement. A sa droite est un établi sur lequel un rabot a été posé; des outils de charpentier sont accrochés sur le mur du fond. « Cette vivante personnification de la maternité semble rendue plus imposante encore par la simplicité touchante du milieu. Les teintes tendres et fines font une décoration sobre et nécessaire où rien ne vient troubler l'intensité de la contemplation intérieure.

L'expression douce et pensive du visage, la vérité de la pose, la convenance des détails, un mélange curieux d'observation et de rêve, de mysticisme et d'idéal, marquent dans la manière de sentir un élan tout personnel. Toile captivante, d'une naïveté forte et d'une attention émue, qui est bien la réalisation de la Vierge, telle que la devait concevoir l'École moderne.

Un autre jeune maître de l'art français contemporain, M. Luc-Olivier Merson, a fort souvent représenté la Vierge Marie. Ses créations ont une grâce incomparable et semblent une réminiscence de la Renaissance italienne. Ses œuvres sont empreintes d'une grande poésie.

En 1894, il exposa une toute petite toile dont le sujet est emprunté à une légende bretonne de la vie de la Vierge. Cela est intitulé : *Je vous salue Marie!* Dans un village la Vierge s'est arrêtée avec le petit Jésus qu'elle tient sur ses bras. Vient à passer un paysan qu'accompagnent sa fillette et son chien. L'homme tient une faux sur son épaule. Ils aperçoivent la Vierge et le petit Jésus dont la tête est entourée d'une lumineuse auréole. Le paysan se découvre humblement et la fillette envoie

---

1. L'*Évanouissement de la Vierge* a été représenté par beaucoup d'artistes; mais aucun n'a envisagé la scène de la même manière que Delaroche. Le plus souvent Marie est représentée s'évanouissant entre les bras des saintes Femmes au moment où le Christ est descendu de la Croix ou bien lorsqu'il est mis au tombeau. Ce second cas est celui qu'a choisi Auguste Hesse dans son *Évanouissement de la Vierge*, qui a figuré au Salon de 1845 et a été au musée du Luxembourg.

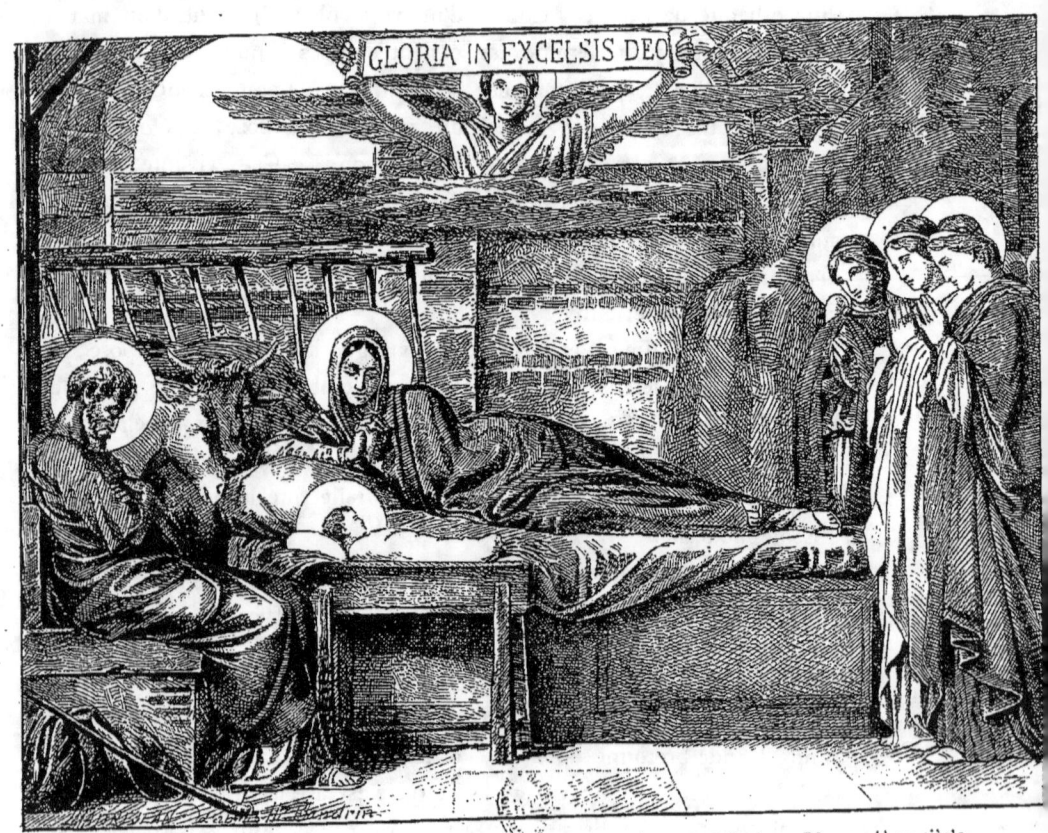

La Nativité, fresque d'Hippolyte Flandrin, à l'église Saint-Germain-des-Prés, à Paris. — Dix-neuvième siècle.

un doux baiser à la Mère et au divin Enfant. Il n'est pas jusqu'au chien
qui n'ait une attitude respectueuse. Au lieu d'aboyer aux étrangers
suivant l'habitude, il suit fidèlement ses maîtres. Ce baiser qu'envoie
la fillette est une délicieuse pensée d'artiste. Il y a dans cet hommage
enfantin d'une si douce tendresse envers la Vierge et le petit Jésus
l'expression d'un si charmant sentiment chrétien, que la toile en est
toute poétisée.

La gravure a popularisé la *Vierge de la Délivrance*, d'un grand
sentiment poétique et dans le genre des maîtres du treizième siècle, par
M. Hébert. Un de nos grands maîtres contemporains, M. William Bouguereau, qui procède de Raphaël et qui le rappelle souvent, a peint quelques Vierges qui sont ses plus belles créations. Citons d'abord sa *Vierge
aux Anges*, une délicieuse création. Des anges jouent de la musique
devant la Vierge et le petit Jésus. C'est adorable de sentiment et
d'expression. Sa *Vierge consolatrice* du musée du Luxembourg est
pathétique au possible. Une mère a apporté son enfant mort aux
pieds de Marie. La Vierge, dans un mouvement de pitié, la console.
Jamais accents attendrissants n'ont été mieux rendus. A Saint-Vincent
de Paul il a aussi représenté *Jésus-Christ rencontrant sa Mère* et
*l'Annonciation*, une page suave.

N'oublions pas non plus de mentionner la toile de J. J. Weerts que
possède le musée de Dunkerque et qui représente *la Vierge évanouie
dans les bras des saintes Femmes*, et la gracieuse *Madone* de U. Napoléon Maillart qui a figuré à l'Exposition universelle de 1889.

*
* *

En 1889, on a placé au musée du Luxembourg, à Paris, la *Vierge
au Lys*, statue en marbre de M. Delaplanche. (Elle avait été exposée
au Salon de 1878). La sainte Madone, coiffée d'un double voile qui
baigne d'ombre son beau visage, est enveloppée dans sa robe blanche
immaculée dont les plis légers tombent autour d'elle. Ses mains jointes
tiennent une branche de lis en fleurs qui semble exhaler le doux et
pur parfum que ce marbre respire. « M. Delaplanche a trouvé moyen,
en traitant ce sujet archaïque, de développer les hautes qualités qui le

distinguent. Il a tiré d'un bloc de marbre une Vierge telle que la
rêvait le Moyen-Age. Il lui a donné la douceur et la tendresse, la foi et
la chasteté, c'est-à-dire la parfaite expression de la Mère de Dieu. Le
corps virginal est senti sous des étoffes d'une belle simplicité et dans
leurs lignes et dans leur exécution[1]. »

Un autre sculpteur de l'École française, M. Paul Dubois, s'est aussi
souvenu du beau sentiment chrétien qu'inspiraient les sculpteurs de la
Renaissance italienne, lorsqu'il a fait ce beau groupe de la *sainte Vierge
et de l'Enfant-Jésus* qui a figuré à l'Exposition universelle de 1867, et
qui décore aujourd'hui l'église de la Trinité, à Paris[2].

* * *

Nous parlerons en terminant du peintre Guillaume Dubufe, qui a
représenté fréquemment la *sainte Vierge* dans ses œuvres. Une de
ses dernières belles créations en ce genre (1895) se compose de charmantes, délicates et saisissantes aquarelles formant une suite pour les
*Heures de la très sainte Vierge Marie*, un livre exquis édité par
MM. Boussod, Valadon et Cie, qui ont su faire là un des plus beaux
livres de piété contemporains digne des bons livres d'heures des siècles
écoulés[3].

1. Nous pouvons encore citer du même artiste la *Notre-Dame de Brebière* qui se trouve
à Albert (Somme).

2. Parmi ces autres statues représentant la *Vierge* dues à des artistes français, nous mentionnerons celles de Pradier (à la cathédrale d'Avignon), de Molchnecht (à Notre-Dame de
Metz), P.-C. Simart (cathédrale de Troyes), de Bry père (à Nicolas-du-Chardonnet, à Paris),
Eugène Farochon (chapelle des religieuses de Sainte-Marthe, à Saint-Front), Gayrard (église
de Saint-Louis d'Antin, à Paris), Leharivel-Durocher (chapelle du petit séminaire de Séez),
Oudiné (église de Saint-Gervais et église de Saint-Eustache, à Paris), Montagny (grande
église de Saint-Étienne, Loire), Jean Duseigneur (cathédrale de Bordeaux), Bonnassieux
(église de Feurs), J. Lescorné (Salon de 1842), Fauginet (Salon de 1845), L. Jéhotte (Salon
de 1852), Fabisch (Salon de 1846), Paul Gayrard (Salon de 1848), Perrey (Salon de 1863)
Félix Roubaud (Salon de 1864), Émile Thomas (Salon de 1866), Aug. Dumont (église,
Notre-Dame de Lorette, à Paris), D. Molchnecht (cathédrale de Versailles), etc.

3. Ce beau livre renferme les reproductions en photogravure des aquarelles suivantes de
M. Guillaume Dubufe, aquarelles dignes d'être placées au musée du Luxembourg : *l'Enfance
de la Vierge*, *l'Éducation de la Vierge*, la *Présentation au Temple*, la *Vierge à la fontaine*,
la *Toilette de la Vierge*, *l'Annonciation*, la *Visitation*, *Ave Maria*, la *Crèche*, le *Sommeil de
Jésus*, la *Fuite en Égypte*, la *Vision de la Vierge*, la *Voie douloureuse*, *Stabat Mater*, la
*Vierge au tombeau*, la *Mort de la Vierge*, *l'Assomption*, le *Couronnement de la Vierge*, le
*Croissant symbolique*.

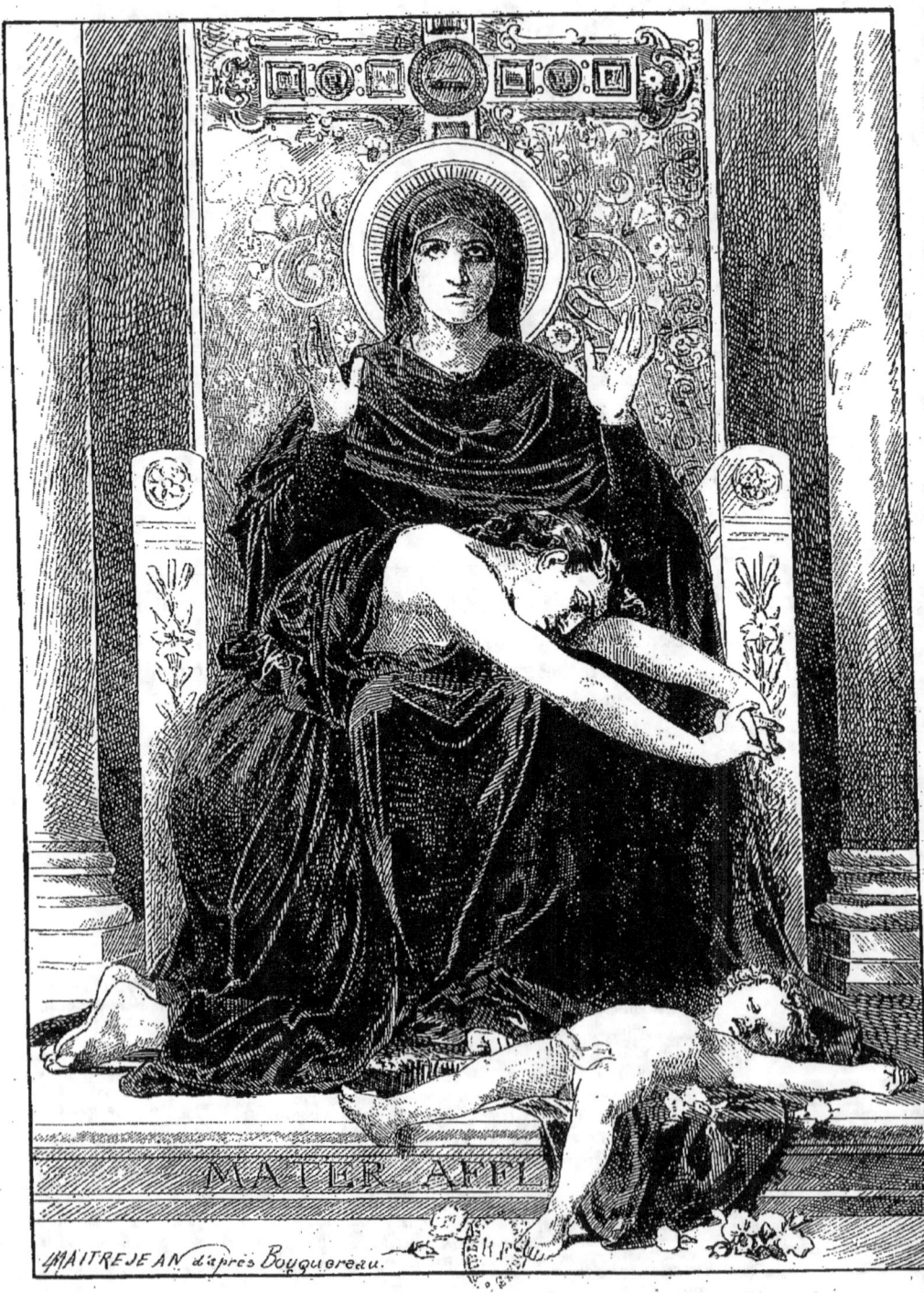

*La Vierge consolatrice*, d'après Bouguereau (musée du Luxembourg).
Dix-neuvième siècle.

Les aquarelles qui ont été exposées au Salon du Champ de Mars encadrent des sonnets illustrés du charmant artiste.

Il y a longtemps que je n'ai vu quelque chose d'aussi joli, aussi coquet, aussi beau. Comme le peintre a su bien peindre cette suave et jolie figure de la tendre *Vierge Marie*. Il y a là des perles exquises, de frais rubis, du dessin digne des maîtres aimés de la Renaissance. Raphaël n'a rien produit de plus exquis. Je prends au hasard :

Voici la *Toilette de la Vierge*, elle est accompagnée de vers exquis dont je cite quelques-uns :

> En ce temps-là, bien loin des sombres lendemains,
> Les femmes, pour l'époux, paraient la Vierge pure,
> Et comme elle était belle en sa douce figure,
> Et si blanche parmi la blancheur des chemins !

> On eût dit qu'en voulant couronner de leurs mains
> La compagne d'hier que leur foi transfigure,
> Elles en avaient fait la madone future,
> Divine de l'amour de tous les cœurs humains.

Voici maintenant la *Crèche,* où repose le doux Enfant :

> Devant l'humble étable, avant les rois et les bergers,
> En la paix où l'enfant divin repose encore,
> Les oiseaux sont venus l'adorer dès l'aurore,
> Et Jésus, s'éveillant, rit aux blancs messagers.

> Sur la crèche, aux rayons du soleil qui les dore,
> Les fleurs, en s'inclinant, de leurs frissons légers
> Le caressent d'un bruit de baisers échangés,
> Et Marie, à son tour, s'agenouille et l'adore.

Voici encore les *Cloches* :

> L'église est la mansarde la plus belle du monde,
> Faite pour le Dieu tendre et doux en qui je crois,
> N'ayant pour serviteurs près de la sainte croix
> Que des anges gardiens à chevelure blonde.

> Le murmure qui semble emplir la nef profonde,
> C'est le bruit de leurs pas et c'est leur douce voix,
> Et quand ils sont joyeux et graves à la fois,
> C'est qu'ils font leur concert en chantant à la ronde.

N'est-ce pas que cela est beau ? Mais ce que je ne saurais dire, c'est la grâce exquise avec laquelle tout cela a été dessiné, peint, compris ; il y a là dedans de la foi de Fra Angelico, de la gentillesse de Raphaël, du joli coloris des maîtres vénitiens. M. Dubufe, vous qui avez encore signé cet adorable triptyque de l'*Ave Maria*, vous êtes un de nos plus grands peintres contemporains.

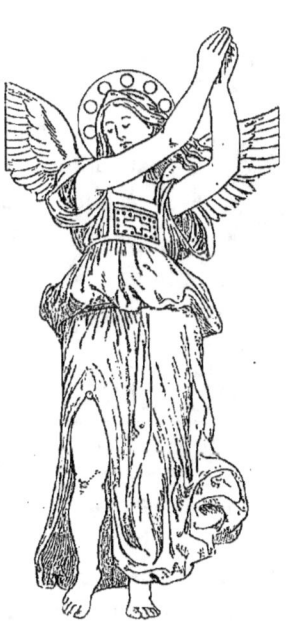

D'après Ingres. — Dix-neuvième siècle.

# CHAPITRE XII

# LA SAINTE VIERGE

DANS

# LA LITTÉRATURE ET LA MUSIQUE

A Vierge a inspiré aussi les poètes, les musiciens, au même titre que les peintres, les sculpteurs, les architectes. Les sanctuaires nombreux élevés par la foi des fidèles, les cantiques d'actions de grâce, les prières touchantes, les ravissants cantiques adressés à la Vierge Marie, sont là pour en témoigner.

Quand la Vierge apparut sur la terre, ce fut comme un enchantement. Elle ravit de suite par sa grâce et sa bonté touchante. L'antiquité n'avait connu que les déesses indifférentes de l'Olympe. Elles ne disaient rien au cœur de l'homme. La divine Mère du Sauveur apparut, et de suite naquit au cœur de l'homme un nouvel amour tout fait de tendresse, de douceur, de mélancolie, tout plein d'extatiques et ravissantes visions.

La sainte Vierge, d'après Nicolas Alunno.
Quinzième siècle.

Quoi de plus gracieux, de plus suave, que cette tendre apparition de la Vierge, qui dans un nimbe d'or passe rêveuse et toute charmante sur les bords ombreux du lac de Tibériade? En la voyant et en pensant à elle, tous sentent le besoin d'épancher leur cœur.

On peut du reste juger de l'amour qu'inspirait la Vierge immaculée dans sa grâce par les accents passionnés que la plupart adressaient à son divin Fils :

« Vous êtes mon Dieu, mon bien-aimé, le pain qui me nourrit, s'écrie saint Augustin ; vous êtes mes transports et ma vision béatifique à jamais. Donnez-vous à moi, je vous aime ; si vous trouvez que c'est trop peu, donnez-moi de vous aimer plus ardemment. »

Ecoutez encore saint François d'Assise, qui paraît presque demander grâce :

« Il m'a rendu captif, le doux Agneau plein d'amour, il m'a percé d'un glaive, il a brisé mon cœur, je succombe. »

Plus pénétrante encore est la plainte du cantique de sainte Thérèse : « Je me meurs de ne pouvoir mourir... »

Conçoit-on, au point de vue de l'art, « l'influence que devait exercer sur les tempéraments d'artiste une atmosphère à ce point remplie du parfum des plus suaves émotions mystiques, où tout, jusque dans les attendrissements de la pensée, prenait une apparence, une forme féminine. Aussi chacun, au lieu de reléguer Marie sur l'autel, va-t-il s'efforcer, en quelque sorte, de l'associer à sa propre existence, d'en faire la confidente de ses chagrins et de ses espoirs. Elle ne s'appellera plus alors seulement la Vierge, ce sera la Notre-Dame ; « Notre-Dame de Bon-Secours ; Notre-Dame de la Délivrance ; ce sera la Madone, surtout la *Madone à l'Enfant* ».

La douce Vierge Marie a aidé tous ceux qui ont du génie ou du cœur à s'élever au-dessus des misères humaines. C'est en pensant à elle que l'artiste a pu concevoir comme un irrésistible besoin du cœur, la figure la plus belle, la plus exquise, la plus suave, la plus divine de la femme : l'image de la Vierge Marie !

Ce fut une pieuse croyance aux premiers siècles du christianisme que la Vierge Marie prenait sous sa protection spéciale les poètes et les chantres chrétiens : elle était, disait-on, *bonorum poetarum Magistram.*

Les vers d'un poète irlandais, Sedulius [1], passaient pour lui être particulièrement agréables.

L'évêque de Poitiers, Fortunat, qui était poète, avait pris la Vierge pour Muse, Le chant des marins naufragés, son bel *Ave Maris Stella*

---

1. Cinquième siècle.

est venu jusqu'à nous à travers les siècles comme un doux souvenir du Moyen-Age; de même que le *Salve Regina* d'Herman de Vernighem, que les anges, suivant le jésuite de Barry, chantaient au bord des sources, en l'honneur de leur Reine, et que les chrétiens d'Antioche entonnaient sur les murs de leur ville assiégée par les Maures qu'ils repoussaient.

Les Normands, quelque temps après la conquête de l'Angleterre, établirent à Rouen, sous le nom de *Palinods* ou de *Puys*, de grands concours de poésie en l'honneur de la Conception de la Vierge Marie.

Ces concours étaient présidés par le prince ou le chef de la confrérie de Notre-Dame. Par la suite, ces concours prirent le titre d'*Académie des Palinods*. Les statuts de cette compagnie à la fois religieuse et littéraire furent dressés par un archevêque de Rouen.

Il y avait même un de ces statuts qui exigeait que les candidats de l'Académie des Palinods ne présentassent des ballades, sonnets, chants qu'en l'honneur de l'immaculée Conception.

La fête de la Conception, avec ces poésies sacrées, devint la principale fête, la *fête aux Normands*. Cette fête dura sept siècles.

Aux chants mystérieux et terribles des Druides, les Bardes gaulois de la Bretagne substituèrent des cantiques en l'honneur de la sainte Mère de Dieu.

Des poèmes populaires religieux, des ballades dialoguées, furent le fond de la musique bretonne. Beaucoup de ballades bretonnes contenaient une invocation à la Vierge Marie.

Dans toutes les provinces de France, pendant de longs siècles, les chants favoris furent des *Noëls,* ces chants si joyeux, pleins de souvenirs de la Vierge de Bethléem, qui retentissaient à travers la campagne blanchie de neige ou auprès des crèches élevées par les pieux paysans et parées de fleurs et de verdure d'hiver.

Semblables à un parfum des forêts, ces chants semblaient embaumer l'autel de la jeune Mère de Notre-Seigneur.

Dans ces Noëls joyeux, Marie était toujours présentée comme une Vierge toute jeune, toute belle, toute naïve.

Rappelons que les premiers auteurs qui écrivirent en langue romane consacrèrent leurs livres à la *gloire de la sainte Vierge Marie* et à l'édification de la chevalerie et de la noblesse [1].

. .

Nombreux sont les écrits, les chants, les poésies consacrés à la Vierge Marie. Nous en avons seulement choisi quelques-uns à titre d'exemples.

Il nous reste un très ancien livre datant du Moyen-Age : *la Mort de la Vierge Marie*, qui est la source où les prédicateurs et les artistes ont puisé les détails de la mort terrestre et de l'assomption de la Mère du Sauveur. Selon cette narration, Marie, remplie d'humilité après la consommation du grand mystère où elle avait eu sa large part de souffrances, se retira solitaire dans la maison de ses parents, au pied du mont des Oliviers, et passa dans la prière et la méditation les jours qu'elle eut à vivre sur la terre avant de rejoindre son divin Fils.

« Or, voici ce qui arriva, la vingt-deuxième année après la résurrection du Christ. Marie était retirée un jour dans l'endroit le plus écarté de sa maison, et pleurait en attendant le moment qui la réunirait à son Fils bien-aimé. Un ange lui apparut, revêtu d'un vêtement de lumière, et, se tenant devant elle, lui dit : « Salut, ô Vierge bénie du ciel, « recevez la salutation de celui qui est venu donner le salut aux pa- « triarches et aux prophètes. Je vous apporte du ciel cette branche de « palmier ; vous la ferez porter devant votre cercueil quand, dans trois « jours, votre âme aura abandonné ce monde. Car votre Fils vous attend « avec les trônes, avec les anges, avec les vertus du ciel. »

« Je vous prie, dit Marie, que tous les apôtres puissent se réunir pour ce moment-là autour de moi. »

« Et l'ange répondit : « Aujourd'hui même, par la puissance du Sei- « gneur, tous les apôtres viendront vers vous sur les nuages. »

« Marie reprit : « Bénissez-moi, afin que la puissance de l'enfer ne « s'oppose pas à moi quand mon âme sortira du corps, et que je ne « voie pas le prince des ténèbres. »

« Les puissances de l'enfer ne vous nuiront pas, repartit l'ange. »

1. Nous trouvons cette pensée exprimée dans les *Essais littéraires* de Walter Scot.

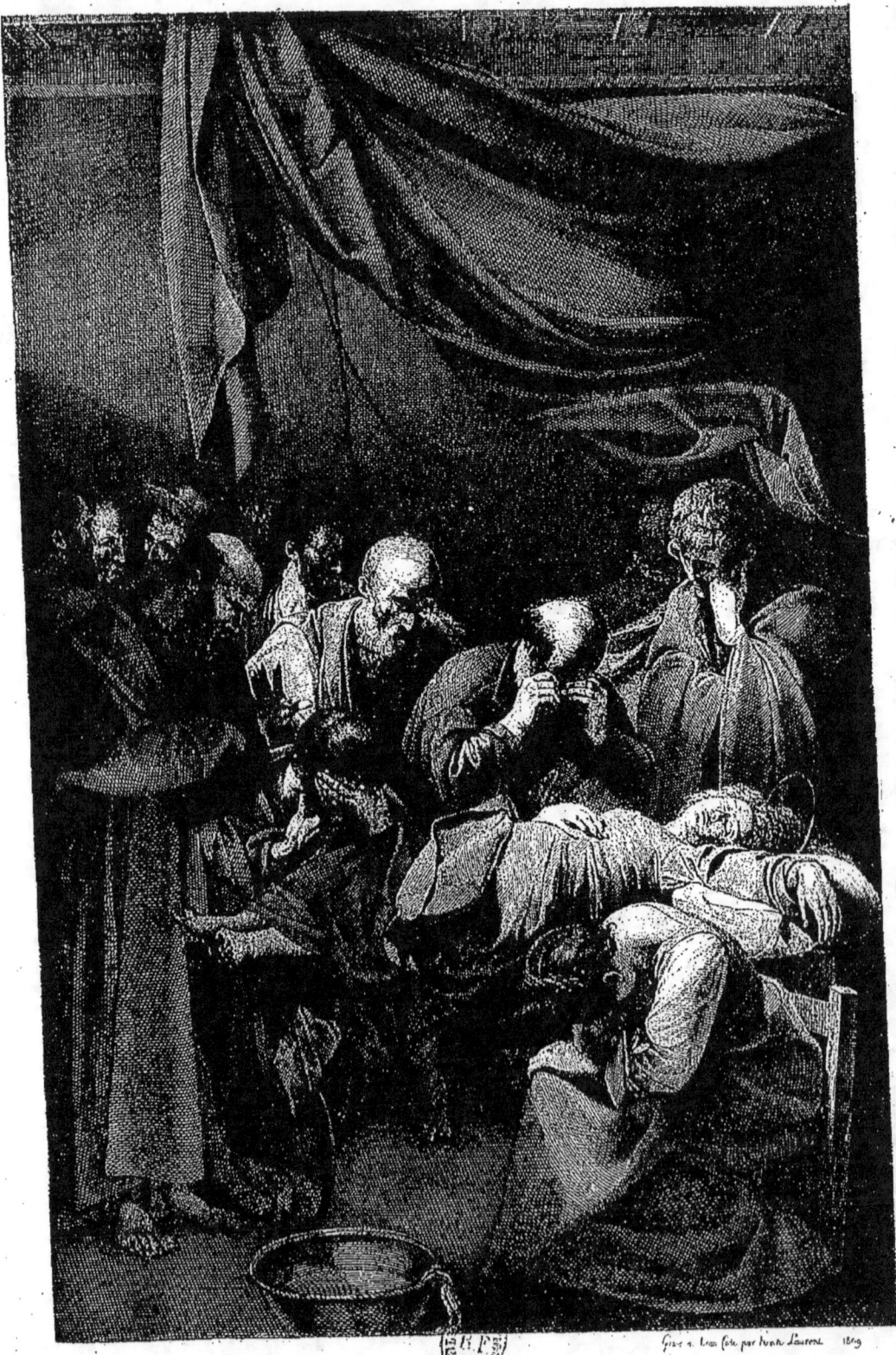

Grav. à l'eau forte par Léon Laurent. 1869.

La Mort de la sainte Vierge, d'après Amerighi, dit le Caravage. — Seizième siècle.

Et en disant ainsi, il disparut au milieu d'une vaste splendeur. Et la palme qu'il avait apportée répandait une grande lumière.

« Alors Marie ayant déposé les habits qu'elle portait, en prit de plus beaux. Puis elle sortit, tenant à la main la palme que l'ange lui avait apportée, et se rendit au mont des Oliviers où elle se mit en prière.

« Mon Dieu, dit-elle, je n'aurais jamais été digne de vous recevoir « dans mon sein, si vous n'aviez eu pitié de moi. Pourtant j'ai veillé « fidèlement sur le trésor que vous m'aviez confié. Je vous prie donc, « ô roi de gloire, de me protéger contre les puissances des ténèbres. Si « les cieux et les anges tremblent devant vous, combien est plus trem- « blante cette faible créature qui n'a de bon que ce que vous avez mis en « elle! »

« Cette prière finie, Marie se leva et s'en retourna chez elle.

« C'était alors vers la troisième heure; et dans cet instant, comme saint Jean prêchait à Ephèse, il se fit soudain un grand tremblement de terre : une nuée enveloppa l'apôtre aux yeux de tous, et le trans- porta dans la maison de Marie. A sa vue, la Mère du Sauveur fut comblée de joie, et s'écria : « Mon fils, rappelle-toi les paroles qui te « furent adressées du haut de la croix, quand il me recommanda à « toi. Bientôt je mourrai : or, j'ai entendu les Juifs se dire entre eux : « Attendons le jour où mourra la Mère du séducteur, et nous brûle- « rons son corps dans les flammes. »

La légende continue en disant comment Marie explique ses dernières dispositions à l'apôtre, et comment apparurent durant ce temps-là les autres apôtres, transportés sur des nuées des contrées les plus loin- taines, auxquels vinrent se joindre les chrétiens de Jérusalem et les vierges, compagnes de Marie dans sa solitude.

« Ils passèrent trois journées à se consoler les uns les autres par le récit de leurs fatigues et par des renseignements sur les progrès de la foi. Mais le troisième jour, vers la troisième heure, le sommeil des- cendit sur tous ceux qui étaient dans la maison, et personne ne put se tenir éveillé, excepté les apôtres et trois vierges, compagnes fidèles de la Mère de Dieu. Alors le Seigneur Jésus apparut au milieu d'un chœur d'anges et de séraphins. Les anges chantaient un hymne à la gloire du Sauveur, et une grande lumière remplissait la maison. Dans ce moment, le Seigneur Jésus parla et dit : « Viens, ma bien- « aimée, ma perle précieuse, entre dans le tabernacle de la vie éter- « nelle. » Marie, entendant cette voix, se jeta sur la terre, adora le Sei- gneur, et s'écria : « Béni soit votre nom, ô roi de gloire, ô mon « Dieu, puisque vous avez daigné choisir votre humble servante, entre « toutes les femmes, pour opérer la rédemption du genre humain. « Moi, fange et sang, je n'étais pas digne de cet honneur, mais vous « êtes venu à moi, et je vous ai dit : *Que votre volonté soit faite.* » Ayant dit, Marie se releva, se coucha sur son lit, et rendit l'âme en murmurant des actions de grâces. Durant ce temps, les apôtres enten- daient les paroles, mais ne voyaient que la lumière éblouissante qui remplissait la maison, et dont l'inexprimable splendeur était plus blanche que la neige et l'emportait en éclat sur les métaux les plus brillants. »

La légende poursuit en racontant comment le Sauveur accueillit sa Mère dans le ciel, tandis que sur la terre les trois Marie disposaient son corps pour la sépulture, au milieu des chants des apôtres, qui faisaient retentir la vallée de Josaphat du psaume : *In exitu Israel de Ægypto...*

. .

## LE *STABAT MATER*

Tous les écrivains et les artistes chrétiens se sont attendris des douleurs de Marie au pied de la croix; tous les saints et les saintes ont pleuré avec elle. L'Église, elle aussi, est une mère qui souffre d'ineffables angoisses lorsqu'elle voit les douleurs de ses enfants. La prose[1] chrétienne *Stabat Mater* est certainement l'expression de toutes les angoisses de sa charité, de toute sa tendresse pour Marie, de tout son amour compatissant pour les douleurs de l'Homme-Dieu.

---

1. On donne le nom de *Proses* à d'anciennes hymnes latines en *prose rimée,* qui se chan- tent ordinairement à la messe et au salut des grandes fêtes. Ces pièces un peu barbares de forme, sont toutes remarquables par la simplicité de l'expression et la naïveté du sen- timent.

C'est un superbe chant de tristesse inspiré tout entier par la compassion et le saint amour.

La prose *Stabat Mater* est restée et restera, malgré la froide critique de l'esprit janséniste ou ultra-gallican, un des chants les plus émouvants de l'Église.

« Elle était debout, la Mère douleureuse, auprès de la croix, tout en larmes, lorsque son Fils était cruellement suspendu, et son âme, gémissante, contristée et navrée de douleur, était traversée par un glaive[1].

« Oh! combien triste et affligée fut cette Mère bénie d'un Fils unique entre les hommes!

« Elle était triste, et elle souffrait, et elle tremblait en voyant les peines de son glorieux Enfant.

« Quel homme aurait pu sans pleurer voir la Mère du Christ livrée à un pareil supplice?

« Qui pourrait n'être pas contristé en contemplant cette pieuse Mère qui souffre avec son Fils?

« Pour les péchés de son peuple, elle a vu Jésus dans les tourments et enchaîné sous les verges. Elle a vu son doux Enfant bien-aimé mourir, abandonné de tout le monde à son dernier soupir.

[1]. Stabat Mater dolorosa
Juxta crucem lacrymosa,
Dum pendebat Filius.

Cujus animam gementem,
Contristantem et dolentem,
Pertransivit gladius.

O quam tristis et afflicta
Fuit illa benedicta
Mater Unigeniti!

Quæ mœrebat et dolebat,
Et tremebat cum videbat
Nati pœnas inclyti!

Quis est homo qui non fleret,
Christi Matrem si videret
In tanto supplicio?

Quis posset non contristari
Piam Matrem contemplari
Dolentem cum Filio?

Pro peccatis suæ gentis
Vidit Jesum in tormentis,
Et flagellis subditum.

Vidit suum dulcem Natum,
Morientem, desolatum,
Dum emisit spiritum.

Eia! Mater, fons amoris,
Me sentire vim doloris
Fac, ut tecum lugeam.

Fac ut ardeat cor meum
In amando Christum Deum,
Ut sibi complaceam.

« Hélas! ô Mère qui êtes la source d'amour, faites-moi sentir toute la profondeur de votre affliction, afin que je pleure avec vous!

« Faites que tout mon cœur s'enflamme pour aimer mon Christ et mon Dieu, et que je parvienne à lui plaire.

« Sainte Mère, faites-moi cette grâce de graver les plaies du Crucifié profondément dans mon cœur.

« Laissez-moi partager au moins les souffrances de votre Enfant blessé, puisque c'est pour moi qu'il a daigné souffrir.

« Laissez-moi mêler aux vôtres de vraies larmes, et compâtir au pauvre Crucifié aussi longtemps que je vivrai.

« Être auprès de vous au pied de la croix et confondre ma plainte à la vôtre, c'est tout ce que je désire.

« Vierge glorieuse entre les vierges, ne me soyez pas amère; faites que je pleure avec vous.

« Faites que je comprenne la mort du Sauveur, la destinée de sa douleur et le culte de ses blessures.

« Blessez-moi de ses plaies, enivrez-moi de cette croix pour l'amour de votre Fils.

« Que je laisse brûler mon cœur, et que vous seule, ô Vierge! preniez ma défense au jour du dernier Jugement.

Sancta Mater, istud agas
Crucifixi fige plagas
Cordi meo valide.

Tui Nati vulnerati,
Jam dignati pro me pati,
Pœnas mecum divide.

Fac me vere tecum flere,
Crucifixo condolere
Donec ego vixero.

Juxta crucem tecum stare,
Te libenter sociare
In planctu desidero.

Virgo virginum præclara,
Mihi jam non sis amara;
Fac me tecum plangere.

Fac ut portem Christi mortem,
Passionis ejus sortem
Et plagas recolere.

Fac me plagis vulnerari,
Cruce hac inebriari
Ob amorem Filii.

Inflammatus et accensus,
Per te, Virgo, sim defensus
In die judicii.

Fac me cruce custodiri,
Morte Christi præmuniri,
Confoveri gratia.

Quando corpus morietur,
Fac ut animæ donetur
Paradisi gloria.
Amen.

« Faites de la croix ma gardienne, de la mort du Christ le baume de mon âme, de la grâce l'unique chaleur de ma vie.

« Et quand mon corps mourra, faites que mon âme obtienne le don de la gloire au ciel. »

Ce *Stabat Mater*, que les Italiens ont si poétiquement nommé *il Pianto di Maria*, est un des plus superbes chants d'agonie, où règne un abattement morne avec des élans passionnés. C'est le poignant récit des tristes souffrances d'une mère. Lorsqu'on l'entend dans une église, on dirait que la majestueuse voix de l'orgue est entrecoupée de sanglots et que les anges pleurent sur la *Reine des cieux*.

Depuis la naissance du monde, aucune religion n'a fourni à la musique et à la poésie un thème pareil au *Stabat Mater*. Les douleurs poignantes de la Vierge au pied de la croix appellent toute la puissance de l'harmonie et des plus pures inspirations poétiques. C'est le plus sublime effort de l'art.

Parmi les *Stabat Mater* les plus célèbres, citons le *Stabat* de Rossini, celui de Haydn, le *Stabat* de Pergolèse, si célèbre autrefois dans toute l'Europe, et qu'il avait composé pour la Congrégation de San Luigi di Pulazzo.

*⁎
⁎ ⁎*

## L'AVE MARIS STELLA

Il y a quelque chose de touchant dans ces rimes empreintes de nous ne savons quelle harmonie toute particulière à la foi. N'a-t-on jamais pleuré en chantant cette hymne à la sainte Vierge :

> Salut, étoile de la mer,
> Du Créateur mère féconde,
> Toujours vierge, malgré l'enfer,
> Porte du ciel ouverte au monde.
>
> Gabriel est à vos genoux
> Pour vous offrir notre prière ;
> Changez en votre nom si doux
> Le nom d'une coupable mère !

Des captifs brisez les liens,
Aux aveugles rendez la vue :
Éloignez le mal qui nous tue,
Obtenez pour nous tous les biens.

Montrez-nous que vous êtes mère,
Celui qui fut homme pour nous
Se donna d'abord tout à vous :
Il recevra votre prière.

O Vierge unique en pureté
Et douce entre toutes les femmes,
Rendez l'innocence à nos âmes,
La douceur et la chasteté !

Soyez notre guide fidèle,
Gardez nos pas et notre amour :
Et nous verrons Jésus un jour
Au sein de la joie éternelle [1] !

\* \*

On peut dire qu'il a bien chanté la charité de Marie, l'auteur de cette *hymne de la Visitation* (Santeul).

Des vierges, chaste fleur, ò Vierge incomparable !
Où peut vous transporter une si sainte ardeur ?
Pourquoi traversez-vous, d'un pas infatigable,
Des monts et des coteaux la vaste profondeur !

De l'esprit du Seigneur, divinement remplie,
Vous n'agissez jamais que par sa volonté,

---

1.     Ave, maris, stella,
Dei mater alma
Atque semper virgo,
Félix cœli porta.

Sumens illud ave
Gabrielis ore,
Funda nos in pace
Mutans Evæ nomen.

Solve vincla reis,
Profer lumen cæcis,
Mala nostra pelle,
Bona cuncta posce.

Monstra te esse matrem,
Sumat per te preces
Qui pro nobis natus
Tulit esse tuus.

Virgo singularis
Inter omnes mitis,
Nos culpis solutos
Mites fac et castos !

Vitam præsta puram,
Iter para tutum,
Ut videntes Jesum
Semper collætemur !

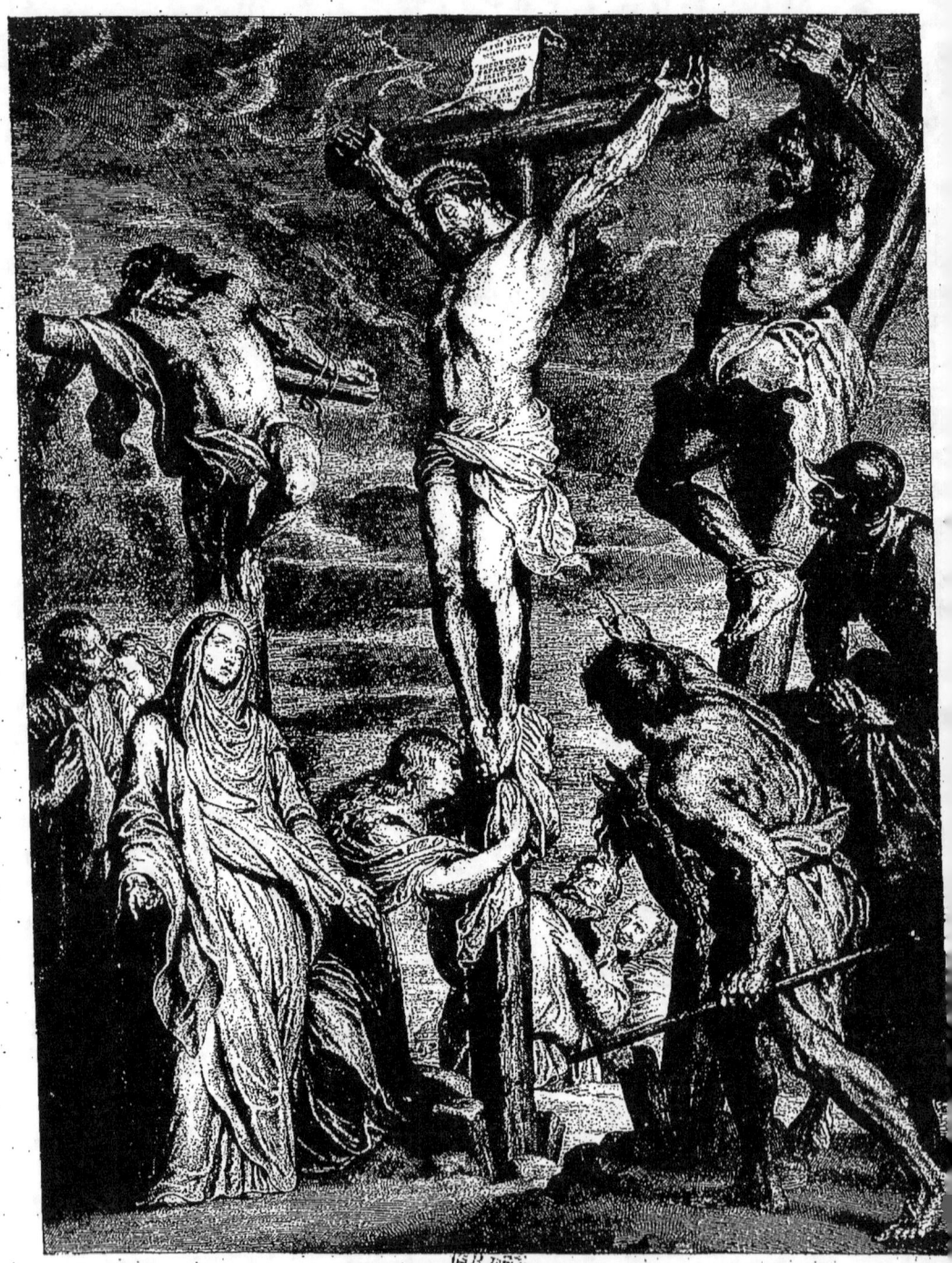

*Stabat Mater*, tableau de Van Dyck.
Gravure d'après une estampe de Bolswert, dix-septième siècle.
Appartenant à M. Tolra.

Et le suprême honneur de Mère du Messie,
Ne change rien aux soins de votre charité.

. . . . . . . . . . . . .

. . . . . . . . . . . . .

Pour l'une et l'autre mère, ô sensible allégresse !
La nature étonnée agit contre ses lois,
Élisabeth connaît un fils dans sa vieillesse,
Et la Vierge en son sein porte le Roi des rois[1] !

\*
\* \*

Dès le dixième siècle, on voit saint Adalbert, évêque de Prague, composer des chants sacrés pour les troupes polonaises qui combattaient les Poméraniens et les Prussiens païens.

Un hymne de saint Adalbert, *Boga-Rodzica* (*Mère de Dieu*), a été pendant longtemps le chant de combat des Polonais[2].

Rappelons, à ce sujet, que la Vierge Marie fut reine de la Pologne ; aussi, toutes les fois qu'on armait contre les Tartares, la Vierge décorait le drapeau national[3].

Lorsqu'en Occident la musique, trop longtemps négligée à cause des guerres et des luttes sanglantes, redevint en honneur, ce fut sous les auspices de la Vierge Marie.

« Des chœurs, composés d'une pieuse et brillante jeunesse chrétienne, firent retentir les voûtes des temples d'hymnes en l'honneur de la Vierge Marie, et ces voix, ravissantes et suaves, se mariant au son des harpes, des lyres et des orgues, tirèrent de l'art de David et d'Orphée des effets inouïs : car cette musique, tour à tour simple et majestueuse, qui traduisait les joies de la Nativité du Christ et les angoisses du Calvaire ;

---

1. Quo sanctus ardor te rapit,
   O Virgo, flos o Virginum,
   Quo tendis et cito gradu,
   Conscendis alta montium.

   Urget sacer te spiritus
   Toto repletam numine ;

Matris Dei jam dignitas
Nil caritati detrahit.

O quanta Matrum gaudia !
Stupente natura gravem
Anum stupes, quæ Virginem
Plenam Deo te prædicat.

2. Alb. Sorvinski, *Coup d'œil historique sur la musique religieuse et populaire en Pologne.*
3. *La Pologne historique et littéraire*, t. I, p. 396.

cette musique où il y avait de l'extase et des larmes, des rêves glorieux
et des tristesses saintes, allait réveiller jusqu'au fond du cœur les sentiments les plus religieux, les plus nobles et les plus utiles à la société. »

Le célèbre cantique à la sainte Vierge, le *Boga-Rodzica*, de saint
Adalbert, succéda en Pologne aux chants guerriers. Les ménestrels de la
Neustrie et de l'Angleterre, les trouvères de la Provence, les trouba-
dours de la Guyenne, essayèrent leurs premiers chants en l'honneur de
Marie.

A Venise-la-Belle, pendant de longs siècles, le gondolier vénitien ne
chanta, accompagné de sa mandoline, que l'hymne à Marie, le *Ma-
driale*, et le Contadino des environs de Naples ne savait que chanter
cela en s'accompagnant de sa guitare.

Tartini avait voué son violon à la Madone.

Même dans notre siècle, de grands poètes ont chanté les louanges
de Marie, et de grands musiciens lui ont consacré leur talent. Qu'on
se rappelle, à ce sujet, le bel *Ave Maria* de Gounod, qui est devenu si
populaire et qui est un si ravissant morceau digne du grand maître qui
l'a signé.

La *Vierge Marie* a aussi servi de thème à nombre de *légendes populaires* empreintes d'une grâce charmante. Un volume ne suffirait pas
pour les donner en entier.

Parmi ces légendes, nous en avons choisi une bien délicate, bien
tendre, bien connue dans les campagnes où la *Sauge*, cette plante mé-
dicinale utile, est en honneur. Cette plante a reçu le nom populaire et
charmant d'*Herbe de la Vierge*, et voici la légende qui court à son
sujet et que nous a si bien racontée M. Fulbert Dumonteil :

Les soldats d'Hérode cherchaient l'Enfant-Jésus pour le faire mourir.

Marie, plus morte que vive, fuit à travers les montagnes de la Judée,
serrant son fils contre son cœur. Resté dans la plaine, saint Joseph s'en
allait de maison en maison, implorant pour les fugitifs un abri que
partout on lui refuse.

Tout à coup, Marie entend derrière elle un bruit de pas : ce sont les soldats, les farouches soldats d'Hérode qui la cherchent; où se réfugier? Comment soustraire l'enfant à la mort?

Dans sa détresse et son désespoir, Marie s'adresse, suppliante, à tout ce qui l'entoure.

Apercevant une belle rose épanouie, elle lui dit :

« Rose, belle rose, épanouis-toi plus encore ; ouvre tes feuilles embaumées et cache mon pauvre enfant que l'on veut tuer ! »

La rose répond :

« Passe ton chemin, car les soldats, en cherchant ton enfant, me terniraient, me froisseraient, m'effeuilleraient peut-être. Je ne puis rien pour toi. Mais voici un œillet, là-bas. Va lui demander un abri. Peut-être pourra-t-il te le donner. »

La Vierge y court.

« Œillet, bel œillet, épanouis-toi, élargis tes feuilles odorantes pour cacher mon pauvre enfant que l'on veut tuer. Aie compassion de ma détresse et de mon désespoir. N'entends-tu pas les soldats qui s'avancent ?...

— Passe ton chemin, répond l'œillet. Je n'ai point le temps de t'écouter, car il faut que je fleurisse. Laisse-moi donc aux caresses de la brise et aux bourdonnements des abeilles. Je ne puis rien pour toi. Mais auprès du ruisseau qui murmure, j'aperçois un narcisse. Adresse-toi à lui ; peut-être va-t-il te trouver un refuge ? »

La Vierge arrive épuisée, éplorée, son enfant dans ses bras.

« Narcisse, beau narcisse, élève encore ta tige, étends tes feuilles parfumées afin de cacher mon fils, mon pauvre fils que l'on veut tuer. Écoute ma prière ! N'entends-tu pas s'approcher les soldats d'Hérode ? Ne vois-tu pas briller leurs armes, étinceler leurs casques ? »

Le narcisse a répondu :

« Passe ton chemin. Laisse-moi recevoir en paix les baisers du soleil et mirer dans les eaux ma tête de satin. Que m'importe ta détresse et ta douleur ? Je n'y puis rien. Mais, là-bas, sur ce rocher aride, vit une sauge, emblème de pauvreté. Va lui demander asile... »

La Vierge s'y précipite.

« Sauge, bonne petite saugette, épanouis-toi pour cacher mon enfant que l'on veut tuer. »

Et la sauge aussitôt s'épanouit tellement, elle élargit si bien ses feuilles miraculeuses que la mère et l'enfant peuvent s'y cacher.

Quand tout péril est passé, Marie sort de sa cachette et dit :

« Bonne sauge, pauvre petite saugette, fleur des pauvres, je te bénis. »

Et cette bénédiction de la Vierge dota la sauge de vertus souveraines.

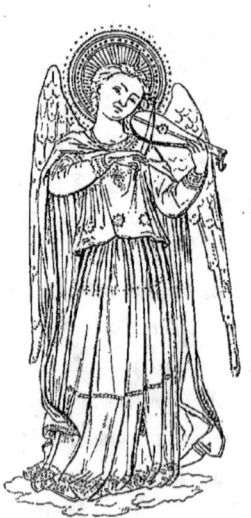

Ange jouant de la viole, d'après Fra Angelico da Fiesole.
Quinzième siècle.

# CHAPITRE XIII

# LES ÉGLISES ET LES PÈLERINAGES

## EN L'HONNEUR DE LA SAINTE VIERGE

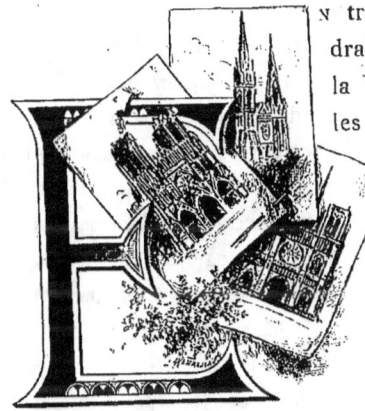

Notre-Dame de Paris. — La cathédrale de Reims. — Notre-Dame de Chartres.

ᴎ très grand nombre existent les cathédrales, les églises élevées en l'honneur de la Vierge Marie et où accourent en foule les fidèles et les pèlerins. Élevées par la foi de nos pères, elles se dressent superbes et fières comme de beaux témoignages du culte universel envers la sainte Mère de Dieu.

Avant de parler de ces principales églises, nous en mentionnerons deux : Notre-Dame de Paris et Sainte-Marie-des-Fleurs de Florence (*Santa Maria del Fiore*), dont nous indiquerons l'histoire et nous montrerons comment elles ont été élevées par tout un peuple croyant et fidèle au culte de Marie.

\* \*

Plusieurs architectes ont travaillé à l'érection de la cathédrale de Paris.

Notre-Dame de Paris est une des merveilles de l'architecture ogivale. Sa construction fut commencée en 1163, sur l'emplacement de l'ancienne basilique mérovingienne, qui, elle-même, avait remplacé un temple païen.

Elle fut continuée sous Philippe-Auguste et terminée vers 1230. Son histoire est intimement liée à notre histoire[1].

« Si les piliers de Notre-Dame de Paris avaient une voix ( a dit Viollet-le-Duc), ils raconteraient toute notre histoire, depuis le règne de Philippe-Auguste jusqu'à nos jours.

« De combien d'événements n'ont-ils pas été les témoins. C'est sous les voûtes de cette église que saint Dominique prêcha, après une apparition de la Vierge, dit la légende ; que le comte de Toulouse, Raymond IV, vint abjurer l'hérésie, nu, en chemise, auprès de l'autel. C'est là que Henri VI d'Angleterre fut couronné roi de France, en 1431 ; qu'en 1436 fut chanté le *Te Deum* à l'occasion de la reprise de Paris par les troupes de Charles VII.

« Pendant la Domination des Seize, les galeries de l'église servirent d'habitation aux troupes populaires de la Ligue, qui, à la voix des clercs, sortaient de ce casernement d'un nouveau genre, pour courir sus aux Politiques et entretenir la terreur parmi les bourgeois paisibles.

« Mariages, baptêmes, obsèques, serments et vœux éternels bientôt démentis par d'autres vœux et d'autres serments, fêtes populaires, fêtes royales, chants d'allégresse et de deuil ; apologies et anathèmes, oraisons funèbres pour les rois, culte de la déesse Raison et des Théophilanthropes ; réinstallation du culte en 1802 ; sacre de Napoléon Ier et le baptême des princes au berceau qui ne devaient point régner ; la vieille église, impassible, fut un abri protecteur pour tant de misères et de splendeurs, pour les espérances et les malheurs de la population parisienne.

« Aussi, ne faut-il pas s'étonner si le peuple de Paris a conservé pour ces pierres séculaires une vénération qui ne se démentit jamais. C'est le lien visible qui le rattache à un passé plein de grandeur, même pendant la tourmente ; ce sont ses titres de noblesse[2]. »

1. En 1182, le maître-autel était consacré ; en 1223, l'église était entièrement voûtée.
2. *Paris-Guide*, Viollet-le-Duc ; *Notre-Dame*. « C'est en 1257 que JEAN DE CHELLES construisit le portail méridional de Notre-Dame de Paris, tel qu'il subsiste encore. Ce vaste monument est orné de sculptures historiques et allégoriques, en bas-relief et en ronde-bosse. » (Émeric David.)
L'inscription gravée sur le socle de l'édifice renferme la date et le nom de Jean de Chelles. (V. Dubreul, *Antiquités de Paris*, page 9.)

En 1867, des fouilles exécutées sur la place du Parvis de Notre-Dame ont fait découvrir des fragments de plusieurs colonnes d'ordre corinthien provenant d'une église primitive [1].

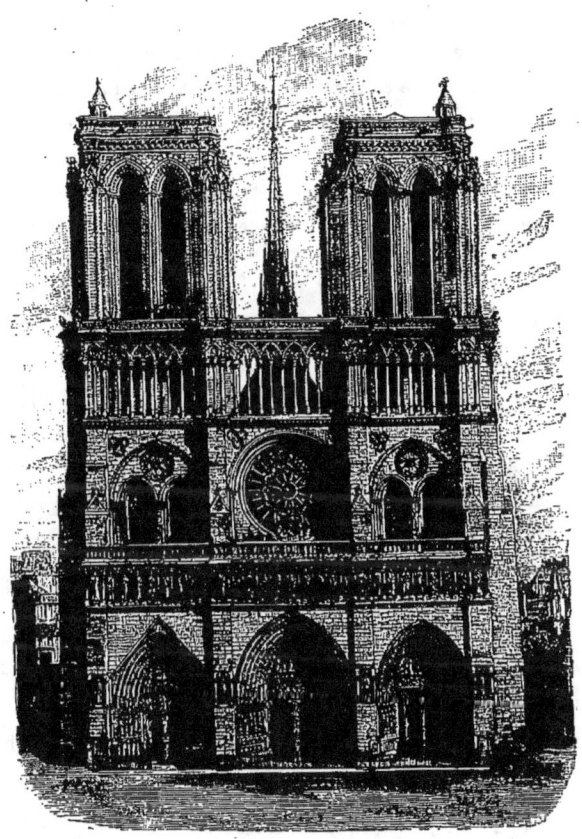

Notre-Dame de Paris (vue de face).

« Nous savons par la vie de saint Marcel, dit M. de Guilhermy [2], qu'une église existait déjà dans la cité de Paris, sur le bord de la Seine et vers la pointe de l'île, du côté de l'Orient, à la fin du quatrième

1. Ces fragments, placés au musée de Cluny, montrent que ces ruines devaient appartenir à un grand édifice de style latin.
2. *Itinéraire archéologique de Paris.*

siècle. Cette antique cathédrale fut sans doute reconstruite par la pieuse munificence du roi Childebert I<sup>er</sup>, car il serait difficile d'admettre que les premiers chrétiens de Paris eussent élevé un monument aussi considérable que l'église épiscopale qui existait du temps de ce prince, et dont Fortunat nous a laissé une poétique description.

« La basilique était splendide et soutenue par des colonnes de marbre ; ses fenêtres, garnies d'une clôture de verre, recevaient les premiers rayons du jour ; ses lambris et ses murs brillaient du plus vif éclat. Prêtre et roi, comme un autre Melchisédech, Childebert avait voulu enrichir de ses dons ce temple magnifique, pour le bien de ses sujets et pour la gloire de l'Église [1]. »

Arrêtons-nous maintenant devant la façade de Notre-Dame de Paris : « La façade en est le morceau le plus célèbre ; elle mérite son universelle renommée, dit M. Gonse. On peut la proclamer sans hésitation la reine des façades gothiques. Il n'en est pas de plus monumentale ni de plus majestueuse ; il n'en est pas qui présente une si complète harmonie. Elle est belle sous tous les angles : de face, ses étagements ont une noblesse saisissante ; ses lignes ont une vigueur, une richesse, une carrure qui émeut les rebelles : *Mole suâ terrore incutit spectantibus,* dit le chroniqueur. De profil, ses lignes montent en s'appuyant sur les emmarchements successifs d'immenses contreforts. Vue du parvis, elle semble affronter les regards comme une proue de navire. Son grand parti architectural accuse un génie de premier ordre... tout est à l'unisson dans ce morceau conçu d'un seul jet : la grandeur et la simplicité de l'idée, l'originalité de la composition, le style et l'échelle

---

1. Il existe une pieuse légende sur la fondation de la première église, sur l'emplacement de laquelle a été élevée Notre-Dame.

En l'an 464, Artus, roi de la Grande-Bretagne, vint en Gaule, où il fit de grands ravages. La Gaule était alors gouvernée par le tribun Flollo qui représentait l'empereur Léon. Le tribun s'étant retiré dans Paris, s'y fortifia. Artus le défia en combat singulier ; le tribun ayant accepté, une rencontre eut lieu sur la pointe orientale de la Cité, à la lance et à la hache ; Artus blessé tout d'abord à la tête, et aveuglé par le sang, implora la sainte Vierge Marie, qui apparut tout à coup devant tous, et le couvrit de l'envers de son manteau, qui paraissait « être formé d'hermine ». Flollo, stupéfait de ce miracle, perdit la vue et Artus le tua. En mémoire de la vision miraculeuse, Artus prit pour armes les hermines, qui sont demeurées ensuite aux rois et aux princes de Bretagne. Il voulut aussi perpétuer le souvenir de son triomphe, et devant le lieu même du combat, il fit élever une chapelle de la Vierge, laquelle chapelle est devenue plus tard l'église cathédrale de Paris.

de la décoration, la puissance et le fini de la statuaire, la logique et la perfection technique de la structure [1]. »

Cette façade de Notre-Dame de Paris est un chef-d'œuvre du genre.

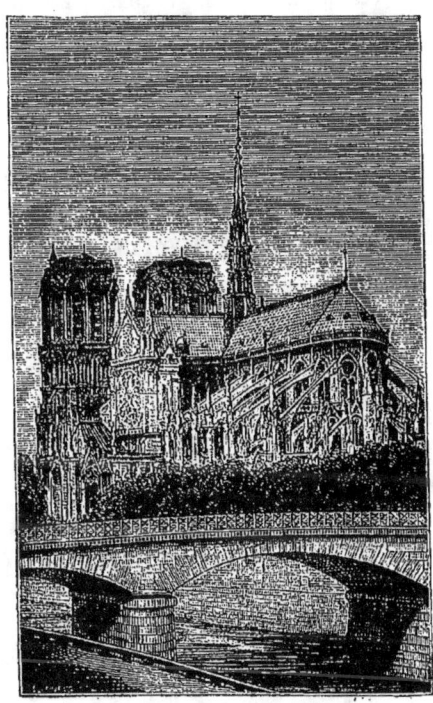

Le chevet de Notre-Dame de Paris.

[1]. « L'orientation des cathédrales, recevant la lumière de droite à gauche, n'est pas pour rien dans l'impression qu'elles produisent, ajoute très judicieusement M. Gonse. A Notre-Dame de Paris, tout était combiné pour augmenter cette impression : les marches qui formaient comme un piédestal à la tour méridionale et descendaient vers la rivière, l'immense palais de l'évêché construit par Maurice de Sully, mille dépendances pittoresques, un cloître somptueux, une place étroite, des maisons rapprochées qui faisaient paraître plus immense le colosse de pierre, les sculptures du portail s'enlevant sur un fond d'or, que sais-je encore ? Aujourd'hui, tout cela a disparu. La grève est remplacée par un quai banal, la place du Parvis, avec sa vieille fontaine et toutes ses maisons à pignons, par une grande place vide, bordée par un hôpital et des casernes ; les portes ont perdu leurs dorures. Progrès des temps ! Je ne saurais, en vérité, protester avec trop d'énergie contre cette manie qu'ont les édiles actuels d'isoler nos vieilles cathédrales et de les priver ainsi des repoussoirs qui en faisaient mieux sentir la grandeur. »

Les lignes horizontales s'y combinent heureusement avec les lignes verticales. Les tours ne se dégagent qu'à la partie supérieure et le pignon est en retrait derrière une admirable galerie à jour.

Leurs faces présentent de longues baies accouplées qui n'ont pas moins de 25 mètres de hauteur.

En avant de la cathédrale se trouvait autrefois un espace appelé *le Parvis* dont le sol primitivement surhaussé, clos de murs bas, fut abaissé en 1748 et en 1847 ; les boulangers y vendaient au rabais le restant de leur pain, et on y tenait la foire aux jambons ; à l'entrée du parvis, près d'une fontaine de 1639, détruite en 1748, on voyait une statue très ancienne, nommée le *Grand Jeusneur*, car

> Oyez la voix d'un sermoneur,
> Vulgairement appelé Jeusneur,
> Pour s'être vu selon l'histoire
> Mil ans sans manger et sans boire.

Il existe à Notre-Dame de Paris beaucoup d'objets et de choses relatifs à la Vierge.

L'une des belles portes de Notre-Dame de Paris a reçu le nom de *Porte de la Vierge*. L'histoire de la Vierge y est d'ailleurs écrite dans la pierre. Sur le trumeau est sculptée la Vierge portant l'Enfant-Jésus. La bas-relief du tympan est partagé en trois zones. Dans la première zone, des prophètes assis à droite soutiennent ensemble une grande et longue bande de papyrus, qui est la généalogie de la Vierge; à gauche, le sujet se continue, mais les rois ont remplacé les prophètes. La deuxième zone représente l'ensevelissement de la Vierge. Saint Jean et saint Pierre, accompagnés des apôtres, tiennent le linceul dans lequel est couchée Marie. Près du cercueil élégamment orné, Jésus debout semble bénir sa Mère.

La zone supérieure nous fait assister au triomphe de la Vierge Marie; après son assomption au ciel, elle a déjà reçu la couronne d'un ange qui sort d'un nuage, et, assise auprès de son divin Fils, elle semble le remercier des honneurs qu'il lui a accordés.

La voussure de cette porte nous montre les élus assistant au couronnement de Marie. Quatre rangées de figures remplissent cette voussure; la première rangée représente des anges, la seconde des patriarches, la troisième des rois, et la quatrième des prophètes.

La *Porte Sainte-Anne*, qui est aussi divisée en trois zones, renferme aussi un grand nombre de superbes sculptures figurant des scènes de la vie de la Vierge Marie.

Sur la première zone, on voit représenté le mariage de saint Joseph et de la Vierge, que célèbre le grand-prêtre Zacharie, la tête couverte d'un voile, devant Joachim et sainte Anne.

Différents épisodes se déroulent autour de ce sujet principal : le bâton de saint Joseph fleurissant, les offrandes au grand-prêtre, Marie demandant pardon à son époux, Joachim assis sur un rocher.

Dans la deuxième zone, Marie agenouillée prie dans le temple, tandis que l'ange Gabriel annonce à la Vierge la volonté de Dieu. Des bergers accompagnés de leurs chiens vont adorer l'Enfant-Jésus qui dort dans sa crèche, près du bœuf et de l'âne; le roi Hérode reçoit les rois mages.

Dans la zone supérieure, enfin, la Vierge Marie est assise tenant sur ses genoux son Fils qui bénit le monde, tandis que les anges balancent des encensoirs; à gauche, le roi Louis VII déroule une charte de donation ou une concession de privilège; à droite, un évêque; debout, près de l'évêque, un personnage, qui doit être Étienne de Garlande, écrit avec grande attention.

La balustrade qui couronne la galerie des rois s'appelle la *galerie de la Vierge*. Autrefois, elle était décorée d'une statue de la Vierge, plus grande que nature, accompagnée de deux anges portant chacun un chandelier.

Dans la nuit de jeudi au vendredi après le dimanche de la Sexagésime, le clergé sortait vers une heure du matin de l'église et venait chanter les litanies de la Vierge sur la place du Parvis, pendant que le chevecier, monté sur la galerie, plaçait deux cierges allumés dans les chandeliers que tenaient les anges. Les deux anges mutilés pendant la Révolution ont été rétablis, et une statue du Christ a remplacé au centre de la galerie la statue de la Vierge détruite en 1753.

A la porte nord du transsept de Notre-Dame de Paris, il y a aussi une admirable et belle statue de la Vierge[1]. « Comme attitude, comme composition, agencement de draperies, *cette figure est un modèle de noblesse vraie;* comme expression, la tête dévoile une intelligence ferme et sûre, une fierté délicate, des qualités de grandeur morale[2]. »

Les chapelles absidiales de Notre-Dame sont toutes très intéressantes à cause des monuments qu'elles renferment. La chapelle Saint-Guillaume renferme une statue de la Vierge par Adji et le monument du comte d'Harcourt, œuvre du sculpteur Pigalle.

La chapelle Sainte-Madeleine est ornée d'une belle fresque, d'une pierre tombale consacrée à Mgr Gambac et de la statue de Mgr Sibour, par le sculpteur Paul Dubois.

La chapelle de la Compassion est des plus remarquables. Au-dessus du retable de l'autel se trouve debout la *Notre-Dame des Douleurs*, portant dans sa main, recouverte d'un linge, les saints clous et la sainte couronne d'épines. Là se trouve aussi une antique fresque datant de 1290, représentant la *Vierge assise tenant l'Enfant-Jésus;* à sa droite se trouve saint Denis, agenouillé, portant sa tête dans ses mains, et à sa gauche l'archevêque Matifas de Buey, donateur de l'œuvre.

La chapelle Saint-Marcel renferme le mausolée en marbre blanc du cardinal de Belloy.

La chapelle Saint-Louis possède un fond bleu fleurdelisé.

La chapelle Saint-Georges est remarquable par sa grande fresque, peinte par Steinheil, et représentant saint Georges combattant le dragon. Sur un vitrail se trouvent racontées les vies de saint Georges, de saint Étienne et de saint Eustache. C'est là que se trouve la statue de Mgr Darboy, sculptée par M. Bonassieu.

Près de la chapelle Sainte-Madeleine s'ouvrent les portes des deux sacristies où se trouve aussi une chapelle consacrée à saint Denis. En face de l'autel se trouve le monument de Mgr Affre, archevêque de Paris[3].

\*
\* \*

1. Cette statue est placée au pied de la porte du Nord. Les ébrasures étaient décorées autrefois de huit statues.
2. Viollet-le-Duc. *Dictionnaire raisonné de l'architecture française.*
3. Pour plus de détails, voir le charmant ouvrage de M. P. de Grandpré : *Légendes de Notre-Dame de Paris,* in-8, Tolra, éditeur.

Une des plus belles églises de la Renaissance italienne, c'est la cathédrale de Florence, commencée en 1296 par *Arnolfo de Lapo*[1]. Elle fut élevée par suite d'un décret de la République florentine qui montre que la vie artistique était alors dans tout son essor, puisque les hommes politiques s'occupaient des questions d'art : « La haute sagesse d'un peuple d'illustre origine, est-il dit dans ce décret, exigeant qu'il procède dans les choses concernant son administration, de manière que la prudence et la magnanimité de ses vues éclatent dans les ouvrages qu'il fait exécuter, il est ordonné à *Arnolfo, chef-maître de notre commune*, de tracer un modèle ou dessin pour la restauration de Santa Reparata[2], lequel porte l'empreinte d'une pompe et d'une magnificence telle que l'art et la puissance des hommes ne puissent rien imaginer de plus grand et de plus beau, et cela d'après la résolution prise en conseil privé et public par les personnages les plus habiles de cette ville, de n'entreprendre pour la commune aucun ouvrage dont l'exécution ne doive répondre à des sentiments d'autant plus grands et plus généreux, qu'ils sont le résultat des délibérations d'une réunion de citoyens dont les intentions ne forment, sous ce rapport, qu'une seule et même volonté. »

La cathédrale de Florence n'a été terminée qu'en 1456.

En 1334, *Giotto* dirigeait les travaux ; il eut pour successeurs *Taddeo Gaddi*, *Andrea Orcagna*[3] et *Filippo Brunelleschi*[4].

Giotto construisit ce charmant clocher appelé le *Campanile* qui se

---

1. Arnolfo a été le créateur du style d'architecture connu sous le nom de *Gothique florentin*. On lui doit aussi le Palais-vieux et les voûtes de l'Église d'Or San Michele. Son vrai nom était *Arnolfo di Cambio*.

2. Effectivement, la cathédrale a été construite sur l'emplacement de l'ancienne église de *Santa Reparata*, et le nom de *Santa Maria del Fiore, Sainte-Marie des Fleurs*, qui lui a été donné, vient des armes de la ville de Florence, qui sont un lis rouge sur champ blanc.

3. 1329-1389. Peintre aussi. On lui doit les fresques du Campo Santo de Pise. Orcagna doit aussi sa réputation à la *Loggia de Lanzi* qui, d'abord destinée à servir de tribune aux harangues, devint le corps de garde des Lansquenets.

Elle orne la place du Grand-Duc.

Quand le grand-duc Côme de Médicis avait demandé à Michel-Ange un projet pour orner cette place, le grand sculpteur répondit qu'on ne pouvait mieux faire que de continuer la *Loggia de Lanzi* d'Orcagna.

4. 1377-1444. Il a construit aussi le palais Pitti, à Florence.

trouve à côté de la cathédrale et qui est décoré au moyen de marbres
blancs, noirs et rouges.

Ce fut Brunelleschi qui termina Sainte-Marie-des-Fleurs. Il fallait
faire une coupole, et les magistrats de la République se trouvant fort
embarrassés pour trouver un architecte capable de la faire, on résolut
d'ouvrir un concours.

« L'an 1420, raconte Vasari, tous les maîtres chrétiens, Toscans ou
Florentins, s'étant réunis, Brunelleschi quitta la ville de Rome et vint
se joindre à eux. L'assemblée fut tenue dans l'œuvre de Santa Maria
del Fiore, en présence des consuls, des intendants de la fabrique et des
citoyens les plus considérables. Il s'agissait de recueillir tous les avis
et d'arrêter définitivement les moyens de terminer la coupole. Ce fut
alors à qui enchérirait d'extravagance et de ridicule. L'un prétendait
qu'il fallait établir des piliers d'où partiraient des arcs qui soutien-
draient la charpente destinée à porter le poids de la coupole; un autre
voulait construire la voûte en pierre ponce, afin qu'elle fût plus légère;
quelques-uns conseillaient de bâtir un pilier central, et on alla même
jusqu'à proposer d'élever une montagne de terre qui servirait d'échafaudage, et dans laquelle on jetterait de petites pièces de monnaie, afin
que l'appât du gain engageât le peuple à débarrasser l'intérieur de
l'édifice lorsqu'il serait terminé. Seul, Brunelleschi osa dire que l'on
pouvait exécuter la coupole sans charpente, sans piliers, sans échafaudage de terre, sans arcs et même sans armature.

« Les consuls, les intendants et tous les citoyens crurent qu'il diva-
guait; ils le tournèrent en dérision et lui ordonnèrent de parler d'autre
chose, en ajoutant que son projet était des plus absurdes et qu'il était
fou lui-même... On lui intima l'ordre de se retirer, et comme il n'obéis-
sait pas à cette injonction, on le fit mettre dehors de force par les valets en
déclarant qu'il était réellement fou. »

On recommença à discuter, mais la discussion n'avança à rien,
aucun projet ne semblant réalisable. On se décida alors, en désespoir
de cause, à rappeler Brunelleschi, et les architectes le sommèrent de
communiquer son projet et son modèle afin de se rendre compte s'il
n'y avait pas quelque chose de praticable.

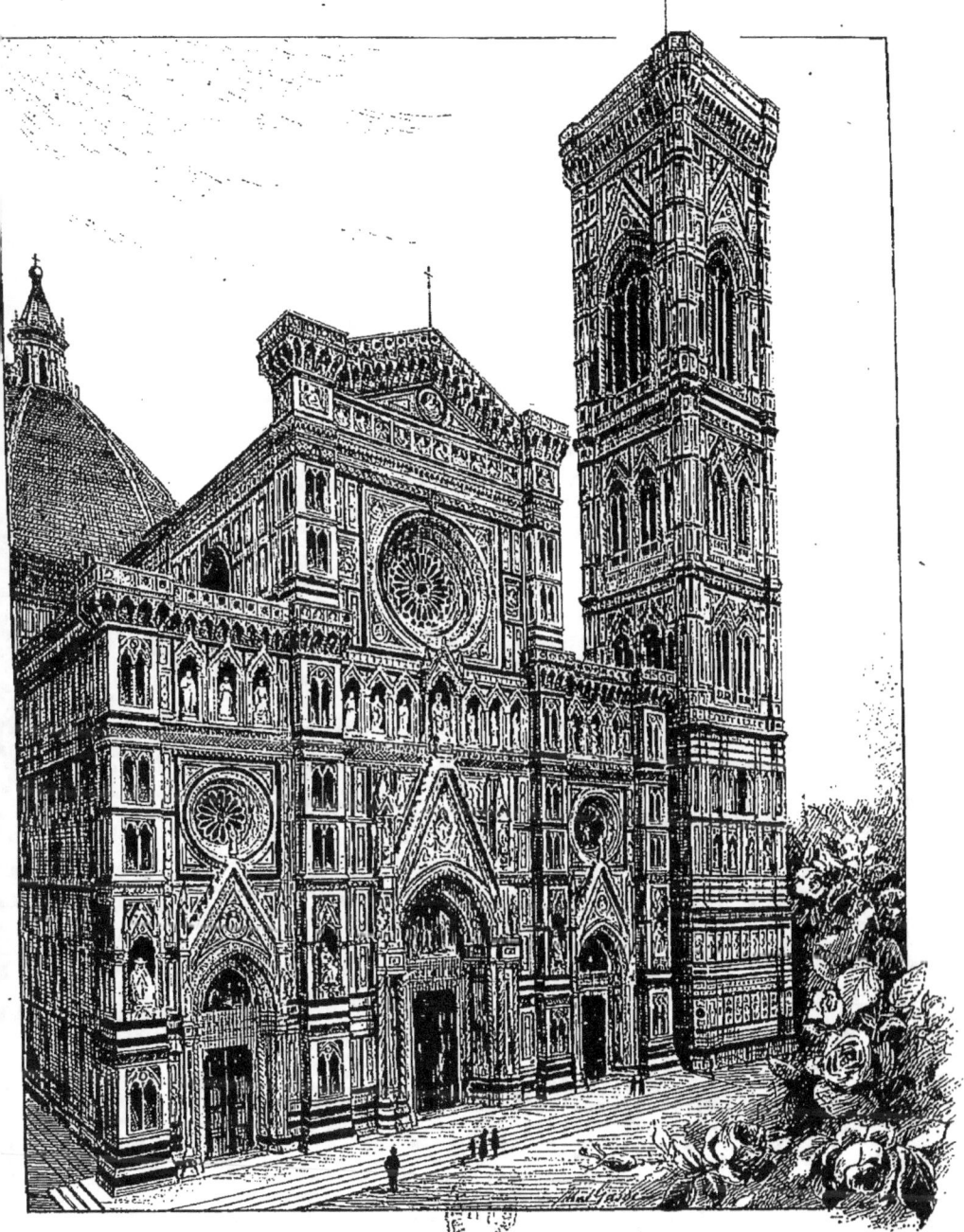

Église Sainte-Marie des Fleurs à Florence.

Brunelleschi s'y refusa et se contenta de présenter un œuf à l'assemblée en disant : « Celui qui le fera tenir debout sera digne d'élever la coupole. » Les architectes rivaux consentirent à tenter l'expérience, mais aucun d'eux ne put parvenir à réussir.

Brunelleschi résolut le problème en cassant la pointe de l'œuf sur une table de marbre. Ce fut alors à qui dirait qu'il en aurait fait autant. Brunelleschi leur répondit en riant qu'ils sauraient aussi faire la coupole s'ils voyaient son modèle.

On fut bien forcé de se décider à laisser Brunelleschi faire sa coupole, mais on lui adjoignit un collègue. Pour s'en débarrasser, Brunelleschi feignit d'être malade et se déchargea sur lui du soin de la construction. Quand son impuissance fut bien démontrée, Brunelleschi éleva seul sa coupole.

C'est de cette coupole que Michel-Ange disait : « Il est difficile de faire aussi bien, il est impossible de faire mieux. »

Les traces de peinture qu'on aperçoit encore sur la façade inachevée datent de 1688. A Giotto succédèrent Taddeo Gaddi, Andréa, Orcagna, Lor. di Filippo, et enfin Filippo Brunelleschi, l'auteur de la coupole. — La longueur de l'église est de 426 pieds; sa largeur, dans le transept, de 313 ; la hauteur de la nef du milieu est de 143 pieds ; celle des bas-côtés de 90 pieds. L'extérieur, à l'exception de la façade qui est nue, est revêtu de marbre bigarré. Au-dessus de la première porte du Nord, on voit une *Madone* attribuée à Jacopo della Guercia ; au-dessus de la deuxième, la sainte Vierge et saint Thomas, par Giov. Pisano ; dans la lunette, *Annonciation,* mosaïque de Dom. Ghirlandajo. Au sud, *Madonna del Fiore,* par Giov. Pisano, et au-dessus de la porte, à côté du clocher, une *Madone* de Niccolo Aretino.

A l'intérieur, la méridienne tracée en 1755 ; la première le fut vers 1468, par le médecin et mathématicien Toscanelli, correspondant scientifique de Colomb, qui profita de ses recherches. — Vitraux peints exécutés à Lubeck par D. Livi da Gambassi (1434), sur les dessins de Ghiberti et de Donatello.

Dans une lunette, au-dessus de la grande entrée, *Couronnement de Marie,* mosaïque de Gaddo Gaddi.

Au-dessus des portes latérales, peinture représentant le martyre de Santa Reparata, par Passignano, et le Concile de Florence, par G.-B. Paggi. — Au mur latéral, à droite, monument de Brunelleschi, son buste par Buggiano, son élève; monument de Giotto, le buste par Benedetto da Majano, placé postérieurement. Mausolée de Marsile Ficin, son buste par And. Ferrucci.

Au-dessus de la porte de l'ancienne sacristie, *Ascension*, terre cuite de Luca della Robbia. Aux deux côtés de la porte, inscriptions curieuses sur la construction du dôme et l'arrivée de saint Zanobi, un des premiers prédicateurs en Toscane. C'est dans cette sacristie, dont les portes furent fermées à temps par Politien et d'autres amis de Laurent, que se sauva Laurent de Médicis pour échapper à la conjuration des Pazzi. L'abside présente cinq chapelles. Dans la chapelle centrale de saint Zanobi, à remarquer le ciboire d'argent de Fr. Bambi, ainsi que les bas-reliefs de Ghiberti sur la châsse du saint. Statues de saint Matthieu, de Donatello, saint Marc, de Niccolo Aretino, saint Pierre, de Baccio Bandinelli, ouvrage de sa jeunesse. — Le chœur en marbre, de forme octogone, est orné de bas-reliefs par Bandinelli et par son élève, Giovanni dell' Opera. Derrière le maître-autel, une Piété, groupe en marbre non terminé de Michel-Ange, qui la destinait à son tombeau. — La porte de la sacristie a des bas-reliefs en bronze de Luca della Robbia. Dans la sacristie, on remarque le bénitier en marbre de Buggiano. — Chapelle Saint-Joseph : le saint, attribué à Lor. di Credi, ouvrage estimé. — Au pilastre de la coupole, saint Jacques le Majeur, statue en marbre de J. Sansovino.

*\* \**

Nombreuses sont en France les cathédrales, les églises et les chapelles placées sous le vocable de la sainte Vierge. Elles témoignent de l'amour que les populations françaises ont toujours eu pour la Mère du Sauveur. Il n'est pas un département qui ne possède plusieurs *Notre-Dame*.

Après avoir parlé de Notre-Dame de Paris, consacrons quelques pages aux principales de ces églises. Nous citerons les principaux faits et les principales légendes qui s'y rattachent.

AMIENS (Somme). — *Cathédrale de Notre-Dame d'Amiens.*

Cette cathédrale date du treizième siècle (1220), et elle a été commencée sous la direction de Robert de Luzarches.

Elle est plus haute que la cathédrale de Paris. Les voûtes atteignent 43 mètres et couvrent un vide de 15 mètres ; effort d'autant plus prodigieux, que les murs extérieurs sont remplacés par une série de contreforts entre lesquels sont établies des chapelles.

C'est l'un des plus grands édifices qui existent au monde. Il couvre une superficie atteignant 8 000 mètres.

Le vaisseau entier de l'église est un véritable chef-d'œuvre : il comprend trois nefs avec des chapelles latérales. L'élévation des colonnes de la grande nef égale soixante-dix fois leur diamètre. C'est un coup d'œil magique, un étonnant et merveilleux ensemble, où se fondent dans un accord véritable la puissance et la légèreté.

On sait que la cathédrale d'Amiens est l'une de celles où la sculpture du Moyen-Age, si profondément idéale dans ses expressions et ses attitudes, s'est le plus complètement épanouie. Les innombrables figures qui décorent cette cathédrale, le *Beau Dieu* entre autres, ainsi que *la Vierge et l'ange Gabriel*, l'admirable clôture du chœur tout entière, offrent des compositions de premier ordre traitées avec un art consommé.

CHARTRES (Eure-et-Loir). — *Cathédrale Notre-Dame de Chartres.*

Un siècle avant Jésus-Christ, le grand pontife des Carnutes, en présence des rois de la contrée et du collège des druides, plaça dans une grotte, au milieu d'un bois sacré, une statue à la Vierge qui doit enfanter, *Virgini parituræ*, portant un enfant sur les genoux; sur l'emplacement du bois et de la grotte devait s'élever plus tard la magnifique cathédrale de Chartres.

La grotte druidique fut transformée en chapelle chrétienne par les apôtres du pays, saints Potentien et Altin (46 de J.-C.); la statue devint celle de la Vierge-Mère ou de Notre-Dame de Sous-Terre.

Sous l'empereur Claude († 54), les chrétiens furent martyrisés, et leurs corps jetés pêle-mêle dans le puits druidique, nommé dès lors Puits des saints forts (voir chapelles de la crypte). A la paix de l'Église, sous Constantin, on éleva une belle église, que détruisit Hunald d'Aquitaine en 745. Les Normands renversèrent, en 858, l'église nouvelle. Après la reconstruction, on y déposa les reliques de saint Piat, apôtre de Tournai, en Belgique.

En 1568, Notre-Dame de Chartres protégea la ville contre les Huguenots : sa statue, portée sur la porte Drouaise, ne put être endommagée par les projectiles, qui avaient fait une brèche, par laquelle les Huguenots essayèrent vainement d'entrer. A la fête instituée en actions de grâces, célébrée pour la première fois le 15 mars 1569, on porta en procession la statue dite de Notre-Dame de la Victoire ou de la Brèche et du Rempart. En 1600, on mit la statue dans une chapelle bâtie vers la brèche; détruite en 1791, la chapelle fut rétablie le 21 novembre 1843, on y replaça une statue de la sainte Vierge sous le nom de Notre-Dame de la Brèche.

*La cathédrale de Chartres est le premier monument chrétien auquel la population tout entière a travaillé.*

C'est à Chartres que revient l'honneur d'avoir donné un exemple qui fut suivi ailleurs.

Une lettre, écrite en 1145, raconte de la façon suivante la manière dont on éleva cette construction.

« C'est un prodige inouï que de voir des hommes puissants, fiers de leur naissance et de leurs richesses, accoutumés à une vie sensuelle et voluptueuse, s'attacher à un char avec des traits, et voiturer les pierres, la chaux, le bois, tous les matériaux nécessaires pour la construction de l'édifice sacré. Quelquefois mille personnes, hommes et femmes, sont attelées au même char, tant la charge est considérable, et cependant il règne un si grand silence qu'on n'entend pas le moindre murmure. Quand on s'arrête dans les chemins, on parle, mais seulement de ses péchés dont on fait confession avec des larmes et des prières ; alors les prêtres engagent à étouffer les haines, à remettre les dettes... S'il se trouve quelqu'un assez endurci pour ne pas vouloir pardonner à ses amis et refuser de se soumettre à ces exhortations, aussitôt il est détaché du char et chassé de la sainte compagnie. »

Fondée au troisième siècle, cette cathédrale devint bientôt l'un des pèlerinages nationaux.

Elle fut plusieurs fois reconstruite, notamment au onzième siècle, par le célèbre Fulbert, évêque de la ville. L'édifice actuel, commencé vers 1154, ne fut terminé que vers l'an 1302. Un incendie causé par la foudre le détruisit avant son achèvement, en 1194, ne laissant subsister que les cryptes et la façade avec les deux clochers.

Les travaux furent repris, et la consécration de Notre-Dame eut lieu en 1260, en présence de saint Louis.

En 1836, un nouvel incendie consuma toutes les grandes charpentes remplacées depuis par un comble en fer.

La longueur totale de cette merveilleuse église est de 134 mètres ; les grandes voûtes ont 36 mètres de hauteur et la nef centrale 16^m40, d'axe en axe des piliers. Sa collection de vitraux du treizième siècle forme l'une de ses principales richesses.

Le chœur est entouré d'une clôture en pierre qui est un chef-d'œuvre. Ses statues et ses bas-reliefs résument la vie du Christ et *de la sainte Vierge*. A gauche du chœur se trouve la *Vierge au pilier*, vénérée par de nombreux pèlerins, dans une chapelle somptueusement décorée.

Dans le trésor de la cathédrale, figure un reliquaire renfermant *le voile de la Vierge Marie*. Charles le Chauve donna, vers 876, cette précieuse relique qui fut envoyée, dit-on, à Charlemagne par l'impératrice Irène.

Parmi les souvenirs historiques, on remarque encore, à Chartres, la porte Guillaume, qui date du seizième siècle, et qui est un débris des anciens remparts.

Le 31 mai 1855, au milieu d'une foule immense, entouré des archevêques de Paris et de Bordeaux et de cinq évêques, Mgr Regnault, de Chartres, couronna la Vierge du Pilier au nom de Pie IX. Le 8 septembre 1857, on inaugura dans la crypte la statue de Notre-Dame de Sous-Terre, reproduction exacte de la première, détruite par la Révolution. En 1860, du 16 au 18 octobre, toutes les chapelles de la crypte non rendues au culte furent réconciliées ou consacrées, et le 17 octobre on fêta solennellement le sixième centenaire de la dédicace de la cathédrale. L'église souterraine ou la crypte fut affiliée, le 23 mai 1868, à la sainte maison de Lorette.

La clôture du chœur de Notre-Dame de Chartres possède des bas-reliefs sculptés en 1514 par Jean Texier[1].

VIROFLAY (Seine-et-Oise). — *Pèlerinage de Notre-Dame du Chêne.*

Le pèlerinage a lieu à un chêne des bois de Viroflay, où se trouve une statue miraculeuse de la sainte Vierge dans un site agréable. Par l'intercession de la sainte Vierge, le pays fut délivré d'une maladie.

LONGPONT (Seine-et-Oise). — *Église et pèlerinage de Notre-Dame de Bonne-Garde.*

Dans l'église, des onzième, treizième et quinzième siècles, restaurée depuis, accourent chaque année de nombreux pèlerins, aux pieds de la statue vénérée de Notre-Dame de Bonne-Garde : de grandes fêtes ont lieu les dimanche, lundi et mardi de la Pentecôte, et dans la procession d'alors figurent les cinquante châsses du trésor.

Durant de longs siècles, les rois, les chevaliers et les saints vinrent prier devant l'image miraculeuse de la sainte Vierge trouvée (50 ans avant J.-C.) dans un chêne, au temps des druides, et en l'honneur de laquelle fut érigée la confrérie de Notre-Dame de Bonne-Garde. La Révolution interrompit les pèlerinages, et démolit en partie l'église, qu'on releva ensuite; mais elle dut ses embellissements à M. l'abbé Arthaud, mort le 30 avril 1877.

AUBERVILLIERS ou *Notre-Dame des Vertus* (Seine).

Pendant longtemps, le hameau n'eut qu'une chapelle avec une statue de la sainte Vierge. Le deuxième mardi de mai 1336 ou 1337, on vit la statue toute couverte de sueur, et le peuple, convoqué par la cloche,

1. En 1481 un incendie a détruit cinq clochers qui n'ont pas été refaits.

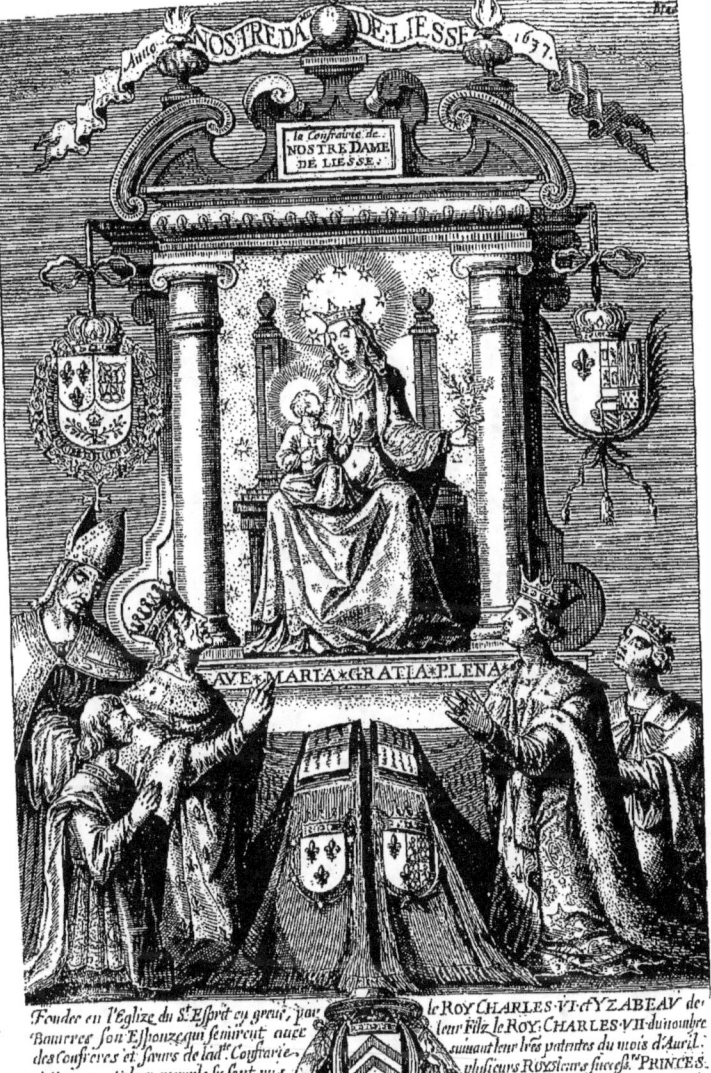

Notre-Dame de Liesse, d'après une estampe de la Bibliothèque nationale.
Dix-septième siècle.

put contempler la merveille. Le roi Philippe VI y vint lui-même. Les nombreux miracles obtenus par les prières à la sainte Vierge firent appeler Aubervilliers Notre-Dame des Vertus, nom que prit l'église, qui était dédiée à saint Christophe, et les pèlerins y affluèrent[1].

FORÊT DE BONDY (Seine-et-Oise). — *Pèlerinage de Notre-Dame des Anges.*

Le pèlerinage de Notre-Dame des Anges est très ancien. La forêt était jadis un repaire de voleurs. Trois marchands angevins furent pris (1212) par des voleurs, qui les attachèrent à trois arbres pour les y laisser mourir; mais la sainte Vierge, qu'ils invoquèrent, envoya à leur secours des anges, qui les délivrèrent. Depuis, de nombreux miracles rendirent célèbre la chapelle bâtie en actions de grâces et appelée Notre-Dame des Anges. Une abbaye de Bénédictins fut fondée à Livry, près de là.

La chapelle, qui remplace celle que la Révolution a détruite, a un clocher et un dôme.

PONTOISE (Seine-et-Oise). — *Église Notre-Dame de Pontoise.*

Cette église, datant du seizième siècle, est spacieuse; on y va en pèlerinage, au pied de la statue vénérée de Notre-Dame de Pontoise. Les Parisiens, délivrés de la peste par l'intercession de Notre-Dame de Pontoise (1580), firent le vœu d'y venir chaque année en actions de grâces : le quatrième dimanche de Pâques a lieu cet acte de piété. La ville de Pontoise fut délivrée d'une maladie contagieuse (1640) et du choléra (1849).

NOTRE-DAME DE LIESSE (Aisne). — *Église et cathédrale de Notre-Dame de Liesse.*

« Le pèlerinage de Notre-Dame-de-Liesse en Picardie, moins ancien

---

1. Le portrait en cire que l'on mit dans l'église est celui du maréchal de Toulouse, qui, s'étant moqué de la nouvelle apportée du miracle de 1337 et ayant été frappé immédiatement d'une enflure générale, fut guéri après un pèlerinage à Notre-Dame des Vertus : il donna un ex-voto en actions de grâces.

Le 11 mai 1892, fut inauguré dans l'église le monument élevé au bienheureux de la Salle, en présence de 450 Frères des écoles chrétiennes.

que ceux de la France méridionale, puisqu'il ne remonte qu'au douzième siècle, les surpasse en célébrité, raconte l'abbé Orsini. L'origine de la *statue de la Vierge* qui décore ce saint lieu est toute merveilleuse, et la tradition s'en est conservée, non seulement dans la province de France où elle se trouve, mais encore dans la Terre sainte : on assure même qu'elle existe dans les archives des chevaliers de Malte: Voici cette tradition, qui porte un cachet oriental très prononcé.

« Foulques d'Anjou, roi de Jérusalem, ayant rebâti, à quatre lieues d'Ascalon, la forteresse de Bersabée, pour protéger la frontière de son royaume contre les courses des Sarrasins, en confia la garde aux braves et pieux chevaliers de Saint-Jean de Jérusalem. Cette vaillante garnison était souvent aux prises avec les infidèles qui tenaient l'ancien pays des Philistins pour le soudan d'Égypte. Un jour, les chevaliers de Saint-Jean, au nombre desquels se trouvaient trois frères de l'ancienne et opulente maison d'Eppe en Picardie, tombèrent dans une embuscade, et, malgré des prodiges de valeur, furent pris et chargés de fers par les musulmans, qui les envoyèrent en Égypte. Les sires d'Eppe avaient la mine haute, la stature élevée et le port héroïque des anciens preux du nord de la France. Le soudan les distingua tout d'abord dans la foule des chrétiens, et voulant les attacher à la cause de son faux prophète, il débuta par les jeter dans un cachot pour leur amollir le courage et fit briller ensuite à leurs yeux la perspective la plus séduisante afin de les entraîner à l'apostasie. Les trois guerriers, qui avaient été inaccessibles à la crainte, furent sourds au bruit de l'or et à la voix de l'ambition. Le soudan, trompé dans ses espérances, leur envoya les plus fameux imans afin d'argumenter avec eux sur la Foi ; les bons chevaliers, en haine de l'islamisme, devinrent tout à coup des théologiens aussi forts dans la dispute qu'ils l'avaient souvent été l'écu au bras et la lance au poing. Le soudan se crut engagé d'honneur à vaincre les captifs, et son obstination croissant à proportion de la résistance, il jura que les chevaliers de Saint-Jean suivraient l'étendard du prophète, dût-il lui en coûter la moitié de l'Égypte. Il avait une fille belle, chaste, accomplie, et digne en tout de suivre une meilleure croyance ; il l'envoya dans les cachots où les chevaliers francs languissaient dans les chaînes, et la chargea de leur faire une peinture affreuse des supplices qu'on leur préparait.

« Les chevaliers reçurent la princesse avec tous les témoignages de respect qu'on prodiguait alors aux dames, mais ils repoussèrent ses insinuations avec le courage déterminé d'hommes qui acceptent le martyre, et lui expliquèrent leur croyance d'une manière si persuasive que la jeune musulmane se prit à rêver et à réfléchir sur le Christ et sur sa bienheureuse Mère. Une image miraculeuse et rayonnante de Marie, que les anges apportèrent, dit-on, aux pieux champions de la foi chrétienne, acheva la conversion de la jeune infidèle. Une nuit, qu'elle avait gagné à prix d'or les gardes des trois guerriers francs, elle pénétra dans leur prison avec une cassette pleine de pierreries et se sauva avec eux du palais de son père.

« Après avoir traversé le Nil dans une barque préparée pour les recevoir, les fugitifs se dirigèrent du côté d'Alexandrie, espérant peut-être se cacher temporairement dans les monastères cophtes de la solitude de Saint-Macaire ; mais, après quelques heures de marche, la princesse, épuisée de fatigue, désira se reposer un instant, et, malgré l'imminence du péril, les trois chevaliers de Saint-Jean, résolus de faire bonne garde, la firent asseoir dans un champ de doura, en pleine verdure, et s'assirent eux-mêmes à une distance respectueuse. La princesse s'assoupit, et ses compagnons de voyage, après avoir lutté, mais en vain, contre la somnolence qui succédait à de longues nuits sans repos, s'endormirent profondément. Nul ne sait combien de temps dura leur sommeil. Le chevalier d'Eppe, l'aîné des trois, fut le premier qui se réveilla ; le soleil commençait à dorer la cime des arbres où l'on entendait le doux chant des oiseaux. Le seigneur croisé considéra le paysage avec une vive surprise. Il s'était endormi en vue du Nil et des pyramides, sous les branches en éventail d'un palmier, et il se réveillait sous un chêne aux rameaux noueux, au bord d'une source limpide, sur le plus frais gazon semé de marguerites blanches ; peu loin de là, les tours rondes et noires d'un vieux château baronial lui rappelaient le manoir où il avait laissé sa mère tout en pleurs à son départ pour la Terre sainte. Un pâtre qui menait ses moutons aux champs le tira de son incertitude ; le château qu'il voyait, c'était son propre château de Marchais, et il se réveillait en Picardie, sous l'avenue que ses pères avait plantée. Il bénit la Vierge secourable et réveilla ses compagnons, dont l'étonnement fut égal au sien.

« L'image de la sainte Vierge leur était restée ; ils bâtirent une belle église pour l'y déposer, et la princesse musulmane reçut le baptême dans la cathédrale de Laon.

« Que cette statue de la Vierge sainte soit arrivée en France par des moyens plus naturels, on peut le croire sans péché ; mais ce qu'il est impossible de révoquer en doute, c'est qu'elle fut apportée de la Terre sainte par trois seigneurs d'Eppe, chevaliers de Saint-Jean de Jérusalem.

« Les noms les plus illustres de la monarchie figurent sur la liste des pèlerins de Notre-Dame-de-Liesse. On y lit ceux du duc de Bourgogne, de Louis XII de Bourbon, prince de Condé, du duc de Mercœur, du prince Albert-Henri de Ligne, de Madame Henriette-Françoise de France, reine d'Angleterre, des princes de Longueville, du maréchal d'Ancre, de Mademoiselle de Guise, du comte d'Egmont, de Louis, duc d'Orléans, frère de Charles VI, de Charles VII, du roi René, de Louis XI, de François Ier, de Henri II, de Charles IX, de la reine Marie de Médicis, de Louis XIII, d'Anne d'Autriche, de Louis XIV, etc. Plusieurs de ces personnages, peu contents de laisser de riches dons à Notre-Dame-de-Liesse, y placèrent leur statue ; celle de Louis II de Bourbon, prince de Condé, était d'or.

« Marie d'Arquin, alors grande maréchale de Pologne et qui fut ensuite reine de ce royaume, vint à la chapelle de Notre-Dame en 1671, et y présenta, à la sainte Vierge, un enfant d'argent, représentant le prince Alexandre Sobieski son fils, avec une chaîne d'or enrichie de diamants, pour témoigner qu'elle le vouait à la Vierge comme son esclave.

« Ce sanctuaire fut pillé comme les autres par les Huguenots ; la révolution vint glaner le reste.

« La chapelle de Notre-Dame-de-Liesse attire encore aujourd'hui, malgré l'incrédulité des temps, un grand concours de pèlerins [1]. »

1. *La Vierge, histoire de la Mère de Dieu.*

L'Épine (Marne). — *Église Notre-Dame de l'Épine.*

C'est un magnifique monument qui possède un orgue et un jubé du seizième siècle.

C'est un pèlerinage très fréquenté, dont l'origine remonte à l'an 1400.

Le 24 mars 1400, deux bergers, l'un du territoire Sainte-Marie, l'autre de Courtisoles, près de là, gardaient le soir leurs troupeaux à peu de distance d'une chapelle dédiée à saint Jean-Baptiste, quand ils aperçurent une vive lumière au milieu d'un buisson voisin. Les moutons, effrayés, fuirent de tous côtés, laissant les agneaux, qui s'approchèrent du buisson, suivis des bergers. Les bergers tombèrent évanouis, puis, ayant repris connaissance, ils regardèrent attentivement et découvrirent, au milieu du buisson, une statuette de la sainte Vierge, tenant l'Enfant-Jésus entre ses bras. La lumière augmentant lorsque vint la nuit, le peuple des environs accourut pour contempler le prodige, qui dura toute la nuit et le jour suivant; à dix lieues à la ronde on put voir longtemps la lumière.

Averti, l'évêque de Châlons, Charles de Poitiers, entouré du clergé, vint en procession au buisson, vert comme en été; et, en ayant retiré la statuette, il la déposa dans la chapelle Saint-Jean-Baptiste, où fut ainsi fondé le pèlerinage à Notre-Dame de l'Épine. Mais le peuple voulut construire une belle église, et l'on se mit à l'œuvre : en 1459 on put y célébrer des offices solennels.

En 1472, Louis XI vint accomplir à l'Épine un vœu. En 1529, l'église, étant achevée, fut consacrée.

Reims (Marne). — *Cathédrale Notre-Dame.*

Une des plus belles cathédrales de France. Bâtie par saint Nicaise, archevêque de la ville en 403, elle fut ruinée, puis rebâtie par Hincmar et Ebbon. Terminée en 845, elle fut reconstruite en 1212.

Sa façade, qui date du quatorzième siècle, a trois porches : on y voit trente-cinq statues colossales.

Sur les bas-reliefs est sculpté le *Couronnement de la sainte Vierge.*

Toute l'histoire de l'Ancien et du Nouveau Testament se trouve sculptée à Notre-Dame.

A l'intérieur de Notre-Dame, la longueur est de 138<sup>m</sup>,70, et la hauteur des voûtes, de 38 mètres. Il y a trois nefs séparées par de gros piliers : chapiteaux fleuris ; — remarquables tapisseries du fort roi Clovis (xv<sup>e</sup> siècle), de Lénoncourt (1530), de Pepersack ( 1640), des Cantiques et des Gobelins ; — au pourtour intérieur des portes ouest, plus de 120 statues ; — à la grande porte, *martyre de saint Nicaise*, archevêque de Reims († vers 406, fête le 14 décembre) ; — orgue très beau sur un encorbellement sculpté dans le style flamboyant ; — superbes vitraux ; tableaux de grands peintres. — Sacristie : au-dessus, horloge en bois peint. — Trésor : magnifique reliquaire : on y conserve l'huile de la sainte Ampoule, sauvée en 1793 ; pièces d'orfèvrerie du douzième au seizième siècle. — Tombeau de Libergier (xiii<sup>e</sup> siècle), architecte, dans la chapelle Saint-Jean ; statue d'Urbain II, pape († 1099), sur le modèle de laquelle a été élevée celle de la montagne de Binson, près de Châtillon-sur-Marne (Marne), patrie du pontife qui suscita les Croisades : pour l'inauguration solennelle du culte rendu au pape Urbain II (fête le 19 août), de grandes cérémonies ont eu lieu à la cathédrale, du 27 au 30 juillet 1882.

C'est à Notre-Dame de Reims qu'avait lieu autrefois le sacre des rois de France.

L'abbé de Saint-Denis, qui était le dépositaire des ornements royaux, les plaçait lui-même sur l'autel. Pendant qu'on chantait le *Te Deum*, le roi demeurait agenouillé devant l'autel : il n'avait conservé de ses vêtements qu'une camisole de soie, et sa chemise qui devait être ouverte à la poitrine et entre les deux épaules. Quand il avait fini sa prière, le grand chambellan de France lui mettait ses bottines, qui étaient présentées par l'abbé de Saint-Denis ; ensuite le duc de Bourgogne lui attachait ses éperons. L'archevêque de Reims prenait alors l'épée nue qui était sur l'autel, la donnait au roi, qui, après une prière, la remettait entre les mains du connétable de France, chargé de la porter devant lui. Ensuite avait lieu l'onction faite avec l'huile de la sainte Ampoule, et le grand chambellan habillait le roi avec la *dalmatique* et le *manteau royal*. Puis l'archevêque prenait un *anneau* qu'il mettait au doigt du roi, et lui plaçait dans la main droite le *sceptre* et dans la main gauche la *main* de justice. Alors le chancelier appelait nominativement les pairs de France, qui devaient tous porter la main à la couronne au moment où l'archevêque la plaçait sur la tête du roi. La cérémonie se terminait par la messe, où le roi communiait.

Au sujet de Notre-Dame de Reims, M. Gonse s'exprime ainsi :

« Dans l'écrin monumental de la France, l'illustre et gigantesque cathédrale de Reims tient une des premières places. A l'égal de Notre-Dame de Paris, elle éveille un monde de sensations, de pensées, de souvenirs. Il serait oiseux de rechercher si la basilique rémoise l'emporte sur la basilique parisienne. Entre les grandes cathédrales françaises : Chartres, Paris, Reims et Amiens, qui sont les quatre merveilles de l'art gothique, le choix semble bien difficile. Chacune d'elles a ses beautés originales, son individualité; chacune d'elles forme un *cosmos*, un tout complet dont les multiples expressions se fondent dans une unité harmonieuse. De chacune d'elles, cependant, émerge une dominante : à Chartres, c'est le clocher; à Paris, c'est la façade; à Reims, c'est le sanctuaire; à Amiens, c'est la nef. Ceux qui aiment la sévérité et les viriles énergies du douzième siècle préféreront Chartres à Paris; ceux qui inclinent vers les élégances, les audacieuses envolées et le rationalisme du treizième siècle préféreront Amiens; ceux enfin que passionnent les créations parlantes et la sculpture mettront Reims au-dessus de tout. »

Cet édifice a été attribué jusqu'ici à l'architecte Robert de Coucy sans aucune preuve sérieuse.

C'est dans le labyrinthe de la cathédrale, détruit au dix-huitième siècle, que l'on pouvait lire les noms des maîtres de l'œuvre.

Le chanoine Cocquault, dans ses notes manuscrites conservées à la bibliothèque de Reims, a transcrit heureusement le texte des inscriptions du labyrinthe dont Jacques Cellier, artiste du seizième siècle, a laissé un dessin. Il résulte de ces documents que les maîtres de l'œuvre de la cathédrale se nommaient Jean Le Loup, Jean d'Orbais, Bernard de Soissons et Gauchée de Reims; mais dans quel ordre faut-il placer ces quatre architectes ? M. Demaison est d'avis que Jean d'Orbais dut commencer les travaux du chœur. Jean Le Loup lui succéda en posant la première pierre des trois portails. Gauchée de Reims continua l'œuvre de son prédécesseur et Bernard de Soissons travailla aux travaux de la nef.

Le labyrinthe de la cathédrale remontait à l'année 1290 environ : ses inscriptions permettent de reporter sur Jean d'Orbais l'honneur d'avoir conçu le plan de la cathédrale de Reims.

### NOTRE-DAME DE BENOITE-VAUX (Meuse).

C'est un pèlerinage très fréquenté.

On trouve en ce lieu une fontaine miraculeuse et l'église, but du pèlerinage à Notre-Dame de l'Annonciation : statue de la sainte Vierge, couronnée solennellement le 8 septembre 1875.

Le pays de Benoîte-Vaux appartenait aux religieux de saint Norbert, et possédait une église très fréquentée. En 1638, la contrée étant ravagée par des Croates, voleurs et pillards, l'église fut dévastée ; mais la baronne d'Ernecourt, de Neuville en Verdunois, avec un courage digne de sa maison, alla à Benoîte-Vaux, enleva l'image de la sainte Vierge, pour la préserver de la profanation, et la garda de la Saint-Pierre de 1638 jusqu'à l'Annonciation de 1641, jour où elle la rendit au sanctuaire ; depuis, de nombreux miracles ont, comme auparavant, attesté la puissance de la sainte Vierge, et la source n'a cessé de couler, « symbole et parfois instrument des faveurs continuelles qui découlent du cœur de la divine Mère ».

### FAVERNEY (Haute-Saône). — *Église Notre-Dame.*

Cette église fut construite du treizième au quinzième siècle.

Elle a trois nefs gothiques, un chœur magnifique et une belle chapelle de Notre-Dame la Blanche, où se trouve une statue miraculeuse.

### SAXON-SION (Meurthe-et-Moselle). — *Église de Notre-Dame de Sion.*

L'église de Notre-Dame de Sion est sur une hauteur, au milieu de collines verdoyantes, dominées par la tour et la statue colossale de la sainte Vierge, qui signalent au loin le principal pèlerinage lorrain.

La statue de l'église représente la Vierge-Mère portant entre ses bras l'Enfant-Jésus, qui étend une de ses petites mains vers une colombe posée sur le sein de la sainte Vierge, et élève l'autre vers le ciel. Elle a été couronnée solennellement le 10 septembre 1873, en présence d'une foule immense.

La statue colossale de la colline est celle de l'Immaculée-Conception, dont les bras étendus semblent prendre possession du pays et le bénir. Sur la colline, Croix de Jérusalem, bénite et plantée le 8 septembre 1892, en présence des évêques de Nancy, de Saint-Dié et de Luxembourg, de 600 prêtres et de 8 000 pèlerins.

VALENCIENNES (Nord). — *Église Notre-Dame du Saint-Cordon.*

Cette église est construite en style du treizième siècle.

Dans une peste qui décimait la ville en 1008, les habitants implorèrent le secours de la sainte Vierge. Dans la nuit du 7 au 8 septembre, on vit à l'endroit nommé Notre-Dame de la Fontaine (2 kilomètres de la ville), la sainte Vierge tenant l'extrémité d'un cordon (cordeau) avec lequel les anges entouraient la ville pour défendre au fléau d'approcher de nouveau. Le saint cordon fut mis dans une châsse et placé dans une vaste église nommée Notre-Dame la Grande. En même temps fut fondée la confrérie du Saint-Cordon, qui avait une châsse spéciale de reliques dans la chapelle dite de Notre-Dame des Miracles, à Notre-Dame la Grande. La ville fut préservée des Bourguignons en 1477, de la peste en 1291, 1555, 1605. En 1793, l'église fut renversée, les reliques profanées. L'église, reconstruite sous le nom de Notre-Dame du Saint-Cordon, a été consacrée le 5 mai 1864.

HONFLEUR (Seine-Inférieure). — *Chapelle Notre-Dame des Flots.*

La première chapelle Notre-Dame des Flots fut bâtie au lieu appelé Banc de l'Éclat (quatorzième siècle), à la pointe de la Hève ; elle disparut, engloutie par les envahissements de la mer, mais la statue vénérée de la sainte Vierge, sauvée, fut placée au portail de l'église paroissiale. Le 20 septembre 1857, on posa la première pierre de la nouvelle chapelle, et la bénédiction de cette dernière eut lieu le 15 septembre 1859. Dans la chapelle, on voit des ex-voto, des drapeaux des nations ; — au maître-autel, une statue de Notre-Dame des Flots, en bois peint, dans une niche de vitraux [1].

1. Dans divers villages de la Normandie il existe plusieurs chapelles sous le même vocable.

Bagnoles ( Orne ). — *Chapelle Notre-Dame du Lignou.*

Le sanctuaire de Notre-Dame du Lignou, au Lignou, est au milieu d'un bocage, et renferme une statue vénérée de la sainte Vierge, primitivement au lieu appelé Lignou de Briouze, à plusieurs lieues de l'endroit actuel, le Lignou de Couterne. D'après les traditions du pays, les habitants du pays de Briouze s'étant rendus indignes de la protection divine, la statue quitta le Lignou de Briouze pour se fixer au Lignou de Couterne, où on la trouva sur une aubépine fleurie. On éleva alors une chapelle sur l'éminence, et, plus tard, on l'agrandit. En 1862, la tour de la chapelle fut surmontée d'un dôme, et le dôme, d'une statue en bronze azuré, de 2 mètres de haut, dominant la contrée : La sainte Vierge pose ses pieds sur un globe doré, étend les mains et incline la tête vers les pèlerins.

A l'intérieur de la chapelle, on voit une statue antique et petite, d'une perfection admirable : elle est très lourde, en terre cuite unie à des substances métalliques.

Le Hamel ( Oise ). — *Chapelle Notre-Dame du Hamel.*

Le sanctuaire existait avant le onzième siècle, époque où le village s'appelait le Hamel Notre-Dame ; il devint un pèlerinage fréquenté depuis le miracle accompli en faveur du sieur de Créquy.

Avant de partir pour la deuxième croisade, le sieur de Créquy se rendit aux pieds de Notre-Dame du Hamel pour lui recommander sa personne et sa famille (1147). Prisonnier en Terre Sainte, il y demeura captif durant dix ans, en butte aux persécutions des musulmans. A la veille d'être mis à mort en haine de la foi par les infidèles, il pria Notre-Dame du Hamel, passa la nuit en prières et s'endormit. A son réveil, il se trouva dans ses terres, toujours enchaîné. Dégagé de ses chaînes, il courut au pèlerinage, proclama la puissance de la Vierge Marie et suspendit dans la chapelle les chaînes, témoins de sa captivité.

Le sanctuaire est au penchant d'une colline, dans un site très beau. En 1793, il fut saccagé ; mais la statue vénérée fut protégée miraculeusement : celui qui montait sur une échelle, pour aller la prendre, tomba de l'échelle et se brisa les os, ce qui le rendit infirme pour la vie ; sa femme, complice, mourut d'une manière affreuse.

BLOSSEVILLE (près Rouen). — *Église Notre-Dame.*

Le culte de Notre-Dame de Bon-Secours doit son renom à la confrérie du même nom établie à Blosseville par des marins qui, en actions de grâces de bienfaits reçus, élevèrent, vers 1300, une église en remplacement d'une autre qui avait existé dès l'origine du christianisme, et qui avait été détruite. Le curé résolut de construire une église plus grande, afin d'abriter les nombreux pèlerins de la colline. La première pierre de la nouvelle église fut posée en 1840. En 1849 un grand pèlerinage rouennais eut lieu à Bon-Secours pour la cessation du choléra : il fut exaucé (11 juin).

L'église gothique de la colline de Bon-Secours, à 150 mètres au-dessus de la Seine, élevée en remplacement de la chapelle antique, est très riche : elle abonde en or et en marbre.

Sur le grand portail on voit sculptées une *Vierge debout* et une *Vierge assise*, et sur les deux petites portes l'*Éducation* et le *Mariage de la Vierge.*

ROUEN (Seine-Inférieure). — *Notre-Dame de Rouen.*

Elle a été reconstruite au commencement du treizième siècle. Les trois portes de la façade ont été en partie réédifiées au seizième siècle. A sa gauche, la tour Saint-Romain, le plus ancien fragment de l'édifice et peut-être le plus antique reste du passé à Rouen, du quinzième siècle pour les étages supérieurs, renferme le beffroi et l'horloge et mesure 75 mètres de hauteur; sa plateforme est couronnée par un comble en fer du seizième siècle. Le portail latéral dit « des libraires » est d'une admirable élégance de style. A droite se trouve la tour du beurre. Voici d'où vient son nom. Pour la construire, les cardinaux accordèrent aux Rouennais, moyennant aumône, l'usage du beurre pendant le carême. Cette tour, élevée en 1506, a sa partie supérieure de forme octogonale et a 75 mètres de hauteur. Le portail latéral se nomme portail « de la Calende ».

La chapelle de la Vierge renferme deux merveilles : les tombeaux de Louis de Brézé et des cardinaux d'Amboise. Celui des cardinaux est une des œuvres les plus colossales en ce genre, il mesure 8 mètres de hauteur. Les deux cardinaux, l'oncle, le ministre tout-puissant de Louis XII, et le neveu, Georges d'Amboise, sont agenouillés, priant.

Des moines en prière ont pris place dans les niches du soubassement.

LILLE ( Nord ). — *Basilique Notre-Dame de la Treille.*

Le culte de Notre-Dame de la Treille remonte au quinzième siècle. La statue, qui était vénérée dans la collégiale Saint-Pierre (de 1066), tire son nom d'une treille de fer qui la séparait des fidèles, « afin de leur rappeler le respect avec lequel leurs vœux devaient être adressés, comme ces barreaux de fer derrière lesquels les anciens chevaliers, protégés contre le zèle des solliciteurs, recevaient leurs requêtes pour les présenter au roi ». De nombreux miracles, surtout depuis 1254, ont rendu populaire le nom de Notre-Dame de la Treille, dont le sanctuaire devint un des plus fréquentés du pays.

En 1270, une grande procession fut instituée en son honneur, par la comtesse Marguerite. Le duc de Bourgogne, Philippe le Bon, tint le premier chapitre de l'ordre de la Toison-d'Or (1430), dans la chapelle de Notre-Dame de la Treille, et Louis XIV, maître de la Flandre (1667), y fit serment de respecter les libertés de la ville et de la province. En 1634, la ville s'était consacrée à Notre-Dame de la Treille. Grâce à sa patronne, la ville assiégée fut délivrée en 1541 et en 1645. En 1754, la procession jubilaire, rappelant les premiers miracles connus, (1254) attira une foule de pèlerins.

Arriva la Révolution : l'église Saint-Pierre, où était Notre-Dame de la Treille, fut détruite. L'image vénérée, jetée dans les décombres, fut enlevée par un sacristain et rendue au culte, après la tempête révolutionnaire, dans l'église Sainte-Catherine. Mais les fidèles désiraient vivement la reconstruction de l'église, et des souscriptions furent ouvertes. Enfin, en 1865, on commença les travaux de l'immense basilique que nous admirons aujourd'hui, quelques mois après la procession jubilaire de 1854.

En 1874, des fêtes inoubliables eurent lieu pour le couronnement de la statue.

POITIERS ( Vienne). — *Église Notre-Dame des Clefs.*

Cette église possède une statue vénérée de la sainte Vierge.

Notre-Dame des Clefs est ainsi nommée parce que, entre les mains de la statue, on trouva miraculeusement les clefs de la ville, pendant que les domestiques du maire les cherchaient pour ouvrir aux Anglais les portes de la ville ; la ville put ainsi échapper aux ennemis.

MAURIAC (Cantal). — *Église Notre-Dame des Miracles.*

C'est un beau monument de l'art gothique (douzième au quinzième siècle) avec un portail roman.

Théodechilde, fille de Thierry I*er*, d'Austrasie, venue en ces lieux, ayant aperçu, en 567, dans un bois voisin de son château, une lumière très brillante, s'y transporta et y découvrit une statue de la Vierge en bois noir. Elle fit bâtir en cet endroit une chapelle avec les matériaux d'un temple de Mercure. Peu à peu la ville de Mauriac se forma autour de la chapelle. Un jour, un fait extraordinaire se produisit : aux portes de la chapelle, on trouva deux hommes enchaînés, dormant d'un profond sommeil ; réveillés, ils déclarèrent que, esclaves des Maures, ils avaient imploré Notre-Dame de Mauriac ; après quoi, ils s'étaient endormis. Le peuple, ravi d'admiration, les délivra, alla avec eux chanter les louanges de la sainte Vierge et déposa les chaînes dans le sanctuaire. Au douzième siècle, on remplaça la chapelle par l'église actuelle.

LA PEINIÈRE (Ille-et-Vilaine). — *Chapelle Notre-Dame de la Peinière.*

A Notre-Dame de la Peinière, on voit une statue miraculeuse de la sainte Vierge, découverte dans une fontaine au-dessus de laquelle on éleva une chapelle que reconstruisit au dix-neuvième siècle le curé de Saint-Didier qui, né sourd-muet, avait été guéri par la sainte

Vierge, étant jeune enfant. Par bref du 2 août 1864, Pie IX a enrichi le sanctuaire de nombreuses indulgences, applicables aux âmes du Purgatoire.

FOLGOET ( Finistère ). — *Église Notre-Dame de Folgoët.*

Au milieu du quatorzième siècle, Salaün, dit Folgoët le (fou des bois), après avoir perdu ses parents, s'était retiré dans une forêt pour y mener une vie de pénitence et d'austérités. Il n'avait pu apprendre que deux mots : *Ave Maria.* La nuit, il couchait dans un chêne : le jour, il mendiait et se balançait tristement sur une branche en disant sans cesse, *Ave Maria.* Chaque matin, il se rendait à la messe d'un village voisin, et là, il n'avait qu'une prière : « O Madame Vierge Marie. » Insulté parfois par des enfants, il se contentait de leur dire : « Maria ! ô Maria ! » et leur donnait des fruits de la forêt. Pour demander à manger, il s'exprimait ainsi : « Salaün mangerait bien du pain s'il en avait. » Il mourut après avoir passé quarante ans dans la forêt, et une modeste tombe recouvrit ses restes. Mais, ô prodige ! un lis croît sur la tombe ; sur chaque feuille on lit *Ave Maria,* en lettres d'or ; et après avoir creusé, on trouve que le lis prend racine dans la bouche de l'ermite.

Sur le lieu du prodige, on bâtit une église, aujourd'hui pèlerinage célèbre. Les ducs de Bretagne, les rois, les princes, les évêques, le peuple, vinrent tour à tour prier sur la tombe de l'enfant béni de la sainte Vierge, et proclamer les bontés de Marie.

LESCURE ( Cantal ). — *Église Notre-Dame de la Visitation.*

A la fin du dix-septième siècle, Jean Paillé, pieux berger, ayant trouvé une image miraculeuse de la Vierge Marie, eut une vision dans laquelle il reçut l'ordre d'élever une église en ce lieu. Sans aide, mais avec la protection du Ciel, il se mit à l'œuvre et réussit, grâce à l'appui des souscriptions de personnes charitables. La chapelle, inaugurée en 1717, agrandie ensuite, devint plus tard le chœur de l'église actuelle. Vendue sous la Révolution, elle fut rachetée et restaurée. Dans une fresque, du côté de l'épître, est représentée la figure de Jean Paillé ;

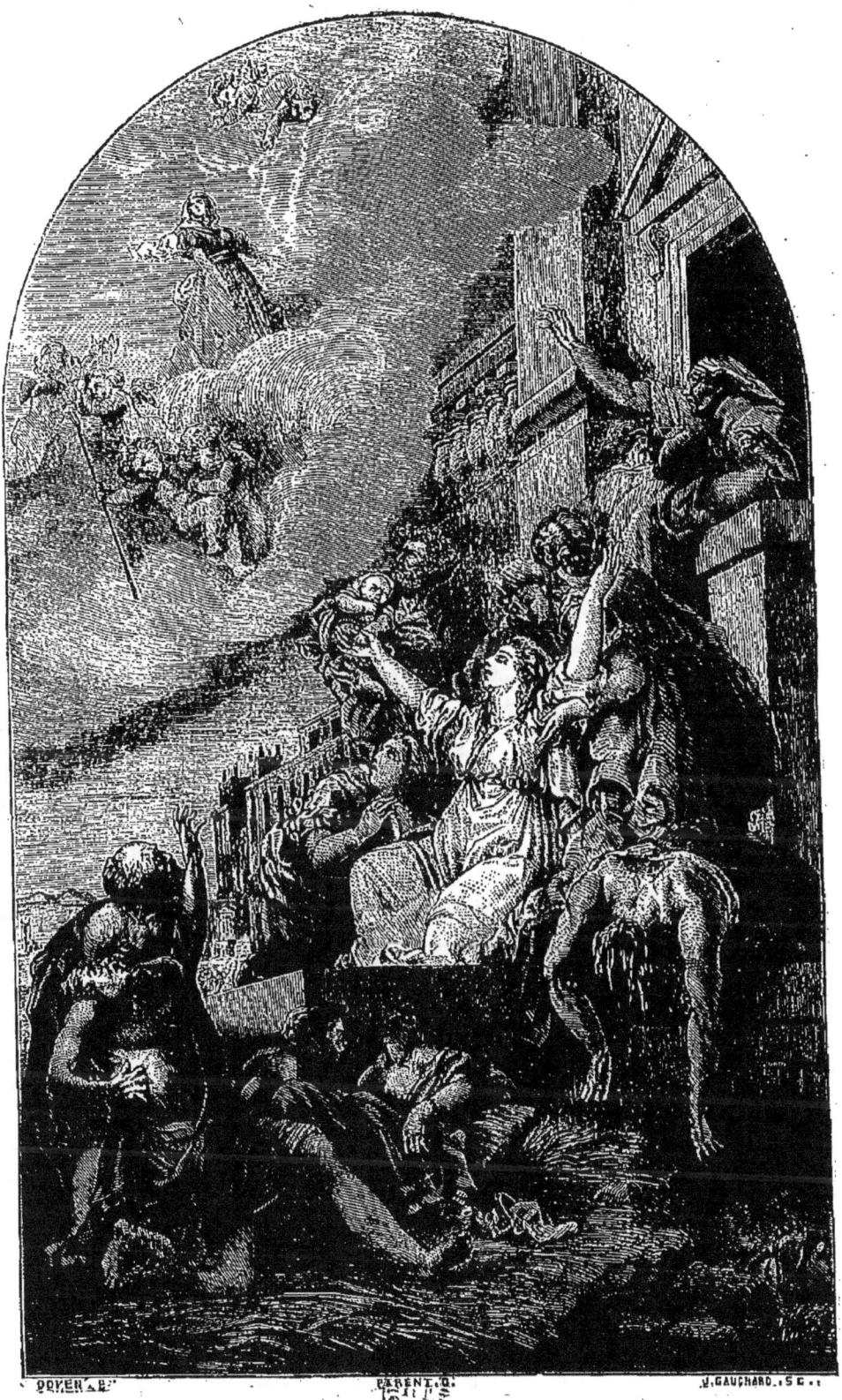

Le Miracle des Ardents, d'après Doyen. — École française. — Dix-huitième siècle.

VILLENEUVE-D'AGEN. ( Lot-et-Garonne. ) — *Chapelle Notre-Dame de Grâce.*

Cette chapelle est un lieu de pèlerinage remontant au treizième siècle. On y voit une statue miraculeuse, trouvée dans le Lot, en septembre 1289, en pierre grise et grossièrement sculptée, représentant la Vierge Marie. Pour la conserver, on bâtit une chapelle, que les révolutionnaires convertirent en corps de garde en 1793 ; mais elle fut rendue plus tard au culte. Elle est sur un rocher. De nombreux miracles ont été obtenus par Notre-Dame de Grâce.

DIJON. — Notre-Dame de Dijon fut commencée en 1307 et consacrée en 1331.

Sa façade est fort curieuse, car elle est unique en son genre. Elle possède une entrée précédée d'un très large porche. Ce porche est surmonté par une surface presque carrée, divisée en deux parties égales, composées chacune d'une galerie à seize arcades ogivales portant sur de très sveltes colonnettes.

BOULOGNE-SUR-MER (Pas-de-Calais). — *Basilique de Notre-Dame de Boulogne.*

Cette basilique, construite en style gréco-romain, a deux tours et un dôme que surmonte une statue colossale de la *Vierge*, par Bonnassieux.

En 636, il arriva au port de Boulogne un bateau sans rameurs. En même temps, dans une chapelle de la ville haute, la sainte Vierge apparut pour annoncer qu'on trouverait son image dans le vaisseau, et pour demander que l'image fût transportée à cet endroit, où l'on devrait élever une église. Le peuple se rendit au vaisseau, y trouva l'image de la sainte Vierge, en bois, tenant l'Enfant-Jésus entre ses bras, et bâtit l'église Notre-Dame, dans laquelle on mit l'image. Au commencement du douzième siècle, Ida, comtesse de Boulogne, et mère de Godefroy de Bouillon, remplaça l'église du septième siècle par une plus grande, avec crypte. Godefroy de Bouillon envoya à Boulogne une couronne d'argent et des reliques, dont une du sang de Jésus-Christ. Louis XI céda le comté de Boulogne à la sainte Vierge.

En 1544, les Anglais prirent la ville, et emportèrent la statue. En
1550, les Français, ayant repris la ville, exigèrent et obtinrent le retour
de la statue dont plus tard les Huguenots s'emparèrent pour la profaner
et la jeter dans un puits, où une pieuse dame la retrouva onze ans
après et la cacha dans sa maison. Le 3o mars 163o eut lieu la réinstallation solennelle de la statue dans l'église, qui avait été élevée au
rang de cathédrale en 1559. La Révolution vendit l'église qui fut démolie, et brûla la statue, dont on sauva une main.

Après le calme, le culte de Notre-Dame fut rétabli dans une chapelle de l'église des Annonciades, où vint Louis XVIII en rentrant
en France. On recueillit des souscriptions abondantes pour bâtir à la
Vierge Marie une église grandiose, sur l'emplacement de l'ancienne
cathédrale : de 1827 à 1870, on y travailla activement.

ARRAS (Pas-de-Calais). — *Église Notre-Dame des Ardents.*

L'église Notre-Dame des Ardents est un lieu de pèlerinage très fréquenté dans l'Artois.

Deux ménestrels étaient ennemis. La sainte Vierge leur apparut, et
leur parla ainsi (25 mai 1105) : « Levez-vous et partez pour Arras,
où vous trouverez autour de la cathédrale un grand nombre de malades du feu mauvais (le mal des Ardents). Vous inviterez l'évêque
Lambert à veiller avec vous la nuit du samedi à dimanche, et vous
lui direz qu'au premier chant du coq, une femme vêtue telle que
vous me voyez descendra du haut du chœur de l'église, tenant en
main un cierge, dont les gouttes, mêlées à de l'eau donnée en boisson,
seront un remède au mal qui afflige son peuple. Celui qui en boira sera
guéri; celui qui n'en usera pas succombera. » Les ménestrels obéirent.

Le 28 mai, à l'aurore, les ménestrels et l'évêque étant prosternés
devant l'autel, la sainte Vierge apparut, tenant à la main un cierge divinement allumé. Elle réconcilia les deux ménestrels, leur donna le
cierge, en leur renouvelant les promesses de guérison, et disparut.
Aussitôt on distilla des gouttes de la cire miraculeuse dans de l'eau :
143 malades burent en croyant et furent guéris instantanément; un
144e refusa de croire et tomba frappé de mort.

Les ménestrels déposèrent le cierge nommé depuis la sainte chan-·
delle, le Joyau ou le Joyel, sur l'autel de saint Séverin, à la cathédrale,
puis dans l'ancienne église Saint-Aubert, et enfin dans la chapelle
Saint-Nicolas, rue des Agaches, où il opéra de nombreux miracles.
En 1140, on le transporta dans une chapelle érigée par le comte

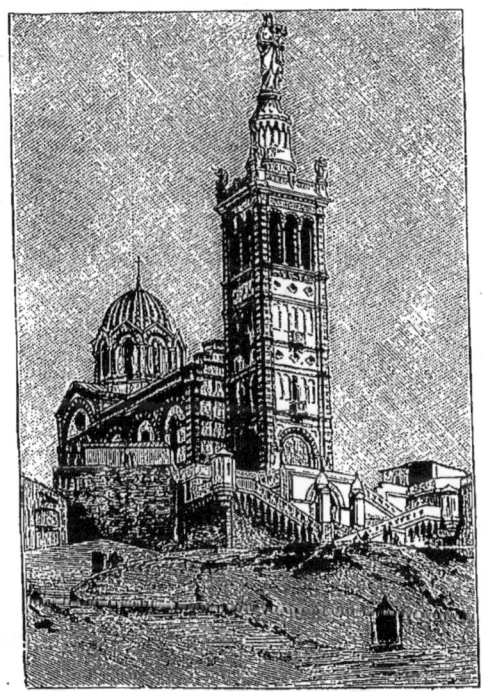

Notre-Dame de la Garde à Marseille.

Thierry d'Alsace, au terrain dit Préau des Ardents, où il resta soixante-
quinze ans.

En 1215, la comtesse Mahaut de Portugal fit construire en son
honneur une chapelle sur la Petite-Place : en même temps, elle donna
pour l'envelopper un riche étui d'argent niellé, aujourd'hui à Notre-
Dame des Ardents. En 1793, la chapelle fut détruite. Le cierge, jeté
dans un puits, puis découvert, fut transporté au bureau de sûreté

du district, par ordre du révolutionnaire Lebon. Trois ans après, un pieux habitant l'acheta, et il le rendit à l'autorité ecclésiastique en 1803.

En l'honneur du cierge miraculeux on fonda en 1106 la confrérie de Notre-Dame des Ardents.

L'église Notre-Dame des Ardents renferme dans le trésor le Joyel et son étui inimitable. Elle remplace la chapelle détruite pendant la Terreur.

MARSEILLE (Bouches-du-Rhône). — *Cathédrale Notre-Dame de la Garde.*

Cette cathédrale se trouve sur une colline de 160 mètres de haut, d'où l'on a un panorama splendide sur la mer, sur Marseille et sur ses environs.

Auprès des grottes qu'auraient habitées les saints Lazare, Marthe et Marie-Madeleine, on bâtit une chapelle à Notre-Dame de la Confession dès les premiers temps du christianisme. En 1214, un pieux chrétien du pays, nommé Pierre, obtint de l'abbaye de Saint-Victor l'autorisation d'élever sur la colline de la Garde une chapelle à la sainte Vierge : telle est l'origine de Notre-Dame de la Garde, pèlerinage si fréquenté. La chapelle fut rebâtie en 1477, et, cinquante ans plus tard, renfermée dans l'enceinte du fort construit par François Ier. Une statue d'argent massif en fut le plus bel ornement. A la Révolution, la statue fut vendue aux Génois, et la chapelle profanée jusqu'en 1802, où elle fut rendue au culte ; une statue de bois remplaça la statue d'argent. Plus tard, au moyen de dons, on fit une statue d'argent battu, de 2 mètres de haut, revêtue d'un médaillon en or : bénite en 1837. Le 5 juin 1864, on inaugura le nouveau sanctuaire, reconstruit dans le style romano-byzantin : 34 archevêques, évêques et prélats, 3 cardinaux et 100 000 personnes prirent part aux fêtes d'inauguration. Le 5 juin 1884, un incendie y causa de grands dommages.

L'église actuelle de Notre-Dame de la Garde est très belle, elle possède un dôme élégant, une flèche élancée; sur la tour de 45 mètres, est une statue dorée colossale (9 mètres) de la sainte Vierge, que l'on aperçoit au loin en mer; le magnifique autel de la sainte Vierge a de

grosses lampes d'argent; la statue de la sainte Vierge est vénérée particulièrement par les marins.

VERDELAIS (Gironde). — *Église de Notre-Dame de Verdelais.*

Au onzième siècle, les Bénédictins de Saint-Macaire bâtirent une
église en l'honneur de la sainte Vierge à l'entrée de la forêt; au treizième
siècle, l'église fut détruite et la statue de Marie cachée. La comtesse
Isabelle de Foix, épouse d'Archambault de Grailly, ayant découvert
la statue, fit reconstruire l'église, que les Huguenots brûlèrent (1562) :
la statue fut encore sauvée. En 1609, le cardinal de Sourdis restaura
l'église, qui, au dix-neuvième siècle, a été agrandie de deux nefs et
pourvue de plusieurs chapelles. Elle a été consacrée solennellement
le 2 juillet 1869. La statue vénérée a été couronnée le 2 juillet 1856.

AVIGNON (Vaucluse). — *Cathédrale Notre-Dame des Doms.*

Elle fut fondée au premier siècle, détruite par les Sarrasins et reconstruite par Charlemagne. Elle possède une belle statue de la *sainte
Vierge,* par Pradier.

Au-dessus de l'église est une statue colossale de la sainte Vierge
dorée.

SAINT-ROMAIN D'AY (Ardèche). — *Église Notre-Dame d'Ay.*

Cette église possède une statue miraculeuse couronnée le 20 juillet 1890.

La dévotion à Notre-Dame d'Ay est très ancienne, et l'ancienne
chapelle était connue dès l'an 1003. En 1831, une pieuse chrétienne,
Mme de la Rochette, entreprit de construire une église sur l'emplacement de l'autre qui tombait en ruines; la nouvelle église fut bénite
le 24 mai 1834.

On fait remonter l'origine du pèlerinage au fait suivant. Une ber-
gère, à la poursuite d'une brebis égarée, perdit l'équilibre et roula
dans le torrent. « Ayé! ayé! » s'écria-t-elle en invoquant Marie.
Aussitôt, elle se sentit délivrée. Pleine de reconnaissance, elle éleva
un autel à sa bienfaitrice, autel rustique formé de quelques pierres,

qui devint célèbre sous le nom de Notre-Dame d'Aye ou du Secours, et que remplaça une chapelle.

VAL-FLEURY (Loire). — *Église Notre-Dame de Val-Fleury.*

C'est un lieu de pèlerinage qui remonte au Moyen-Age.

Dans une gorge de montagnes, aux fêtes de Noël, à la fin du huitième siècle, un berger veillant sur son troupeau vit, au milieu des arbustes épineux, un buisson de genêts fleuris, avec des fleurs d'or. Il s'y rendit, et trouva une statue de la sainte Vierge. La nouvelle s'étant ébruitée, le peuple accourut à l'endroit privilégié, que l'on nomma Val-Fleury; on y éleva une chapelle à la sainte Vierge. Rebâtie en 1052, la chapelle devint le siège d'un prieuré. En 1629, la peste ayant cessé par l'intercession de la sainte Vierge, on donna à la chapelle le nom de Notre-Dame des Grâces. La Révolution vendit la chapelle, qui fut plus tard rachetée et rendue au culte; la statue y fut replacée, et les pèlerins revinrent au sanctuaire.

LYON (Rhône). — *Église Notre-Dame de Fourvières.*

Cette église est située sur la colline de Fourvières qui a 105 mètres d'élévation au-dessus de la Saône.

Fourvières vient du latin *Forum vetus*, vieux forum : c'était le Forum de Trajan, où avaient lieu les exécutions des chrétiens : saint Pothin et ses compagnons y furent martyrisés. Un oratoire fut ensuite élevé en l'honneur de la sainte Vierge sur la colline. En 840, le forum s'écroula : avec ses débris, on construisit une chapelle, qui devint la chapelle Notre-Dame du Bon-Conseil, puis Notre-Dame de Fourvières. Dans la suite, on y transporta l'autel de Notre-Dame de Grâce d'Ainay, très ancien, et une image de la sainte Vierge remontant au deuxième siècle. Agrandie plus tard, l'église fut détruite par les Huguenots (1562), puis relevée (1586), enfin embellie aux dix-septième et dix-huitième siècles. La Révolution vendit l'église; mais la statue de la sainte Vierge fut sauvée. Après la tempête, Pie VII rouvrit l'église et, pour la fête du rétablissement du culte, le Pape, de la terrasse Caille, bénit la ville le 19 avril 1805. En 1643, lors de la

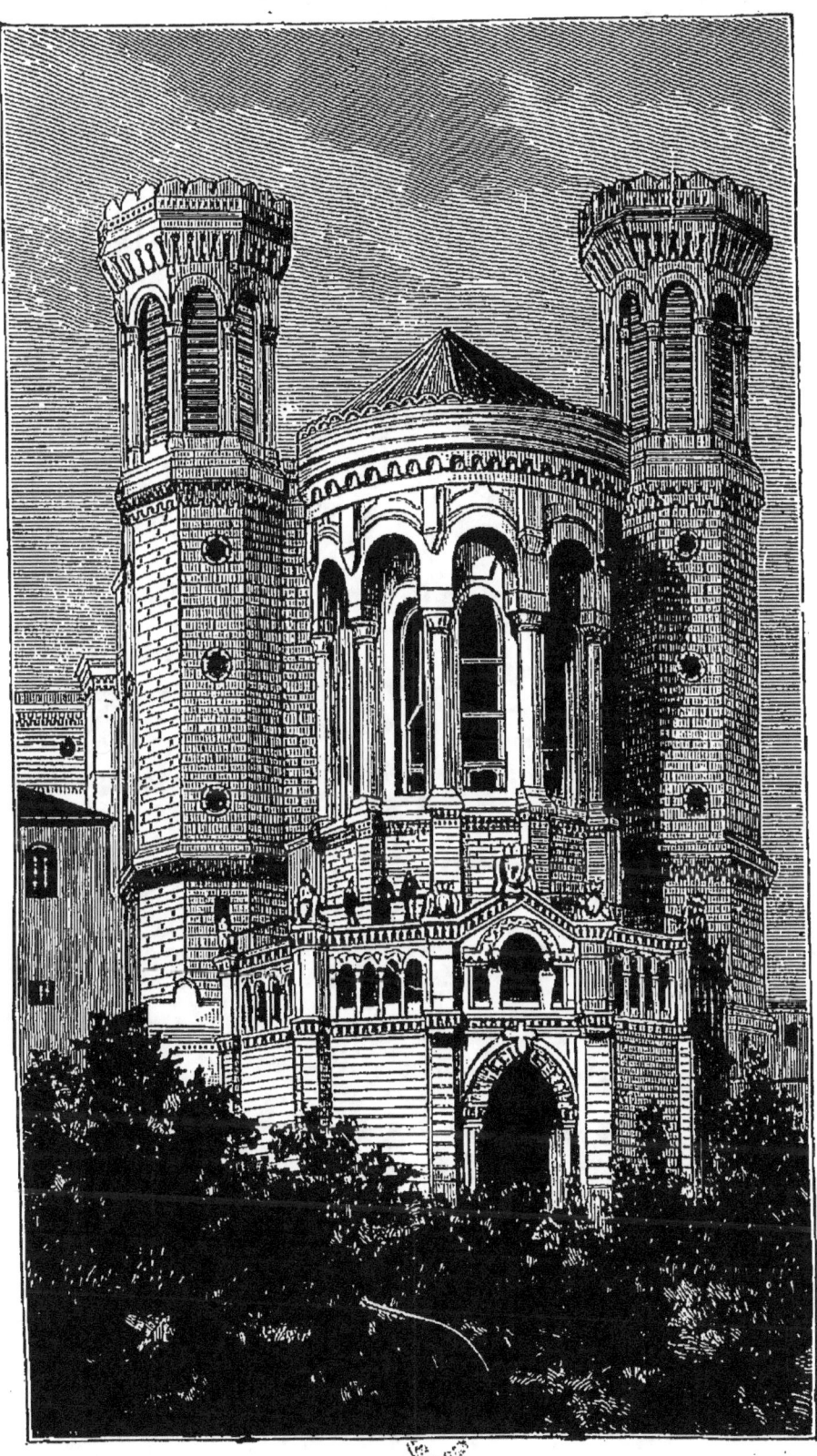

Notre-Dame de Fourvières, à Lyon.

peste, les échevins avaient fait un vœu solennel à Notre-Dame de Fourvières, et leurs successeurs s'acquittèrent pieusement du vœu jusqu'à la Révolution et depuis, le 8 décembre 1852, on éleva, au sommet du clocher, la statue en bronze doré, de 2$^m$,60, que l'on voit au loin. En 1863, juin, un incendie détruisit la toiture. Le 7 décembre 1872 fut posée la première pierre de la nouvelle église, qui fut terminée en 1883.

L'église de Notre-Dame de Fourvières, à côté de l'ancienne, a quatre tours de 35 mètres de haut et une belle crypte. La statue colossale du clocher représente la Vierge Marie étendant sur la ville ses mains pleines de bénédictions.

NEUVILLE. — *Notre-Dame-des-Prés.*

Au milieu de la barbarie, les monastères étaient devenus de véritables oasis.

Vers la fin du dixième siècle, dit Viollet-le-Duc, au moment où il semblait que la société allait s'éteindre dans la barbarie, une abbaye se fondait à Cluny, et du sein de cet ordre religieux, pendant plus d'un siècle, sortirent presque tous les hommes qui allaient avec une énergie et une patience incomparable arrêter les progrès de la barbarie, mettre quelque ordre dans ce chaos, fonder des établissements sur une grande partie de l'Europe occidentale, depuis l'Espagne jusqu'en Pologne. Il n'est pas douteux que ce centre de civilisation, qui jeta un vif éclat pendant les onzième et douzième siècles, n'ait eu sur les arts, comme sur les lettres et la politique, une immense influence. Il n'est pas douteux que l'abbaye de Cluny n'ait fourni à l'Europe occidentale des architectes comme elle fournissait des clercs réformateurs, des professeurs pour les écoles, des peintres, des savants, des médecins, des ambassadeurs, des évêques, des souverains et des papes; car rayez Cluny du onzième siècle et l'on ne trouve plus que ténèbres, ignorance grossière, abus monstrueux. Cette abbaye devint une pépinière de grands hommes, de grands savants, de grands artistes.

Parmi ces monastères des treizième et quatorzième siècles, il en est de fort beaux et beaucoup ont été élevés par de pieux fondateurs en souvenir de quelque fait mémorable. Prenons comme exemple une chartreuse célèbre du nord de la France. La chartreuse de Notre-Dame-des-Prés à Neuville-sous-Montreuil-sur-Mer. L'histoire de la fondation du monastère en 1223, que nous raconte la chronique de la chartreuse, a une saveur exquise.

Robert VII, comte de Boulogne et d'Auvergne, visitait un jour les bourgeois de Montreuil-sur-Mer. Ceux-ci, pour lui faire honneur, lui montrèrent ce qu'ils avaient de plus précieux et, notamment, un tableau représentant sainte Véronique tenant en main le voile sur lequel est peinte la face de Jésus-Christ marchant au supplice.

Robert, qui admirait pieusement la sainte image, se sentit tout à coup saisi de frayeur. Il lui semblait que la face du Sauveur, après avoir fixé sur lui des regards indignés, les détournait avec colère. A trois reprises il recommença l'expérience ; chaque fois même irritation, mêmes regards détournés. Le comte de Boulogne, désolé de cette indignation que lui montre Notre-Seigneur, cherche au fond de sa conscience le crime par où il a pu mériter cette punition. Il se rappelle que jadis, en un moment de grand péril, il avait fait un vœu. Il avait promis, s'il échappait au danger mortel qui le menaçait, de bâtir dans ses domaines un monastère pour les disciples de saint Bruno.

Il accomplit son vœu. Dès lors, la face du Christ redevint bienveillante et si douce, si souriante, que le souvenir de cette grâce aimable poursuivit Robert en tous lieux.

Le comte avait choisi l'endroit de son comté qui se trouvait le plus rapproché de la ville où avait eu lieu le miracle. Montreuil faisait partie du Ponthieu, il n'avait pas à songer à cette ville. Mais le Boulonnais arrivait jusqu'au pied de la côte. Sur une colline boisée, baignée par les rayons du soleil, au-dessus des prairies qu'arrose la Cauche et justement à l'opposite de Montreuil, avec ses murailles rouges, ses clochers et ses toits aigus se profilant à l'horizon prochain, s'éleva le monastère.

*Notre-Dame-des-Prés,* voilà le gracieux nom qu'il reçut.

La chartreuse de Notre-Dame-des-Prés a suivi toutes les fortunes et les infortunes de la patrie. Les Anglais, les Bourguignons, les Impériaux, les calvinistes, la pillèrent, chassèrent les religieux, profanèrent l'église, abattirent les murailles. Toujours, après les mauvais jours, les enfants de saint Bruno revenaient à leur foyer domestique, réparant les ruines, rebâtissant leur monastère, remettant sur son piédestal la sainte patronne, reprenant leur vie de charité, de travail et de prières, rachetant les livres volés, réimprimant les livres détruits, desséchant les marais et partageant avec le pauvre, le pèlerin, le voyageur, le pain qu'ils n'avaient pas toujours en quantité suffisante.

SAUMUR. — *Notre-Dame.*

On peut voir un curieux spécimen de sculpture historique dans les bas-reliefs de Notre-Dame-de-Saumur. Ils représentent la mort de Delmace 1$^{er}$, seigneur de Semur et beau-père de Robert le Vieux, par qui il fut empoisonné dans un festin. On voit d'abord cinq personnes à table : une d'elles tombe à la renverse après avoir bu, tandis qu'un chien s'enfuit avec une main, symbole de la bonne foi et de la fidélité chassées du festin. La scène suivante exprime le remords de Robert, qui se frappe la poitrine. Ensuite, on voit l'aumônier de Robert muni d'un panier rempli d'argent, qu'il donne à un lépreux et à un cul-de-jatte, pour montrer que Robert cherche à réparer son crime au moyen de l'aumône. Le bas-relief qui vient après montre la femme de Robert, qui pleure en songeant à son père assassiné ; le meurtrier, à genoux, implore son pardon.

Maintenant, voici une barque sur les flots : des archéologues y voient Caron, qui conduit Robert au jugement ; d'autres veulent que ce soit un pèlerinage pieux, où se rendrait Robert pour obtenir un pardon.

Le dernier bas-relief montre l'église Notre-Dame fondée par Robert comme expiation. Au-dessus de ces curieux bas-reliefs, dont nous n'avons indiqué que les principaux sujets, on a représenté le Père éternel avec des anges qui lui offrent de l'encens.

LE PUY-EN-VELAY (Haute-Loire). *Cathédrale de Notre-Dame de France.*

Cette cathédrale, adossée au rocher Corneille, a un mur absidial qui date du temps de saint Évode.

Le Puy-en-Velay se forma autour de l'église de la Sainte-Vierge, bâtie par saint Évode ou Vosy, évêque de Saint-Paulien, qui transféra au Puy le siège épiscopal, avec l'autorisation du Pape (cinquième siècle). Mais déjà, au premier siècle, la Vierge Marie s'était choisi cet endroit en le révélant dans une vision à une pieuse chrétienne qui fut guérie d'une fièvre rebelle. La personne guérie fit part du miracle à saint Georges, évêque de Saint-Paulien, qui, étant venu sur la montagne le 11 juillet, y vit de la neige sur laquelle un cerf, en fuyant, traça avec ses pas l'enceinte d'une église. Saint Martial donna pour le sanctuaire un *soulier de la sainte Vierge,* qu'il avait rapporté de Rome.

Avant de consacrer l'église, saint Évode voulut aller à Rome. En route, il rencontra deux vieillards, avec des cassettes d'or, qui lui remirent des reliques venues de Rome et lui dirent de les porter à l'église « dont la consécration se faisait en ce moment par les anges ». L'évêque retourna au Puy, apprit le fait au peuple qui se porta à l'église. A l'arrivée de saint Évode, les portes s'ouvrirent d'elles-mêmes, et le sanctuaire apparut tout illuminé de torches : on conserve deux de ces torches dans le trésor. Depuis ce temps, Notre-Dame du Puy porta le nom d' « église angélique ». Elle remplaça, sur le mont Anis, le temple romain de Diane.

L'église fut agrandie du neuvième au douzième siècle. A son retour de Terre-Sainte, saint Louis donna (1254) à l'église la *Vierge noire,* statue en ébène, que brûla la Révolution. L'église ayant été rendue au culte, une statue de la sainte Vierge, copie de la première, fut vénérée par les fidèles : elle a été couronnée le 8 juin 1856. Enfin, le 12 septembre 1860, on inaugura la statue colossale de la sainte Vierge.

LAGHET (Alpes-Maritimes). — *Église Notre-Dame de Laghetto.*

Le sanctuaire de *Notre-Dame de Laghetto* est situé au pied d'un mont pierreux où était très anciennement une petite chapelle. Vers 1650, Hyacinthe Casanova, de Monaco, se rendit en pèlerinage à la chapelle après avoir recouvré la santé par l'intercession de la sainte

Vierge, et résolut, avec d'autres pieuses personnes, de restaurer la chapelle, dont la statue était toute détériorée. Antoine Figuiera, de Nice, fit don d'une statue vénérée qu'il avait dans sa maison depuis quelques années. Aussitôt installée dans la chapelle, la nouvelle statue attira les foules à cause des grâces obtenues.

La Révolution pilla le sanctuaire; mais la statue fut portée à la Turbie, à quatre lieues de Nice, et réintégrée plus tard à son autel du Laghet.

L'église est entourée de grands cloîtres à arcades renfermant des ex-voto et des tableaux en assez grand nombre.

Roc-Amadour (Lot). — *Église de Notre-Dame de Roc-Amadour.*

C'est un lieu de pèlerinage très ancien. Il était célèbre dès le temps de Charlemagne; le fameux paladin Roland, neveu du grand Empereur, vint à Roc-Amadour en 778; il offrit à la Vierge Marie un don d'argent du poids de son épée, et, après sa mort à Roncevaux, cette épée fut portée à Roc-Amadour.

Vers le troisième siècle, un saint s'enfonça dans un labyrinthe de rochers qui élèvent leurs crêtes merveilleuses au-dessus du ravin étroit et profondément excavé où l'Alzon, affluent de l'Ouysse, roule ses eaux, Ce ravin, qu'on nomme aujourd'hui le vallon de Roc-Amadour, s'appelait alors le *Val ténébreux*, et abondait en bêtes féroces.

Là, l'anachorète se construisit une cellule sur un des points culminants de la montagne, et creusa dans le roc, au niveau de l'aire des aigles, un *oratoire à la Vierge Marie*. Les populations de ces belles vallées surnommèrent l'anachorète *Amator rupis* (amateur de la roche); ce nom s'est changé en celui d'*Amador*, puis d'*Amadour*, plus conforme au génie de la langue méridionale.

Le peuple ne tarda pas à s'y rendre en pèlerinage pour y vénérer une statue miraculeuse de la sainte Vierge. Le roi saint Louis s'y rendit en 1245. En 1314, le pape Clément V fit un legs à l'église pour tenir perpétuellement un cierge allumé honorablement dans la chapelle de la *Vierge Marie de Roc-Amadour*, pour honorer cette Vierge bienheureuse et obtenir la rédemption de son âme.

Au nombre des personnages illustres qui se rendirent à ce pèlerinage citons encore : le comte Simon de Montfort, légat du pape, l'évêque de Narbonne, Arnaud Amalric, saint Louis accompagné de ses trois frères, Blanche de Castille, Charles-le-Bel, le roi Jean, le comte de Boulogne, le roi Louis XI, des princes du Portugal, etc.

« Parmi les illustres prélats qui visitèrent en divers temps la chapelle miraculeuse de Notre-Dame, nous trouvons un nom si cher aux lettres, à l'humanité, au catholicisme, que nous ne pouvons le laisser dans la foule ; ce nom dont la France s'honore, et qui impose à l'impiété même, c'est celui du cygne de Cambrai. Voué dès le berceau à Notre-Dame de Roc-Amadour par sa pieuse mère, Fénelon vint plus d'une fois invoquer, au fond du Quercy, celle qui avait mis sur ses lèvres un rayon de miel attique, et qui lui avait donné la sagesse courageuse qu'il employa si noblement à instruire les rois. Deux tableaux suspendus en *ex-voto* dans le sanctuaire de Vaire représentent deux phases solennelles de son existence. Dans le premier, il vient de naître et repose dans son berceau ; dans le second, jeune homme et déjà docteur, il vient faire hommage à sa divine protectrice des premiers succès de son génie naissant. A quelque distance est une tombe, sur laquelle il a pleuré et prié plus tard, celle de sa mère, qui a voulu dormir de son dernier sommeil à l'ombre de l'autel de Marie[1]. »

Quelquefois ce n'était pas seulement des pèlerins isolés, mais des villes et des provinces en grand nombre qui se rendaient à Roc-Amadour. « En 1546, dit M. de Malleville dans ses chroniques du Quercy, le 24 juin, jour et fête du Saint-Sacrement et de Saint-Jean, fut le *grand pardon* de Roc-Amadour, auquel lieu le concours des peuples du royaume et des étrangers fut si grand que plusieurs personnes de tout âge et de tout sexe furent étouffées en presse, et étaient les tentes en très grand nombre tendues dans la campagne de toutes parts, comme un grand camp. »

Primitivement, il n'y avait qu'un oratoire composé de deux chapelles : une de la Sainte-Vierge, l'autre de Saint-Amadour. Aujourd'hui, le

1. *Histoire de la Mère de Dieu.*

sanctuaire du pèlerinage, magnifique, a deux étages : Saint-Sauveur, Saint-Amadour. L'église principale, Saint-Sauveur, consacrée à la Transfiguration, reçoit les grandes foules de pèlerins. Dans la chapelle des Miracles, ou de la Sainte-Vierge, à dôme terminé par un clocher et à beaux vitraux, se voit une *statue miraculeuse de la Vierge Noire :* la sainte Vierge assise,

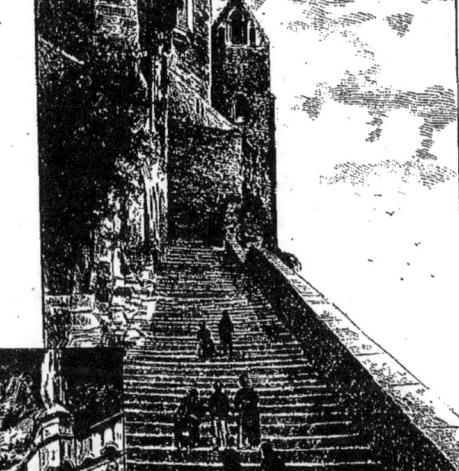

L'Escalier à Roc-Amadour.

Gravures tirées du joli petit opuscule de M. Michel Bourrières : *Roc-Amadour.* Tolra, éditeur, Paris.

Le Parvis Saint-Jean à Roc-Amadour.

avec l'Enfant-Jésus sur les genoux, est en bois : Zachée, que l'on a identifié avec saint Amadour, l'aurait taillée. Aux pieds de la sainte Vierge, Charlemagne déposa la fameuse *durandal* de Roland ; disparue dans les désastres du Moyen-Age, la durandal a été remplacée, dans la chapelle Saint-Michel, par un simu-

lacre d'épée. La statue de la sainte Vierge a été couronnée le 8 septembre 1853[1].

LOURDES (Hautes-Pyrénées). — Basilique de *Notre-Dame de Lourdes*.

La ville de Lourdes est devenue, après la Ville Éternelle, le pèlerinage le plus fréquenté du monde, depuis que la Vierge immaculée a
daigné descendre en ce lieu béni.

Le pèlerinage comprend l'église du Rosaire, la basilique et la *Grotte
de Massabielle* où la sainte Vierge apparut en 1858.

La grotte est fermée par une grille. On y voit, dans une niche, la
statue de *Notre-Dame de Lourdes* (par Fabisch) telle qu'elle apparut,
couronnée le 3 juillet 1876[2].

La basilique a été construite au-dessus de la grotte.

Rappelons brièvement l'histoire du pèlerinage.

En 1858, la sainte Vierge Marie apparut dix-huit fois à Lourdes,
dans la grotte Massabielle, à une humble et pieuse fille des champs,
Bernadette Soubirous, âgée de quatorze ans.

En bas de la niche se trouvait alors un rosier sauvage. La sainte
Vierge, au milieu d'une clarté surhumaine, avait une robe blanche,
une ceinture bleu de ciel, un voile blanc qui descendait de la tête sur
les épaules. Sur chaque pied se trouvait une rose d'or. Dans ses mains
jointes elle roulait les grains blancs d'un chapelet porté à la ceinture :
la chaîne était dorée et lumineuse, et la croix d'or. Le visage de la
sainte Vierge était d'une beauté incomparable : il respirait à la fois la
majesté, l'innocence, la bonté, la paix et la tendresse.

Le jeudi, 11 février 1858, au moment où Bernadette ramassait du
bois mort le long du gave, la céleste vision apparut pour la première
fois, souriant à l'humble enfant qui, voulant faire le signe de la croix
avec son chapelet, ne le put, troublée par l'émotion. La « Dame » ayant
fait un grand signe de croix avec son rosaire et roulé les grains du

---

1. Voir, pour plus de détails, l'ouvrage si érudit de M. Michel Bourrières : *Saint Amadour
et sainte Véronique, disciples de N.-S. Jésus-Christ.* 1 vol. gr. in-8. Tolra, éditeur.
2. A gauche de la grotte se trouve la *fontaine* miraculeuse, dont l'eau, expédiée dans l'univers entier, a opéré tant de guérisons spirituelles et corporelles.

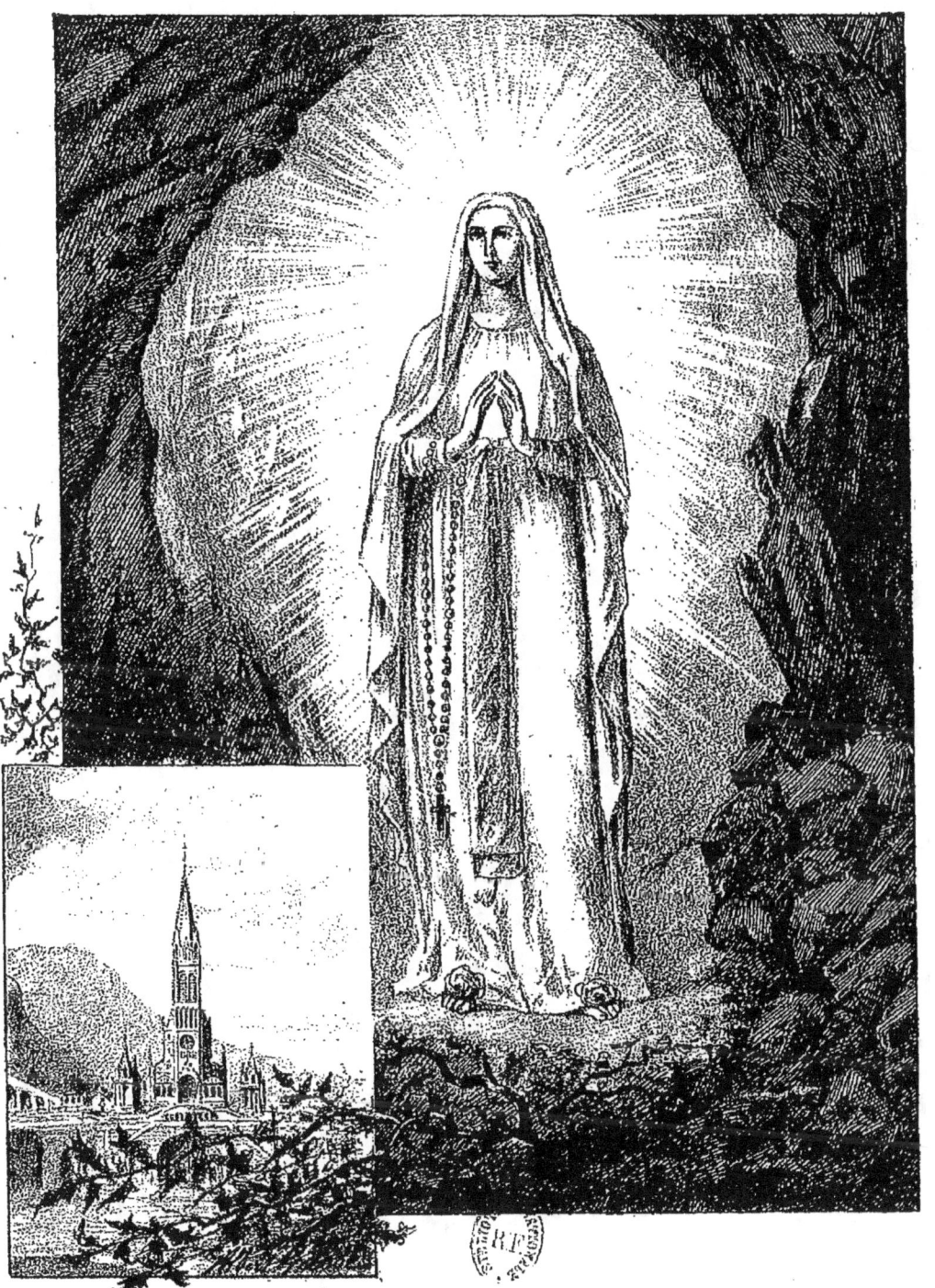

Notre-Dame de Lourdes.

chapelet, Bernadette l'imita. La Dame fit signe à Bernadette, qui n'osa remuer, puis elle sourit et disparut. Au retour de Bernadette, ses parents, à qui elle avait tout raconté, l'empêchèrent de retourner à la grotte.

Le 14 février, dimanche gras, deuxième apparition. Suppliée par des enfants, la mère de Bernadette leva sa défense. Bernadette, accompagnée d'enfants, contempla la Dame : ayant récité son chapelet, elle vit la Dame disparaître. Les parents continuèrent d'être incrédules.

Le jeudi, 18 février, troisième apparition. Deux pieuses femmes accompagnèrent Bernadette, qui pria la Dame d'écrire sur du papier ce qu'elle désirait. « Ce que j'ai à vous dire, je n'ai pas besoin de l'écrire, dit la Dame ; faites-moi seulement le plaisir de venir ici quinze jours. » Bernadette le promit. « Et moi, je vous promets de vous rendre heureuse, non point en ce monde, mais en l'autre... Je désire voir ici beaucoup de monde. » Et la Dame disparut. Dès ce moment, la nouvelle s'ébruita et le peuple se porta en foule à la grotte, où l'on put voir les extases de Bernadette, que les tracasseries policières et administratives devaient bientôt troubler dans sa paisible existence.

Le vendredi, 19 février, quatrième apparition : c'était le premier jour de la quinzaine.

Le samedi, 20 février, cinquième apparition.

Le 21 février, premier dimanche de carême, sixième apparition. La céleste vision parut triste ; Bernadette lui en ayant demandé la raison, la Dame lui dit : « Il faut prier pour les pécheurs. »

Le mardi, 23 février, septième apparition. La Dame confia un premier secret à Bernadette et lui enseigna une prière. Elle lui dit : « Maintenant, allez dire aux prêtres qu'il doit s'élever ici un sanctuaire et qu'on doit y venir en foule. » L'abbé Peyramale, curé de Lourdes, à qui Bernadette rapporta les paroles de la Dame, demanda une preuve, un miracle : celui du rosier fleuri.

Le mercredi, 24 février, huitième apparition. La Dame sourit lorsque Bernadette parla de la demande du curé, et lui dit : « Vous prierez Dieu pour les pécheurs... vous baiserez la terre pour la conversion des pécheurs », et lui fit signe d'avancer à genoux. Bernadette obéit, en prononçant : « Pénitence, pénitence, pénitence », mot que la Dame avait dit trois fois. Après avoir confié à Bernadette un deuxième secret, la Dame disparut.

Le jeudi, 25 février, neuvième apparition : la source miraculeuse. La Dame confia un troisième secret à Bernadette et lui dit : « Allez boire et vous laver à la source, et mangez de l'herbe qui est là. » Bernadette creusa avec ses doigts à l'endroit indiqué par la Dame, et dans le creux formé s'amassa une eau bourbeuse : Bernadette en but un peu, se lava le visage, coupa et mangea des brins d'herbes, au grand étonnement des assistants, qui ne pouvaient qu'ignorer le motif de sa conduite. Depuis, la source a coulé abondamment : l'eau, analysée, a été reconnue comme une eau toute naturelle, dépourvue de propriétés minérales et thérapeutiques. La série des miracles commença le 26 février par la guérison d'un ouvrier carrier, qui avait un œil malade depuis vingt ans. Le curé crut à partir de ce moment.

Les 27, 28 février, 1er, 2, 3 mars : dixième, onzième, douzième, treizième, quatorzième apparitions.

Le jeudi, 4 mars, quinzième apparition : 20 000 personnes se trouvaient à la grotte, en ce jour, dernier de la quinzaine. La Dame dit à Bernadette d'aller pour la seconde fois demander aux prêtres le sanctuaire et les processions.

Le jeudi, 25 mars, fête de l'Annonciation, seizième apparition. Trois fois Bernadette demanda son nom à la Dame. A la troisième demande, la Dame, détournant ses regards de Bernadette, les porta vers les cieux, puis dit à Bernadette : « Je suis l'Immaculée Conception », et disparut. Bernadette, en allant faire part au curé de ce qu'elle avait appris, répétait en chemin les mots « Immaculée Conception », qu'elle venait d'entendre pour la première fois. C'était donc bien la Vierge Marie, proclamée immaculée (8 décembre 1854) par le glorieux pontife Pie IX, qui avait daigné honorer encore une fois notre patrie de sa céleste visite.

Le lundi de Pâques, 5 avril, dix-septième apparition. Pendant son extase, Bernadette tenait un cierge allumé, dont la flamme passa entre ses doigts, mais ne lui fit aucun mal.

Le vendredi, 16 juillet, fête de Notre-Dame du Mont-Carmel, dix-huitième et dernière apparition [1].

C'est ici le moment de rappeler que Notre-Dame de Lourdes a inspiré les écrivains, les artistes, les poètes. Qui ne connaît l'œuvre admirable de Henri Lasserre.

En 1895, le pèlerinage des Provençaux a chanté un nouveau cantique d'une touchante et naïve poésie.

> O Vierge, fontaine et rocher,
> Voyez vos Provençaux fidèles
> Qui reviennent vous saluer
> Et dire à vos rives si belles :
>
> Salut, gaye aux flots toujours purs;
> Salut, montagne dont la crète
> Se perd dans les champs de l'azur;
> Salut, berceau de Bernadette!
>
> Salut, rosier que j'aperçois;
> Salut, tige fraîche et fleurie
> Où vint se poser tant de fois
> Le pied virginal de Marie!
>
> Salut, rocher; salut à toi,
> Grotte où parut l'Immaculée,
> Comme l'aurore de la foi
> Sur notre France consolée!
>
> Ce n'est pas votre beau pays
> Qui nous attire et nous amène :
> Le nôtre, c'est un paradis;
> Mais plus charmante est votre Reine.
>
> Nous avons plaines et vallons
> Où le beau soleil étincelle,
> Pampres verts et riches moissons,
> Nous n'avons pas Massabielle.
>
> En ce lieu la joie est sans fiel,
> Le cœur ne connaît point d'alarmes.
> Lourdes, si tu n'es pas le ciel,
> Tu nous en fais goûter les charmes!

1. Voir pour plus de détail la délicieuse brochure de Mgr de Ségur : *les Merveilles de Lourdes.* 1 vol. in-18, chez Tolra, éditeur, Paris.

Que de piété et de foi profonde dans cet hommage à la Vierge, et comme ces vers simples rendent bien l'impression surnaturelle que produit dans les âmes chrétiennes la cité miraculeuse, Lourdes, porte entr'ouverte sur les merveilles et les splendeurs du ciel.

Noyon. — *Notre-Dame de Noyon.* Cette cathédrale a été bâtie de 1150 à 1170. On y voit l'ogive mêlée au plein cintre de la manière la plus prononcée. Les deux étages supérieurs du monument sont à plein cintre, tandis que le rez-de-chaussée et le premier étage ont la forme ogivale.

Cette cathédrale est comprise dans ce qu'on appelle le *style de transition,* compris au moment où l'art roman se transforme pour devenir l'art ogival[1].

Route de la Salette (Isère). — *Église de Notre-Dame de la Salette.* Cette magnifique église, aujourd'hui lieu de grand pèlerinage[2], a été

---

1. Les deux édifices les plus importants de la période de transition et pouvant être considérés comme les premiers édifices vraiment gothiques sont : Notre-Dame de Senlis et l'église abbatiale de Saint-Denis, et cette dernière passe particulièrement pour être l'œuvre la plus célèbre de cette époque.

« La croisée d'ogives, écrit M. Gonse, était connue dans l'Ile-de-France dès la fin du onzième siècle. On en constate l'apparition dans quelques bases de clochers, mais à l'état informe et si primitif, que c'est à peine si on peut en tenir compte. Le premier exemple indiscutable se montre dans le chœur de la grande église abbatiale de Morienval, bourgade de 900 habitants perdue dans le fond d'un ravin qui aboutit à la vallée de l'Automne, au-dessus de la cité romaine de Champlieu... Aucun archéologue, jusqu'à présent, n'avait osé faire remonter jusqu'au onzième siècle les voûtes à nervures de l'abside de Morienval... Je suis disposé à accorder au chœur de Morienval une importance de premier ordre, unique même dans l'histoire des origines de la croisée d'ogives. »

A côté de Morienval, il faut citer les églises de Béthisy, Saint-Pierre et Saint-Étienne de Beauvais, comme monuments des premières origines de l'art gothique rudimentaire, puis viennent les églises d'Orgeval, de Tracy-le-Val, de Bury, de Saint-Leu d'Esserent, etc.

« Pendant le second quart du douzième siècle, l'architecture de l'Ile-de-France achève son mouvement transitionnel... Le premier monument qui s'offre à l'examen est l'église collégiale de Saint-Louis de Poissy. Il est, avec le chœur de Saint-Martin des Champs et l'église de Cormeilles-en-Parisis, l'édifice le plus ancien de la région parisienne où se manifeste l'influence du nouveau style. »

« ... Paris ne nous offre que trois œuvres de la transition, mais toutes d'un rare intérêt : le chœur de l'ancien prieuré de Saint-Martin des Champs (aujourd'hui englobé dans le Conservatoire des Arts-et-Métiers), le déambulatoire de l'église abbatiale de Saint-Germain des Prés et l'église Saint-Pierre de Montmartre. »

2. Ce pèlerinage est situé sur une haute montagne où la Vierge Marie apparut en 1846.

bâtie de 1852 à 1861, en style roman. Elle a été érigée en basilique écumène par bref du 19 janvier 1875, et consacrée comme telle le 20 août 1879.

Au fond de l'abside, on voit un magnifique autel de l'*Immaculée-Conception*, en marbre blanc, don du comte et de la comtesse de Chambord.

Au maître-autel se trouve une statue en marbre de la *sainte Vierge*, *Notre-Dame de la Salette*, consacrée le 21 août 1879, par le cardinal Guibert.

Rappelons l'origine de ce grand pèlerinage :

Le 19 septembre 1846, veille de la fête de Notre-Dame des Sept-Douleurs et samedi des Quatre-Temps, à l'heure des premières vêpres de la fête, la sainte Vierge apparut à deux jeunes bergers, natifs de Corps, au service de maîtres différents du hameau des Ablandens. Les deux bergers étaient : Maximin Giraud, de onze ans, qui remplaçait le berger malade de Pierre Selme et n'était à la montagne que depuis le lundi précédent ; — Mélanie Mathieu, de quatorze ans, au service de Baptiste Pré, depuis le mois de mars. Ils ne se connaissaient donc pas, et ils s'étaient rencontrés là veille de l'apparition pour la première fois.

Accompagnés de Pierre Selme, les bergers se rendirent, dans la matinée du 19 septembre 1846, sur le versant méridional du mont Planeau. A midi, au son de l'*Angelus*, ils prirent leurs provisions et allèrent manger près de la fontaine des Hommes, source nommée ainsi par opposition à la fontaine des Animaux, où les troupeaux s'abreuvaient. Ayant fini leur frugal repas, ils descendirent plus bas pour déposer leurs sacs près d'une source tarie, et ils s'endormirent.

A leur réveil, les vaches dormaient. A cinq ou six pas avant d'arriver au ruisseau, Mélanie aperçut une lumière brillante et appela Maximin pour la lui montrer. Tous deux contemplèrent la lumière, qui, s'entr'ouvrant, laissa voir une Dame dans la clarté. La Dame était assise la tête dans ses mains, au bord de la Sézia. Elle se leva, se croisa les bras et dit aux enfants : « Avancez, mes enfants, n'ayez pas peur. Je suis ici pour vous conter une grande nouvelle. » Les enfants,

rassurés, franchirent le ruisseau; la Dame s'avança vers eux, à l'endroit
où ils avaient dormi, entre Maximin et Mélanie, et leur dit en pleurant tout le temps du discours :

« Si mon peuple ne veut pas se soumettre, je suis forcée de laisser
aller le bras de mon Fils.

« Il est si lourd et si pesant que je ne puis plus le retenir.

« Depuis le temps que je souffre pour vous autres!

« Si je veux que mon Fils ne vous abandonne pas, je suis chargée
de le prier sans cesse. Et pour vous autres, vous n'en faites pas de cas.

« Vous aurez beau prier, beau faire, jamais vous ne pourrez récom-
penser la peine que j'ai prise pour vous autres.

« Je vous ai donné six jours pour travailler, je me suis réservé le
septième ; et on ne veut pas me l'accorder. C'est cela qui appesantit
tant le bras de mon Fils.

« Ceux qui conduisent les charrettes ne savent pas jurer sans mettre
le nom de mon Fils au milieu.

« Ce sont les deux choses qui appesantissent tant le bras de mon
Fils.

« Si la récolte se gâte, ce n'est rien qu'à cause de vous autres. Je
vous l'ai fait voir l'année dernière par la récolte des pommes de terre ;
vous n'en avez pas fait cas. Tout au contraire, quand vous trouviez
des pommes de terre gâtées, vous juriez, vous mettiez le nom de mon
Fils. Elles vont continuer à pourrir, et à la Noël, il n'y en aura
plus. »

Mélanie n'ayant pas compris ce qu'étaient des pommes de terre, allait
le demander à Maximin, quand la Dame reprit :

« Ah! mes enfants, vous ne comprenez pas? Je m'en vais vous le
dire autrement. » Et elle redit en patois le dernier alinéa, puis continua
en patois le discours, dont nous donnons la traduction :

« Si vous avez du blé, il ne faut pas le semer. Tout ce que vous
sèmerez, les bêtes le mangeront, ce qui viendra tombera tout en poussière quand vous le battrez.

« Il viendra une grande famine. Avant que la famine vienne, les
petits enfants au-dessous de sept ans prendront un tremblement et

mourront entre les bras des personnes qui les tiendront. Les autres feront leur pénitence par la famine. Les noix deviendront mauvaises. Les raisins pourriront. »

Après ces mots, la sainte Vierge confia un secret, séparément à chacun des deux enfants. Elle les dit en français : les secrets ont été écrits et portés au Saint-Père, qui les reçut le 18 juillet 1851.

La sainte Vierge dit ensuite en patois :

« S'ils se convertissent, les pierres et les rochers se changeront en monceaux de blé, et les pommes de terre se trouveront ensemencées par les terres.

« Faites-vous bien votre prière, mes enfants? » demanda la Dame. — « Oh! non, Madame, bien peu », répondirent naïvement les bergers. — « Ah! mes enfants », reprit la Dame, « il faut bien la faire soir et matin. Quand vous n'aurez pas le temps, et que vous ne pourrez pas mieux faire, dites au moins un *Pater* et un *Ave Maria;* et quand vous aurez le temps, il faudra en dire davantage.

« Il ne va que quelques femmes un peu âgées à la messe, les autres travaillent le dimanche tout l'été; et l'hiver, quand ils ne savent que faire, ils ne vont à la messe que pour se moquer de la religion. Et le carême, ils vont à la boucherie comme les chiens.

« N'avez-vous jamais vu du blé gâté, mes enfants ? », demanda la Dame, qui, à la réponse négative des bergers, reprit : « Mais toi, mon enfant », en s'adressant à Maximin, « tu dois bien en avoir vu une fois vers le Coin (hameau près de Corps), avec ton père. L'homme de la pièce dit à ton père : « Venez voir mon blé gâté. » Vous y allâtes tous les deux. Il prit deux ou trois épis dans sa main; ensuite il les froissa, et tout tomba en poussière. Et puis, en vous retournant, quand vous n'étiez plus qu'à une demi-heure loin de Corps, ton père te donna un morceau de pain en te disant : Tiens, mon petit, mange ce pain, car je ne sais pas qui en mangera l'année prochaine, si le blé continue comme ça à se gâter. » — « C'est bien vrai, répondit Maximin, je ne me le rappelais pas. »

La Dame dit après en français : « Eh bien! mes enfants, vous le ferez passer à tout mon peuple », phrase qu'elle répéta après avoir repassé le ruisseau. Elle monta quinze pas, marchant en glissant sur la cime de l'herbe, s'éleva un peu à une hauteur de 1 mètre à 1$^m$5o, regarda le ciel, la terre, et disparut dans la clarté. L'apparition avait duré environ une demi-heure.

La sainte Vierge était d'une très belle taille, et sa voix ressemblait à une douce mélodie. Voici le costume de la « Dame », d'après Mélanie : une robe blanche, avec des perles; un fichu blanc et des roses autour; un bonnet blanc, une couronne de roses autour du bonnet; des roses de toutes couleurs autour de souliers blancs; des bas jaunes; enfin un tablier jaune. La Dame avait une petite chaîne qui tenait une croix avec son Christ; à droite étaient des tenailles; à gauche, un marteau : aux extrémités de la croix, une grande chaîne tombait comme les roses autour du fichu. Enfin, Mélanie ajouta que la figure était blanche et allongée, empreinte d'une grande tristesse. Les larmes, au lieu de descendre jusqu'à terre, s'évanouissaient dans la lumière. Les manches de la robe couvraient les mains.

Telle est la mystérieuse apparition de Notre-Dame de la Salette. Les reproches de la sainte Vierge, hélas! si actuels encore, sont relatifs : 1° à la révolte contre Dieu et son Église; aux péchés d'impiété et d'endurcissement; 2° à la profanation du dimanche; 3° aux blasphèmes et aux jurements; 4° à la désertion des églises et à la profanation des saints mystères; 5° à la violation des règles du jeûne et de l'abstinence; 6° à l'oubli de la prière et aux prières mal faites; 7° à l'indifférence et à l'ingratitude envers la sainte Vierge, qui souffre pour nous et prie pour nous.

Après l'apparition, la source tarie coula, et n'a cessé de couler, apportant aux malades la guérison spirituelle ou corporelle.

Le soir même, les bergers parlèrent de l'apparition, qui ne tarda pas à être connue dans tous ses détails, et dès ce moment les pèlerins affluèrent à la sainte montagne : il y en eut 5o 000 le 19 septembre 1847. Plusieurs commissions d'enquête furent nommées par l'évêque de Grenoble, Mgr de Bruillard, qui, le 19 septembre 1851, rendit son jugement doctrinal, reconnaissant comme véritable l'apparition de Notre-Dame de la Salette, autorisant son culte, et annonçant l'érection d'une église. La première pierre de l'église fut posée en 1852, le 25 mai, et l'inauguration eut lieu en 1861.

*<br>* *

Nous venons de parler des principales églises et chapelles de France. Mais dans tous les pays du monde, les cathédrales, églises et chapelles sous le vocable de la sainte Vierge sont nombreuses. Il faudrait un grand nombre de volumes pour en faire la description. Preuve que le culte de la sainte Vierge est répandu par tout l'univers.

Parmi les sanctuaires et pèlerinages en l'honneur de la sainte Vierge qui se trouvent à l'étranger, nous citerons *la Santa Casa* ou *Maison de la sainte Vierge* à Lorette, en Italie; le sanctuaire de Montserrat, en Catalogne, Notre-Dame de Tolède, où Alphonse IX vint déposer la bannière de la Mère de Dieu sous laquelle il avait remporté sa grande victoire sur les Turcs; *Notre-Dame de l'Olivier,* en Portugal, où le roi Jean Ier suspendit aux parois sa lance et sa cotte d'armes; l'église *Notre-Dame de Lapa,* à Porto, où est conservé le cœur de l'empereur dom Pedro, et dont les retables sont remarquables.

Citons encore la cathédrale de Pampelune, dédiée à la Vierge sous le nom de *Nuestra Senora del Sagrario,* Notre-Dame du Sanctuaire, qui possède une image vénérée de la Vierge dont on fait remonter l'existence aux temps apostoliques[1]. La boiserie du chœur, toute en chêne, a été sculptée, en 1530, par Michel Ancheta. Au sixième pilier d'une nef latérale se trouve une statue de la Vierge de grandeur naturelle, sculptée en pierre. Dans la sacristie est conservée une image de *Notre-Dame del Pilar,* et une motte de terre sur laquelle la tradition dit que la Mère de Dieu a posé le pied. Dans la salle capitulaire se voit l'image de *Nuestra Senora del Sagrario;* elle est placée au-dessus du siège destiné à l'évêque. Au-dessus d'une porte se trouve un tympan orné d'une grande composition en relief, représentant la mort de la Vierge et

---

1. La grande cloche, réservée aux fêtes, pèse 119 quintaux métriques.

tout autour des scènes qui en font un chef-d'œuvre de goût et de délicatesse.

C'est à Saragosse que se trouve *Notre-Dame del Pilar*, *Nuestra Senora del Pilar*, superbe basilique.

La légende raconte que la Mère de Dieu ordonna à saint Jacques de construire une chapelle sur un point qu'elle lui désigna, afin d'y mettre une petite colonne de marbre et une image sculptée par les anges. Cette modeste chapelle primitive avait huit pieds de large sur quinze de long. Plusieurs fois relevé de ses ruines et agrandi chaque fois, ce sanctuaire célèbre occupait, à la fin du dix-septième siècle, le centre d'un cloître entouré de nombreuses chapelles. Soixante-seize lampes d'argent, rangées sur deux lignes, brûlaient nuit et jour devant l'image sainte surmontée d'un dais d'argent. Ce fut en 1681 qu'on posa la première pierre de l'immense basilique qui existe aujourd'hui et qui forme un long quadrilatère de 135 mètres de côté.

Les sculptures du retable du maître-autel sont dues à l'habile ciseau d'un sculpteur espagnol de Valence, maître Forment; elles représentent les principaux *actes de la vie de la sainte Vierge*.

Le *sanctuaire* forme une sorte de petit temple dans la grande basilique. L'image vénérée, sur un pilier de marbre, occupe la place même où saint Jacques l'a mise il y a dix-sept siècles. Le tabernacle de l'autel, devant lequel brûlent de nombreuses lampes, suspendues à la voûte au milieu d'*ex-voto* de toutes sortes, de cœurs d'or et de dons précieux, représente au centre *la Vierge sur un trône de nuages;* à sa gauche, saint Jacques et ses disciples agenouillés. Dans l'ombre, à droite, se trouve la sainte Image, sculptée dans du bois noirci par les longs siècles : elle est vêtue d'une riche dalmatique qui ne laisse paraître que la tête de la Vierge et celle du petit Jésus. Cette partie du sanctuaire est fermée par une belle balustrade en argent qui tient à distance les fidèles qui s'y rendent à chaque heure du jour. Le sol de la chapelle est garni de plaques de marbre. La coupole de la basilique a ses contours décorés de fresques d'Antonio Velasquez. Des escaliers, placés aux deux côtés de la chapelle et protégés par des balustrades de marbre, mènent à une crypte souterraine où, dans des tombeaux de marbre noir, reposent des archevêques, plusieurs grands dignitaires, et, dans une urne, le cœur du second Juan d'Autriche, fils de Philippe IV.

Dans la sacristie est conservé ce qui reste des vêtements et des joyaux offerts dans tous les temps à la sainte Image par les rois, les fidèles, les princes, les grands seigneurs.

Après le Saint-Sépulcre, Saint-Pierre de Rome et Notre-Dame de Lourdes, il n'existe pas, dans toute la chrétienté, de pèlerinage plus fameux que celui de la sainte Maison de Lorette.

La *Maison de la Vierge,* la *Santa Casa,* se trouve à Lorette, *Loreto,* petite ville des États de l'Église, de 6 000 habitants environ, située à quelques kilomètres de la mer, sur le sommet d'une colline. La ville est fortifiée par une solide muraille, à laquelle Sixte V fit ajouter plusieurs bastions.

Selon les récits des légendaires, la *Casa Santa,* primitivement découverte à Nazareth par l'impératrice Hélène, avait déjà été, à Nazareth même, recouverte d'un temple. Les Sarrasins ayant détruit ce temple au treizième siècle, les anges la transportèrent, dans la nuit du 12 mai 1291, en Dalmatie. Le 9 décembre 1294, elle fut encore transportée à travers les airs et l'Adriatique sur les côtes de l'Italie.

Avant de se fixer au lieu qu'elle occupe aujourd'hui, elle changea plusieurs fois de station dans la forêt qui environnait Lorette : une fois à cause des brigands, une autre à cause de deux frères qui se disputaient le terrain où elle était descendue.

Elle est placée aujourd'hui au milieu d'une riche et magnifique église appelée *église de la Madone.* « Commencée sous Paul II en 1464, elle fut achevée en 1513 par Jules II, sous la direction de Bramante, la façade et la coupole exceptées, qui furent ajoutées, la première sous Sixte-Quint en 1587, et la seconde sous Clément IV et Paul III. Depuis lors, elle a été réparée dans le goût moderne. » Le clocher, qui est fort élevé, fut dessiné par Vanvitelli.

Sur la place de l'Église est une statue en bronze de Sixte-Quint, par Calcagni.

Sur la façade se voit une statue en bronze de la Vierge, par Girolamo Lombardo.

Les trois jolies portes en bronze sont ornées de bas-reliefs dont les sujets sont empruntés à l'Ancien et au Nouveau Testament, par les fils de Giacomo Lombardi ; celle de gauche, par Tiburzio Vercelli. La merveille de ce temple, c'est le revêtement de marbre qui enveloppe la Santa Casa, ouvrage des beaux temps de la sculpture italienne et dont le dessin est de Bramante. Ce beau et grand travail, avec les sculptures des bas-reliefs, préparé sous Jules II, ne fut terminé que sous le pape Paul III.

Au côté nord sont les bas-reliefs suivants :

1° La *Naissance de la sainte Vierge,* par Andrea Contucci da monte San Savino, Baccio Bandinelli et Raffi de Montelupo; 2° un beau bas-relief du *Mariage de la Vierge,* par Andrea de San Savino et Raffi de Montelupo ; ce bas-relief est accompagné de statues des prophètes et des sibylles. Du côté de l'Ouest, on voit sculptés des bas-reliefs représentant : 1° une superbe *Annonciation,* par Andrea da San Savino; 2° une belle *Visitation,* de Fr. de San Gallo. Du côté de l'Est, Varignano, célèbre sculpteur de Bologne, a sculpté la *Mort de la sainte Vierge,* qui avait été commencée par le Tribolo. On y voit aussi le *Voyage de la Santa Casa,* sculpté en bas-relief par Tribolo et Fr. de San Gallo. Les chapelles, la sacristie, sont décorées de mosaïques d'après les tableaux des grands maîtres, et de fresques et de peintures. On y remarque surtout une *Madone,* d'Andrea del Sarto, et une *Sainte-Famille,* de Schidone.

La *Santa Casa,* située sous la coupole de l'*église de la Madone,* a 10ᵐ60 de long sur 4ᵐ36 de large et 6ᵐ21 de haut ; elle est bâtie en briques.

Dans une niche est placée la *statue de la Vierge,* vêtue d'une robe magnifique, couverte d'or et de pierreries ; elle est en bois de cèdre, et on prétend qu'elle a été sculptée par saint Luc. Au dessous, est placée la cheminée de la maison, et, dans une cavité du mur, le plat dans lequel la Vierge Marie mangeait, et où l'on dépose maintenant les objets que l'on veut faire bénir, tels que chapelets, rosaires, etc.

Le pavé de marbre qui est à l'entour est usé par les genoux des

innombrables pèlerins qui sont venus faire leurs dévotions devant
l'autel de la Vierge.

Les pèlerins se rassemblent en grandes compagnies, ayant chacune
leur bannière et leurs prêtres. Les offrandes de chacun, suivant ses
ressources, grossissent incessamment le tronc de Lorette, qu'un grand
nombre de souverains ont contribué à enrichir.

Le pape Pie VI prit ce trésor pour payer aux Français la somme
convenue par le traité de Tolentino de 1727. Cette paix ayant été de
courte durée, les Français prirent Lorette en 1798, et transportèrent
en France la *statue de la Vierge,* qui fut mise au cabinet des médailles
de la Bibliothèque nationale, au-dessus d'une momie. Elle fut rendue
plus tard. Les dons, les *ex-voto*, réunis dans le Trésor, forment un
assemblage divers et parfois bizarre. Jules II, à son passage, consacra
un boulet dont il fut préservé au siège de la Mirandole, place défendue
par Timulce contre le pape septuagénaire, qui montait sur la brèche
l'épée à la main. Le roi de Saxe, en 1820, y laissa son habit comme
*ex-voto*, ainsi que sa veste. Juste Lipse y avait consacré sa plume.

Au mois de décembre 1894, à l'occasion du 600° anniversaire de
la miraculeuse translation de la sainte Maison de Nazareth, de splen-
dides solennités eurent lieu à Lorette, et elles y attirèrent une foule
de pèlerins venus de tous les pays du monde chrétien.


## LES MADONES DES RUES DE PARIS


A toute époque, le culte de la Vierge Marie s'est manifesté à Paris
et il existe encore actuellement un nombre respectable d'images, de
statuettes munies de buis, décorant les façades de maisons particu-
lières, d'inscriptions lapidaires peintes ou gravées. Rien ne les protège,
aucune surveillance n'est exercée à leur égard et cependant jamais,
même aux jours les plus terribles de la Commune[1], aucune de ces
Madones n'a été ni déplacée ni outragée.

Nous parlerons tout d'abord de la Vierge gothique du square Notre-

1. Voir notre ouvrage : *le Clergé sous la Commune.* Tolra, éditeur.

Dame, qui se dresse frêle et charmante sur un socle sculpté, abritée par un dais en dentelle de pierre.

Dans tous les arrondissements nous en trouvons, de ces Vierges, où le peuple, sans grand souci de l'élégance, il est vrai, a traduit son culte envers la Mère du peuple.

Citons quelques-unes de ces principales représentations.

Au numéro 13 de la rue des Lombards, à l'angle de la rue Nicolas Flamel, on voit une assez grande statue reproduisant, doré et colorié, le type célèbre de *Notre-Dame des Victoires*.

On peut en voir une autre à l'angle de la rue Boissière et de la rue Lauriston.

Le numéro 128 de la rue du Bac a son portail orné d'une Madone de dimensions importantes. Sur son socle on lit ces paroles :

*Monstra te esse Matrem!*
Marie conçue sans péché,
Priez pour nous.

Au coin de la rue Saint-Placide, au numéro 61 de la rue de Sèvres, on voit une Vierge placée sous un petit auvent. Le marchand de vins dont la boutique se trouve au dessous suspend à la main de la statuette une grappe de raisin qu'il renouvelle à chaque vendange, et l'illumine aux grandes fêtes publiques.

Sur la façade d'une maison de modeste apparence, au numéro 123 de la rue de l'Université, se trouve aussi une Vierge, vêtue de la classique robe blanche et du manteau bleu. Elle est placée dans une petite niche bleue parsemée d'étoiles d'or. La Vierge et le petit Jésus sont couronnés d'un diadème et ornementés de l'inscription suivante :

De la Mère de Dieu
Contemple ici l'image ;
Arrête-toi, passant,
Et rends-lui hommage.

Mais la plus belle de toutes ces Vierges doit être celle qu'une dénomination populaire a baptisée : *Notre-Dame de la Paix*. Elle se trouve au numéro 20 de la rue de Babylone. Elle est ornée dans sa niche de deux vases fleuris.

Elle a été placée là en 1815 en action de grâces de la fin de l'invasion étrangère. Au dessous se trouvent trois inscriptions. Voici d'abord quatre vers, rémarquables aussi bien par leur naïveté que par leur vérité :

> L'original de cette image
> Est un chef-d'œuvre si parfait,
> Que le Tout-Puissant qui l'a fait
> S'est renfermé dans son ouvrage.

Ensuite on lit cette prière ainsi disposée :

> Je vous salue, Marie, Reine et Souveraine
> De la paix. Par le divin cœur de Jésus,
> Prince et auteur de la paix, faites
> Qu'il règne sur nous en paix et en miséricorde.
> Montrez que vous êtes notre mère.

Enfin, on lit ces invocations :

> Divin Cœur de Jésus,
> Ayez pitié de nous. Cœur immaculé de Marie,
> Refuge des pécheurs,
> Priez pour nous.
> —
> *Ave Maria.*

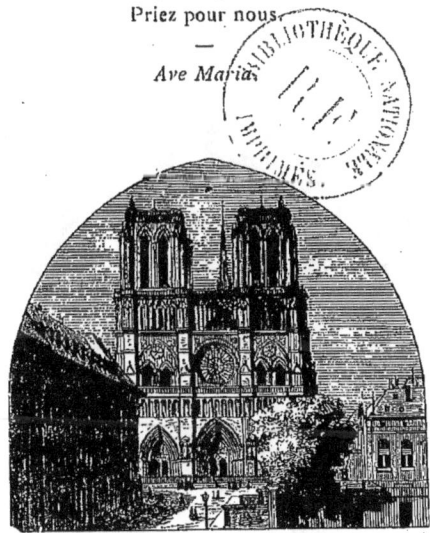

Notre-Dame de Paris.

# APPENDICE

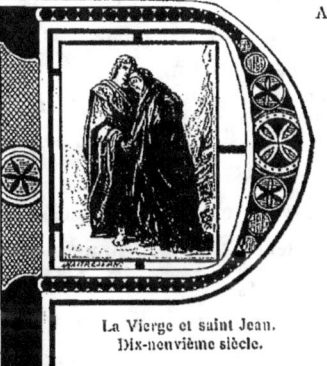

La Vierge et saint Jean.
Dix-neuvième siècle.

ᴀʀᴍɪ les œuvres contemporaines parlant de la *Vierge Marie*, et où la musique s'est unie à la poésie, il nous faut citer une œuvre hors ligne due à un musicien et à un poète français.

Le grand musicien contemporain Massenet a écrit une de ses plus belles œuvres sur un poème de Grandmougin, intitulé *la Vierge*.

Cette belle légende sacrée est présentée sous la forme d'un *oratorio* que l'auteur d'Hérodiade a rajeuni et modernisé. Divisée en quatre scènes pleines de vie, elle nous retrace, avec ses simplicités idylliques et ses grandeurs dramatiques, la vie de la bonne Vierge Marie depuis l'instant où lui est révélée sa mission de Mère du Christ jusqu'à son assomption, devant laquelle pâlissent tous les conventionnels apothéoses de théâtre.

Après une exquise pastorale qui sert pour ainsi dire de prélude au poème, la Vierge en prière frissonne à la voix des anges qui l'appellent, et dans un chœur empreint d'un charme prophétique, précédant l'envoyé du Roi des Rois, ce messager, l'ange Gabriel, annonce à Marie tremblante pour quels grandioses desseins Dieu l'a choisie, et la Vierge se prosterne humblement devant la volonté du ciel. Dans ce délicat duo qui termine la scène de l'Annonciation, une musique pleine de finesse et de contraste nous dépeint les divers sentiments d'inquiétude, de candeur et de soumission qui se partagent le cœur de Marie à la révélation d'une destinée.

Dans la deuxième scène, nous sommes transportés à trente ans plus tard, au milieu du festin des noces de Cana. Jésus, par sa mystérieuse puissance ayant changé l'eau en vin, l'hôte, tout à l'heure désolé, entonne un hymne éclatant de reconnaissance, et, avec lui, la foule acclame cet inconnu qui vient de se dévoiler plus grand que les prophètes. Seule, au milieu de l'enthousiasme qui déborde, dans un magnifique élan lyrique, la Vierge s'est tue. Elle a compris l'abîme qui désormais va la séparer de son Fils, et dans une mélodie d'une tristesse et d'une angoisse poignante, elle exhale les plaintes d'un cœur d'où le sentiment maternel va se trouver banni par l'admiration.

Toutes les beautés orchestrales dont peut disposer un musicien, Massenet en a tiré parti dans la troisième scène du vendredi saint, la plus belle de la partition. C'est la Marche au Calvaire, ce prélude au drame de la Passion qui se déroule au milieu des éclats de la foudre, des cris de la haine et des vociférations de la foule ameutée.

Marie, entourée de quelques amis, assiste de loin à l'agonie de son Fils et ses gémissements qui dominent les voix des éléments et d'un peuple en délire sont d'un contraste puissant et dramatique.

Après les peintures de la joie et de la douleur, dans une page symphonique d'un mysticisme éthéré, Massenet nous a représenté le dernier sommeil de la Vierge (*la Dormition*), ce sommeil dont elle va sortir à la voix de l'ange pour s'envoler vers Dieu dans une assomption de gloire et de majesté.

La harpe, cet instrument dont les vibrations et les accords sont célestes, soutient la voix de Marie au réveil du tombeau quand, dans un rêve extatique, elle voit s'entr'ouvrir des horizons infinis. Et doucement, lentement, tandis qu'elle monte aux sphères azurées où l'attire le *Magnificat*, des anges invisibles, les chœurs des apôtres, soutenus par une masse d'orchestre imposante, l'accompagnent dans son Assomption aux sons d'une fugue ascendante d'un puissant et suggestif effet.

Tel est en résumé le thème de cet oratorio de la *Vierge* qui est un chef-d'œuvre musical.

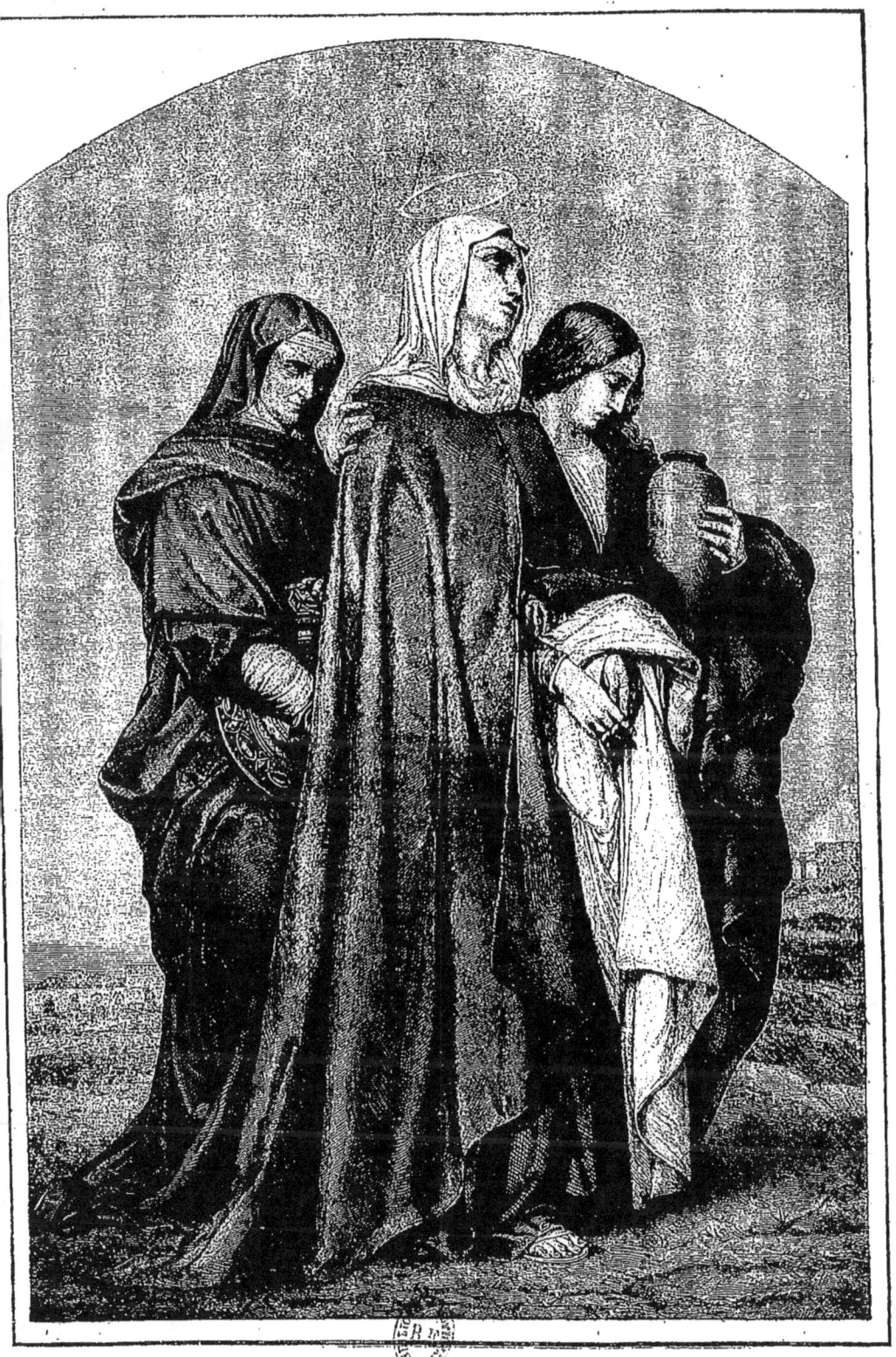

Le retour du Calvaire, d'après Charles Landelle. — Dix-neuvième siècle.

## NOTRE-DAME DE LA MERCI

Pierre Nolasque, né en 1189, dans le diocèse de Toulouse, avait conçu le projet d'établir un Ordre religieux qui se dévouerait par état

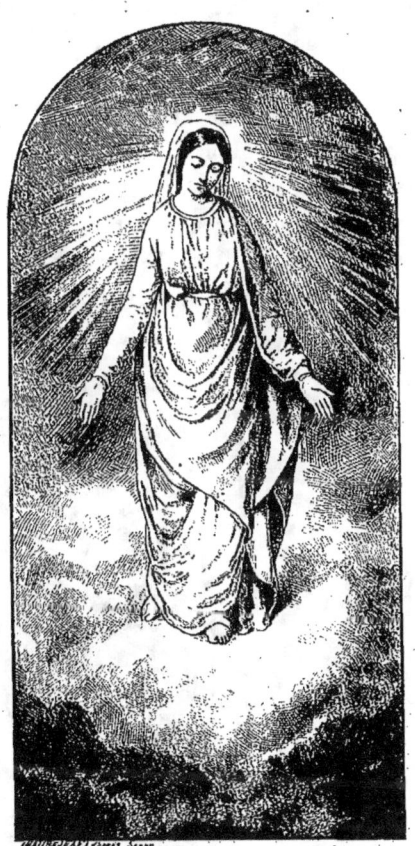

Immaculata, par Mgr de Ségur; d'après un dessin appartenant à M. Tolra.

à la rédemption des captifs. Quoique la charité fût l'unique objet de cet établissement, il ne laissa pas d'éprouver des contradictions. Mais les difficultés furent levées, grâce à une vision qu'eurent la même nuit saint Pierre Nolasque, saint Raymond de Pennafort et Jacques Ier, roi d'Aragon. La très sainte Vierge leur apparut et les exhorta à presser l'exécution d'un projet si glorieux à la religion. Benoît XIV prouve qu'on ne peut raisonnablement contester la vérité de cette vision.

En conséquence, l'an 1223 fut établi un nouvel Ordre dont les membres ajoutent aux trois vœux ordinaires de religion celui d'engager leurs biens et leur liberté même, s'il est nécessaire, pour la rédemption des captifs. Grégoire XI approuva cet institut, connu sous le nom de « Notre-Dame de la Merci ». Cet Ordre, avec la bénédiction de Dieu et la protection de la très sainte Vierge, sa Mère, s'augmenta promptement et heureusement pour tout l'univers, et devint florissant par la charité et la piété de ses membres. C'est pour en rendre grâces à Dieu et à la très sainte Vierge qu'on institua une fête qui fut célébrée dans l'Ordre de la Merci, puis en Espagne et en France, et enfin étendue à toute l'Église par Innocent XII, et fixée au 24 septembre.

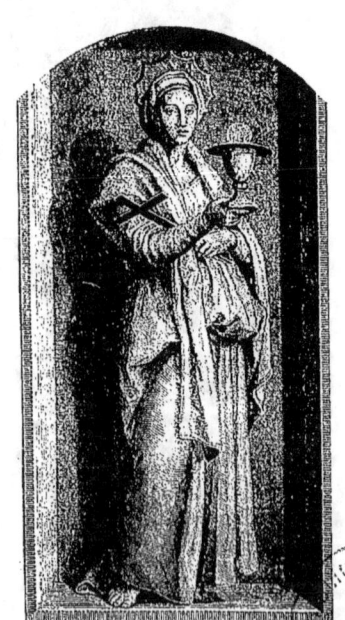

La Foi, d'après Andrea del Sarto. — Seizième siècle.

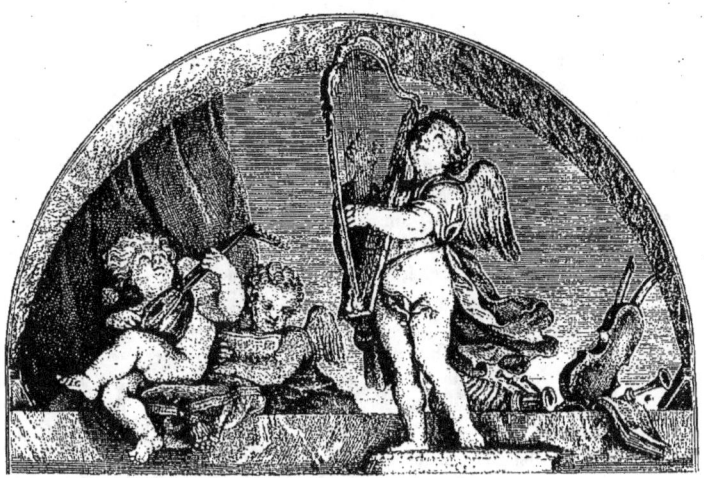

Anges jouant de la musique, d'après Mignard.

# TABLE DES GRAVURES

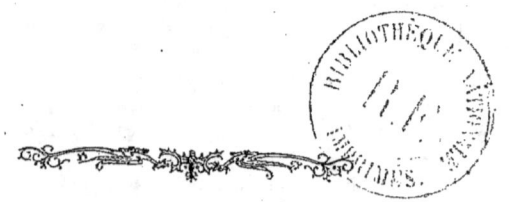

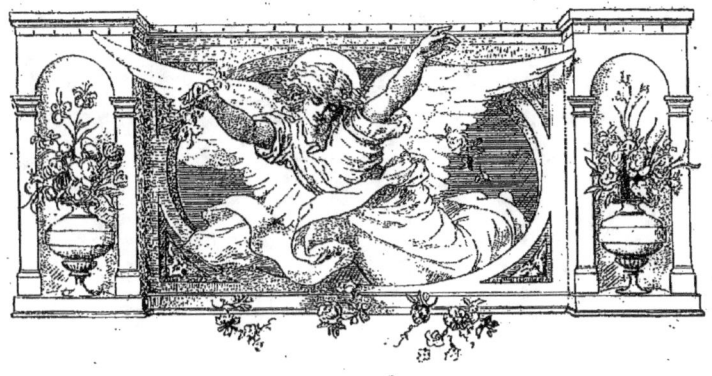

# TABLE DES MATIÈRES

FIN

PARIS

IMPRIMERIE D. DUMOULIN ET Cie

5, rue des Grands-Augustins, 5